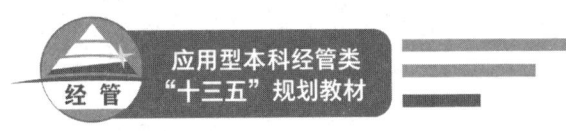

应用型本科经管类"十三五"规划教材

TONGJIXUE JICHU

统计学基础

陈民伟　陈仁恩　◎编著

厦门大学出版社　国家一级出版社
XIAMEN UNIVERSITY PRESS　全国百佳图书出版单位

图书在版编目(CIP)数据

统计学基础/陈民伟,陈仁恩编著. —厦门:厦门大学出版社,2018.8(2020.12重印)
ISBN 978-7-5615-6982-5

Ⅰ.①统… Ⅱ.①陈…②陈… Ⅲ.①统计学-高等学校-教材 Ⅳ.①C8

中国版本图书馆 CIP 数据核字(2018)第 112091 号

出版人	郑文礼
责任编辑	陈丽贞
封面设计	蒋卓群
技术编辑	许克华

出版发行 厦门大学出版社
社　　址　厦门市软件园二期望海路 39 号
邮政编码　361008
总 编 办　0592-2182177　0592-2181406(传真)
营销中心　0592-2184458　0592-2181365
网　　址　http://www.xmupress.com
邮　　箱　xmup@xmupress.com
印　　刷　厦门市明亮彩印有限公司

开本　720 mm×1 000 mm　1/16
印张　20.75
字数　352 千字
印数　3 001~5 000 册
版次　2018 年 8 月第 1 版
印次　2020 年 12 月第 2 次印刷
定价　45.00 元

本书如有印装质量问题请直接寄承印厂调换

厦门大学出版社
微信二维码

厦门大学出版社
微博二维码

前　言

说起统计，多数人的印象就是一组枯燥无味的数据。其实不然，英国《不列颠百科全书》中这样描述：统计学是一门艺术，它是对令人困惑费解的问题做出数字设想的艺术，是收集、分析、列示和解释数据的一门艺术和科学。在大数据时代的今天，统计学这门学科古老且弥新，2011年教育部将其提升为一级学科。人们重视统计学，不仅在于它是一门方法论，更在于它所体现的思想、提供的思维方式。

作为高等院校经管类专业的核心课程，统计学又是一门受众面广泛的课程。怎样用有限课时讲清楚统计，如何提升数理基础较差的应用型本科、高职院校学生的学习成效，困扰着统计学这门课程的教与学。因此，在《统计学基础》编写过程中，编者有意加强学生应用能力培养的内容特色。在保持统计学原理的逻辑体系和内容框架完整的同时，尽可能结合应用《中国国民经济核算体系(2016)》中的核算制度、统计术语、经济指标等统计实务的内容，选用范例前后连贯，递进深入，加深学生对统计理论、分析方法的理解和应用，以期达到教师易教、学生易学、学以致用的目标。

编者学缘源自厦门大学统计系，工作初期曾在政府统计部门工作6年，后到应用型高校从事统计教学科研10多年，为编写《统计学基础》积淀了一定的统计理论、统计实务、统计教研的基础和素材。原厦门大学统计系教授陈仁恩既是编者的长辈又是老师，从教之路受他引导和恩泽，曾作为他的学术助理参编和协助整理出版多本著作。本书承袭他的统计学学科思想、内容框架。先生已逝，谨以此书新版深切纪念他！

本书出版得到了厦门大学出版社的大力支持，编者在此诚挚表示敬意和感谢！本书虽已新版，但限于编者水平与经验，加之时间仓促，书中错误和缺憾在所难免，敬请同行专家和读者指正。

陈民伟

2018年4月

目 录

第一章 总 论 1
  第一节 统计学的对象和性质 1
  第二节 统计学的方法 7
  第三节 统计学的基本范畴 12
  思考与练习 20

第二章 统计调查 21
  第一节 统计调查的意义和种类 21
  第二节 统计调查方案 24
  第三节 统计调查方法 28
  思考与练习 40

第三章 统计整理 42
  第一节 统计整理的意义和方法 42
  第二节 统计分组 45
  第三节 统计分布 53
  第四节 统计表 60
  思考与练习 65

第四章 综合指标 69
  第一节 总量指标 69
  第二节 相对指标 73
  第三节 平均指标 80
  第四节 变异指标 94
  思考与练习 104

第五章 抽样推断 113
  第一节 抽样推断的一般问题 113
  第二节 抽样误差 120
  第三节 抽样估计的方法 128
  第四节 假设检验 137

第五节　抽样组织及其误差 …………………………… 143
　　思考与练习 ……………………………………………… 153
第六章　相关与回归分析 ……………………………………… 160
　　第一节　相关的意义和种类 …………………………… 160
　　第二节　相关表、相关图及相关系数 ………………… 164
　　第三节　回归分析 ……………………………………… 176
　　思考与练习 ……………………………………………… 188
第七章　统计指数 ……………………………………………… 193
　　第一节　指数的意义和种类 …………………………… 193
　　第二节　综合指数和平均指数 ………………………… 195
　　第三节　几种经济指数的编制 ………………………… 204
　　第四节　指数体系与因素分析 ………………………… 211
　　第五节　指数数列的运用 ……………………………… 225
　　思考与练习 ……………………………………………… 231
第八章　时间数列分析 ………………………………………… 236
　　第一节　时间数列的意义和种类 ……………………… 236
　　第二节　时间数列的水平分析指标 …………………… 240
　　第三节　时间数列的速度分析指标 …………………… 245
　　第四节　时间数列影响因素测定 ……………………… 255
　　思考与练习 ……………………………………………… 275
第九章　统计综合评价与统计综合分析 ……………………… 283
　　第一节　统计综合评价 ………………………………… 283
　　第二节　统计综合分析 ………………………………… 290
　　第三节　统计综合评价与统计综合分析中的比较法 … 293
　　思考与练习 ……………………………………………… 303
附录一　调查表格 ……………………………………………… 307
附录二　随机数表 ……………………………………………… 311
附录三　正态分布概率表 ……………………………………… 312
附录四　t 分布临界值表 ……………………………………… 314
附录五　相关系数临界值表 …………………………………… 316
附录六　平均增长速度累计法查对表(摘选) ………………… 317
习题答案 ………………………………………………………… 321
参考文献 ………………………………………………………… 323

第一章 总 论

本章是统计总论，目的在于从总体上对统计学有个基本的认识，使同学学习之后对统计学的学科性质和任务有个总的理解。具体要求：(1)理解社会经济统计学的研究对象，认识统计学是一个方法论的科学；(2)认识统计学的几个基本范畴，是学好本课程的基础；(3)认识统计研究的几种专门方法。本书的内容就是对这些方法的详细阐述。

第一节 统计学的对象和性质

统计的含义

在我们的国家里，各行各业都离不开统计。听广播、看报纸、访问网站，乃至日常交谈都经常出现"统计"这个词。那么什么是统计呢？有人说，统计就是数字；有人说，统计是调查研究活动；也有人认为，统计是一门科学；等等。实际上这些都只是从某一侧面看问题，所以都不全面。

说统计就是数字，这并不确切。诚然统计离不开数字，但不等于说数字就是统计。例如数学、会计都是从事数字计算的，然而并不能说就是统计工作。当作统计的数字应是统计工作的成果。就是说这些数字是通过统计活动得到的反映社会经济实际状况和变化过程的数字。通常把这种数字称为统计资料或统计数据，统计资料也是统计信息，它集中、全面、综合地反映国民经济和社会发展的现象和过程。统计信息是社会经济信息的主体，是国家制定政策和决策、科学地管理国民经济的重要依据。统计的第一种含义就是各项统计资料的总称。统计资料通常出现在相关的统计年鉴、期刊、报纸等有关出版物上，还可从有关网站中搜寻到。

说统计是调查研究活动,那是就统计活动或统计工作实践而言的。为了准确、及时地取得各项统计数据,由专门的机构对社会、政治、经济、文化等现象的有关数据进行搜集、整理和分析,这种对社会现象的数量调查研究的过程也称为统计。这是统计的第二种含义。

统计工作和统计资料的关系是过程和成果的关系。统计工作过程包括统计调查、统计整理和统计分析,都要服从统计资料成果的要求;而统计工作组织的恰当与否又直接影响着统计资料的优劣,离开统计工作也就谈不上统计资料。

所谓统计是一门科学,是指统计学是一门独立的社会科学,是关于国民经济和社会现象数量方面的调查、整理、分析的原理原则和方式方法的科学,性质上属于应用统计学。这是统计的第三种含义。

统计学和统计工作的关系是理论与实践的关系。统计理论来源于统计实践,它是统计工作经验的总结和概括;反过来,统计理论又是指导统计工作的原则和方法。从历史的发展来看,统计学是统计工作发展到一定阶段的产物。统计工作的产生和发展已经有几千年的历史,而统计学的出现只是近两三百年的事情。

由此可见,统计的三种含义虽然是从不同的角度描述出来的,其间有密切的联系。

统计学的研究对象

统计学的研究对象是指统计研究所要认识的客体。只有明确了研究对象,才可能根据它的性质特点采取相应的研究方法,达到认识客体规律性的目的。社会经济统计学的研究对象是社会经济现象总体的数量特征和数量关系,通过这些数量方面来认识社会经济现象发展变化的规律性。

社会经济现象的数量方面所涉及的内容很广泛,主要有:人口数量和劳动力资源,社会财富和自然资源,社会生产和建设,商品的交换和流通,国民收入分配和国家财政收入,金融、信贷、保险事业,城乡人民的物质、文化、政治生活,科学技术的进步与发展等。这些都是国民经济和社会发展的总体情况,是社会经济现象的基本数量特征和数量关系,从中可以让我们对社会有基本的认识。在社会主义现代化建设中,如果不能准确、及时、全面、系统地掌握这些数量及其变化的信息,就不可能有正确的政策与计划,不可能有效地调节和控制,也不可能加强经济管理和经济研究,必然导致决策上的失算和行动上的失误,更谈不上现代化建设。所以经济越要发展,越需要加强统计;经济越要搞活,越需要发挥统计的作用。

社会经济统计学虽然不研究自然现象与科学技术本身,但是社会、经济和自然、技术总是密切联系、相互影响的。社会经济统计学也研究自然与技术因素对社会生活变化的影响,研究社会生产发展对社会生活自然条件的影响。例如,研究资源条件和技术条件的变化对社会生产生活的影响程度,研究新技术、新工艺对社会所产生的经济效果,以及研究社会生产的发展引起自然环境的变化。

研究社会经济现象的数量方面,具体地说就是用科学的方法搜集、整理、分析国民经济和社会发展的有关数据,并通过统计所特有的统计指标和指标体系,表明所研究现象的规模、水平、速度、比例和效益等等,以具体反映社会经济发展规律在一定时间、地点条件下的作用。现在举例说明:

以横断面的统计数字反映同一时间的现象总体的规模和结构分布情况。例如2015年年末全国总人口为137 462万人,其中男性人口70 414万人,占51.2%;女性人口67 048万人,占48.8%。又如全国陆地国土面积为960万平方千米,其中33%为山地,26%为高原,19%为盆地,12%为平原,10%为丘陵。这些数据显示了我国地广人多的基本情况。再如2015年全国国内生产总值(gross domestic product,GDP)689 052.1亿元(未含港澳台数据),其中第一产业增加值60 862.1亿元,占GDP的8.8%;第二产业增加值282 040.3亿元,占GDP的41.0%;第三产业增加值346 149.7亿元,占GDP的50.2%。这些数据具体描述了我国国民经济生产的规模和结构。

以时间序列的统计数字反映同一现象总体在不同时间的发展速度和变动趋势。以2015年与2011年相比,2011年我国GDP489 300.6亿元,到2015年增加到689 052.1亿元,增长了40.8%;全社会固定资产投资由311 485.1亿元,增加到561 999.8亿元,增长了80.4%;进出口总额由236 402.0亿元,增加到245 502.9亿元,增长了3.8%;社会消费品零售总额由187 205.8亿元,增加到300 930.8亿元,增长了60.7%。这些数据表明了我国"十二五"期间改革开放和现代化建设所取得的巨大成就,为实现中华民族伟大复兴的"两个一百年"的奋斗目标奠定了坚实基础。

以相关的统计资料对比以反映现象之间的联系或问题。例如,我国2015年的居民人均消费支出15 712.4元,比2014年绝对数增长了8.4%,扣除物价因素(按可比价格)实际增长了7.4%。2015年我国的恩格尔系数下降到30.6%,接近联合国划分的20%~30%的富足标准,说明了我国居民消费层次由温饱型向全面小康型转变。

以历史的、现时的统计资料来预测现象未来可能达到的规模和水平。例如,我国2015年GDP 689 052.1亿元,"十二五"期间(2011—2015年)我国GDP按可比价格计算每年平均增长7.8%。其间的2012年,我国GDP为540 367.4亿元,首次超过了日本而成为世界第二大经济体。考虑到今后的发展条件,在我国中长期发展规划中,政府提出了"十三五"时期我国经济年均增长保持在6.5%以上、经济总量超过90万亿元(实现比2010年翻番)的发展目标。

从以上的例子中可以看到,用各项统计数据来说明社会经济发展的情况不仅具体生动,而且具有很强的说服力。所以在我们国家,各行各业都离不开统计。要用好统计,便要学习统计。

统计学研究对象的特点

应该指出,并不是任何一种数量都可以作为统计学的研究对象,在社会科学中也不是只有社会经济统计学是研究数量的。社会经济统计学所研究的社会经济现象总体的数量方面有自己的特点。

第一,社会性。社会经济统计的数量总是反映人们社会生产生活的条件、过程和结果,是人类有意识的社会活动的产物。所有的统计数字总是与人们的利益有关,反映着人们之间的相互关系。社会经济统计研究就是通过数量特征和数量关系反映物质资料的占有、分配和交换关系,以及其他社会关系的特点和实质。

许多统计指标直接表现为人与物的关系,如研究生产力的条件和水平的生产资源、物质消耗、产品产量、品种、质量等指标,又如研究科技进步情况及其推广程度的科研项目和科技成果指标等。但在这些人与物关系背后隐含着人与人之间的关系,因为生产与科技活动总是在一定的生产关系框架内进行的。我们的研究目的在于探讨生产力的发展和科技的进步怎样影响着人们的生活,调整人们之间的利益关系,促进社会的发展。

由于统计研究对象的社会性,所以从事统计调查和分析,客观地反映社会经济现象的数量关系,只有深入实际,向社会做调查,占有真实丰富的资料,才能从现实存在的复杂联系中探讨其内在的关系和规律性的数量表现形式。这就决定了社会经济统计学是一门社会调查研究的科学,是关于对社会、政治、经济、文化、科技等的数量和情况进行调查、整理和分析的理论和方法。

第二,总体性。社会经济统计以社会经济现象总体的数量特征作为自己的研究对象。这就是说,统计要对总体中各单位普遍存在的事实进行大量观察和综合分析,得出反映现象总体的数量特征。例如要研究城市居民的消费水平,目的不在于了解个别户居民的消费状况,而是要反映全市、各区、各部门居民消费水平的数量特征。因为社会经济现象很复杂,各单位所处的条件不同,个别单位的表现具有特殊性、多样性。但总体现象则是相对稳定的,表现出某种共同的倾向,是有规律可循的,所以社会现象的规律通常具有总体的性质。统计研究现象总体的数量特征,可以反映社会经济现象的规律性在具体时间、地点条件下的表现,有助于我们对客观现象性质的认识。

统计研究是从调查登记个别事实开始的,离开了个别事实的数量表现,就不可能有综合的数量特征。统计研究是从个别的具体数量归纳出社会经济现象的总规模、总水平,并由此决定现象的比例关系和总趋势。统计也不排斥对个别典型事物的深入研究,对个别具有代表性的典型单位做具体分析,了解现象的内在联系,这样也是为了更加深刻地认识总体现象的规律性。

第三,变异性。统计研究同类现象总体的数量特征的前提是总体各单位的特征表现存在着差异,而且这种差异并不是由某些特定的原因事先给定的。例如一个地区的居民人口有多有少,居民的文化程度有高有低,住户的生活消费水平有升有降,这才需要研究地区的人口总数、居民文化结构、住户平均生活消费水平等统计指标。如果各单位不存在这些差异,就不需要做统计;如果各单位之间的差异按已知条件事先可以推定,也就不需要用统计方法。例如一年各日昼夜时间长短因季节变化而不同,成有规律的变动,这种现象的研究与统计无关;而江河水位高低随时间变化而不同,它是由多种复杂原因引起的,是统计的研究对象。统计上把总体各单位由于随机因素引起的标志表现的差异称为变异。

社会经济现象具有广泛的、复杂的联系,各个单位所处的地位不同,条件各异,因而社会经济的个别现象有其特殊性和偶然性,所以对现象总体的数量研究,必须运用统计的方法,从各单位的变异中归纳概括出共同的、普遍的特征。

统计学的性质

明确了社会经济统计学的对象及其特点,就可以进一步讨论社会经济统计学的性质。简单地说,社会经济统计学是一门认识社会经济现象总体数量特征的方法论科学。这里所指的方法论包括指导统计活动的原理原则、统计过程所运用的核算和分析的方法,以及组织方法。其核心内容是数据的搜集、整理和分析的原理、方法。这些方法论构成社会经济统计学的科学体系。

统计学和数学都是研究数量关系的,但两个学科有不同的性质和特点。数学撇开具体的对象,以最一般的形式研究数量的联系和空间形式,数学的分析方法主要是逻辑推理和演绎论证，由严格的定义、假设的命题和给定的条件去推证有关的结论。统计学的数据则总是与客观的对象联系在一起，统计的过程就是从客观对象中抽出其数量表现得到有关的数据，然后加以适当的运算，取得一定的结果。接下来就要把这些结果又返回客观对象中去，寻求解释这些结果的意义，提供决策的事实依据。统计分析的方法本质上是归纳的方法，即根据所搜集的数据以及观察到的大量的个别情况，归纳和判断总体的情况，这里存在着推断的可信度以及主观的判断能力等不确定性因素。所以统计学不仅是一门科学技术，而且是一门艺术。我们也要看到统计学和数学的密切关系，数学分析方法适用于一切数量分析，也包括统计的数量分析，数学为统计学提供了数量分析的方法论基础，特别是数学中的概率论，它研究随机现象的数量关系和变化规律，从数量方面体现偶然与必然、个别与一般、局部与总体的辩证关系，为统计科学的现代化奠定了基础。对于社会经济统计学科的性质，需要弄清以下两个关系：

（一）统计对象和统计方法的关系　社会经济统计学的方法有明确的对象，统计学的方法是由研究对象的性质和要求所决定的。首先社会经济现象客观上存在着各种数量和数量关系，并且人们提出认识这些数量和数量关系的要求，然后才逐步从实践中总结出许多认识方法，不断加以完善，并且上升为方法论的科学。统计方法论之所以能形成一门独立的科学，一方面是因为社会经济现象的数量关系如此复杂，需要有一套科学的方法来研究；另一方面是因为研究社会经济现象的数量关系的方法有更广泛的通用性和适应性，就是说统计数量分析方法具有一般性。虽然社会经济统计方法的适用性的广泛程度有很大差异，有的数量分析方法不但适用于社会现象，而且适用于自然现象，有的方法则只适用于社会现象，还有的方法有更强的专业性，但不论哪种方法都必须和它的研究对象相适应。这里，统计对象是主体，统计方法是工具，离开了统计对象，统计方法就无从产生，它的正确与错误、有效与失效也无法检验。但这样说也并非就抹杀了统计方法的重要性，为统计工作提供有效而充分的统计方法正是统计科学研究的使命。我们所强调的是有对象的统计方法，而不是方法的堆积和罗列。

（二）统计方法与统计实践的关系　社会经济统计学的对象是现象总体的数量状况，而研究的实际内容却是统计方法，真正能总结社会经济现象具体数量关系的似乎都是统计实践。这样是否就意味着统计学的研究对象和研究内容不一致，把统计工作的研究对象看成统计学的研究对象了呢？因此有人指出统计学研究的是如何做好统计工作，所以统计学的研究对象是统计工作，而统计工作的研究对象才是客观的数量关系。实际上，统计方法和统计工作的关系是理论与实践的关系，在主观认识客观过程中同属于主观一方，它们的共同目的都是要正确地认识客观世界，实事求是地反映客观现象的数量关系，所以统计学与统计工作的对象是相同的。统计理论与方法为统计实践服务，而统计实践的结果也促进了统计理论与方法水平的提高，二者是相辅相成的。

第二节 统计学的方法

统计学研究对象的性质决定着统计学的研究方法。而正确的统计研究方法又是完成统计任务的重要条件，方法问题在统计研究中具有重要的地位。没有一整套科学的统计方法，就不可能准确、及时、全面、系统地揭露社会经济现象总体的数量关系，更不可能反映社会经济现象发展的规律。我们在阐明了统计学的对象和性质之后，首先从总体上考察统计研究的方法问题，具体的方法将在以后各章中讨论。

统计的基本环节　统计是一项具广泛群众性的、高度集体性的工作。一项统计任务通常要由许多部门、单位和地区密切协作，互相配合，共同完成。一般可以有如下几个过程：统计数据的搜集、统计数据的整理和统计数据的分析。参加工作的各个地区、部门和单位，一个环节衔接一个环节，形成密集的统计网络。一个单位或个人只从事其中某一环节的工作，但又影响着全过程。

统计工作根据各个时期国民经济和社会发展的需要或经济管理、科学研究的要求，确定所需要研究的社会经济方面的基本数量，再从中归纳出明确的统计指标和指标体系，这是确定统计任务所必须解决的问题。

确定了统计任务后，就可以根据统计调查方案的要求，有计划地开展调查，占有充分的资料，这就是统计数据的搜集阶段，亦即统计调查阶段。统计调查的任务就是根事先确定的调查纲要，搜集与被研究的社会现象相关的可靠准确的资料，获得丰富的感性知识。所以这一阶段是认识事物的起点，同时也是进一步进行资料整理和分析的基础环节。

统计资料整理就是对调查资料加以科学汇总，使之条理化、系统化。这一阶段的任务就是根据研究目的，按一定的标志进行分组，进行全面的综合汇总，使经过加工的资料便于进一步分析。所以这一阶段是统计研究的一个中间环节，是理性认识阶段。

统计资料分析就是对经过加工汇总的资料加以分析研究。这一阶段的任务是对各种分组和汇总材料计算各项分析指标，揭示被研究的社会现象的发展趋势和比例关系，阐明社会现象和过程的特征和规律性，并根据分析研究做出科学的结论。这一阶段是理性认识的深化，是统计研究的决定性环节。

统计任务提出后，经过统计活动全过程，就有以数据资料形式表现的统计成果。统计部门借以建立数据库、信息库，同时将数据在统计年鉴、统计刊物、统计公报、统计网站公布，实现统计信息资源社会共享的目标，充分发挥统计的信息、咨询和监督的三大职能。

为了保证以上各个环节顺利运行，按时保质完成统计任务，统计工作还需要建立强有力的辅助系统，例如组织系统、法制和检察系统、教育系统、科学研究系统等等，多系统协同配合，促进统计工作的现代化。

统计学的研究方法　统计在调查、整理、分析的各个阶段，使用各种专门的研究方法，如大量观察法、统计分组法、综合指标法、统计模型法、归纳推断法等。

(一)大量观察法　大量观察法是指统计研究社会经济现象和过程要从总体上加以考察，就总体中的全部或足够多数单位进行调查观察并加以综合研究。统计研究要运用大量观察法是由研究对象的大量性和复杂性所决定的。大量的复杂的社会经济现象是在诸多因素错综复杂的作用下形成的，各单位的特征及数量表现有很大的差别，不能任意抽取个别或少数单位进行观察，必须在对所研究对象进行政治经济分析的基础上，确定调查对象的明确范围，观察全部或足够多数的调查单位，从中认识客观现象的规律。统计调查中的许多方法，如普查、统计报表、抽样调查、重点调查，都是通过观察研究对象的大量单位，从而了解社会经济现象发展情况。

(二)统计分组法　统计分组法是指根据事物内在的性质和统计研究任务的要求，将总体各单位按照某种标志划分为若干组成部分的一种研究方法。例如将人口按照职业分类，对企业按部门，或按经济类型分类，对工人按技术等级分类。

统计分组法是研究总体内部差异的重要方法，通过分组可以研究总体中不同类型的性质以及它们的分布情况。例如按国民经济所有制形式分组可以研究国民经济中的国有经济、民营经济和其他经济的性质、特点和效益等等。通过分组可以研究总体中的构成和现象间的依存关系。例如按国民经济行业分组可以研究各行业从业人员、生产总值的结构和比例,按商品营业额大小分组可以研究经营规模与商品流通费率的依存关系。所以统计分组法在统计研究中的应用非常广泛。

必须注意,在统计分组中选择一种分组方法,突出一种差异,显示一种矛盾,同时又会掩盖其他差异,忽略其他矛盾,因此要十分重视分组的科学性。缺乏科学根据的分组不但无法显示事物的根本特征,甚至还会把不同性质的事物混淆在一起,歪曲社会经济的实际情况,也就达不到认识社会的目的。

(三)综合指标法　综合指标法是指运用各种统计指标来反映和研究社会经济现象总体的一般数量和数量关系的研究方法。对大量的原始数据进行整理、汇总,计算各种综合指标,可以显示出现象在具体时间、地点条件下的总量规模、相对水平、集中趋势、变异程度等等。它概括地描述了总体各单位数量分布的综合数量特征和变动趋势。在统计分析中广泛运用各种综合指标来探讨总体内部的各种数量关系,揭露矛盾,发现问题,进一步寻找解决问题的方法。例如动态趋势的分析法、因素影响法、回归与相关分析法都是运用综合指标来研究现象之间的数量关系的。

综合指标法和统计分组法是密切联系、相互依存的。统计分组法中如果没有相应的统计指标来反映现象的规模水平,就不能揭示现象总体的数量特征;而综合指标法中如果没有科学的统计分组,就无法划分事物变化的数量界限,从而掩盖现象的矛盾,使综合指标成为笼统的指标。所以在研究社会经济现象的数量关系时,必须科学地进行分组,合理地设置指标,指标体系和分组体系应该相适应。综合指标法和统计分组法总是结合起来应用的。

(四)统计模型法　统计模型法是根据一定的经济理论和假定条件,用数学方程去模拟现实经济现象相互关系的一种研究方法。利用这种方法可以对社会经济现象和过程中存在的数量关系进行比较完整和贴切的描述,从而简化客观存在的复杂的其他关系,以便于利用模型对社会经济现象的变化进行数量上的评估和预测。

统计模型包括三个基本要素:社会经济变量、基本关系式、模型参数。将总体中一组相互联系的统计指标作为社会经济变量,其中有些变量被描述为其他变量的函数,那么称这些变量为因变量,而它们所依存的其他变量称为自变量。通常用数学方程组来表示现象的基本关系。数学方程可以是线性的也可以是非线性的,可以是二维的也可以是多维的。模型参数则是表明方程式中自变量对因变量影响程度的强度指标,它是由一组实际观察数据来确定的。

由此可见,统计模型法是在前三种研究方法的基础上进一步系统化和精确化的发展。它把客观存在的总体内部结构、各因素的相互关系以一定形式有机地结合起来,大大提高了统计分析的认识能力。

(五)归纳推断法 在统计研究过程中,从观察到的总体各单位的特征得出关于总体的某种信息,这种从个别到一般、从事实到概括的推理方法,在逻辑上称为归纳法。归纳法可以使我们由具体的事实得出一般的知识,扩大知识领域,增长新的知识,它是统计研究中常用的方法。常常存在这种情况,即我们所观察的只是部分或者有限的单位,而所需要判断的总体范围却是大量的,甚至是无限的。这就产生了根据局部的样本资料对整个总体数量特征做判断的置信度问题。以一定的置信标准要求,根据样本数据判断总体数量特征的归纳推理方法称为统计推断法。统计推断法是逻辑归纳法在统计推理中的应用,所以也称为归纳推断法。它可以用于对总体数量特征的估计,也可以用于对总体某些假设的检验。从某种意义上说,统计所观察的资料都是一种样本资料,因而归纳推断法也就广泛地应用于统计研究的许多领域,例如建立统计模型存在模型参数的估计和检验问题,根据时间序列进行预测也存在原序列的估计和检验问题,可以说归纳推断法是现代统计学的基本方法。

大数定律的方法论意义 统计研究现象总体的数量特征所用的基本方法都与数量的总体性有关,其数学依据是概率论的大数定律。

大数定律又称大数法则,是大量的随机现象的平均结果具有稳定性质的法则。即说明如果被研究的总体数量特征是由大量的相互独立的随机变量形成的,每个变量对总体的影响都相对较小,那么对大量随机变量加以综合平均的结果是:变量的个别影响将相互抵消,而显现出它们共同作用的倾向,使总体数量特征具有稳定的性质。大数定律正是在数量上表现了偶然与必然的辩证关系,正如马克思科学地论证:"在表面上是偶然性在起作用的地方,这种偶然性始终是受内部的隐蔽着的规律支配的。"因而我们可以通过大量随机现象的综合概括,消除偶然性的误差,发现必然性的趋势,认识规律的表现形式。

大数定律对于认识现象规律的方法论意义,可以概括为如下几点:

第一,现象的某种总体性规律,只有当具有这些现象的、足够多数的单位综合汇总在一起的时候,才能显示出来。因此只有从大量现象的总体中,才能研究这些现象的规律。

第二,现象的总体性规律,通常以平均数的形式表现出来。

第三,所研究的现象总体包含的单位越多,平均数也就越能够正确地反映出这些现象的规律。

第四,各单位的共同倾向(这些表现为主要的、基本的因素)取决于平均数的水平,而单位对平均数的离差(这些表现为次要的、偶然的因素)则由于足够多数单位的综合汇总的结果,而相互抵消,趋于消失。

作为统计对象的社会经济现象也具有随机性。因为社会经济现象的出现取决于多种多样的原因,而这些原因的产生又受许多偶然因素影响,它们对于各个单位所起的作用,在程度上,甚至在方向上都可能不同,这就导致同一现象在每个单位的数量表现具有随机性。当然,社会经济现象不仅受随机因素影响,而且受决定因素影响,这两种因素总是交错结合在一起的。这样,我们对社会经济现象的研究,必须运用大量观察法对总体中全部或足够多数的单位进行调查,并运用综合指标法对各单位变量加以综合,通过平均化的结果以抵消随机因素的个别影响,显示现象的典型水平。统计分组法不但用于研究各组的类型,而且按决定因素分组可以研究该因素对各组水平的平均影响程度。统计推断是就平均的意义而言的,所以是在大数定律的作用下进行归纳判断的。

大数定律对于认识社会经济现象规律性具有普遍的意义。统计就是大量地运用大数定律的逻辑来阐明现象的规律性。

统计的理论与方法论基础

统计是研究数量的,似乎只要掌握数学方法,就可以学会统计学,做好统计工作,然而这个看法并不正确。虽然统计成为认识社会的有力武器,但探讨社会经济的规律必须有正确的理论指导,仅仅靠数学方法是做不到这一点的。

正确的理论指导,既是社会经济统计学的科学基础,也是统计工作的行动指南。社会经济统计学要以历史唯物论和政治经济学为理论基础。因为历史唯物论研究社会发展的一般规律以及社会生活各方面的相互关系,统计以社会现象总体的数量方面为研究对象,必须以历史唯物论阐明的社会发展规律作为理论依据,并以历史唯物论的基本原理作为统计工作的行动指南。与此同时,统计还必须以政治经济学所阐明的经济概念和社会规律作为理论基础。统计的指标、分组、计算方法都必须以政治经济学所确定的经济范畴和经济理论为依据,统计分析也必须根据政治经济学所研究的社会经济规律来确定现象之间的本质联系,然后才能进一步分析社会经济现象变动的数量关系。统计的研究方法是从现实社会现象的各种数量关系中总结出来的,它是反映客观现象内在联系的一个重要方面。科学的统计方法必须以唯物辩证法为指导,以唯物辩证法所阐明的认识客观事物及其发展变化的认识方法为方法论基础。根据辩证唯物主义存在和意识关系的原则,统计研究必须坚持从实际出发,尊重客观事实,如实反映情况,发扬实事求是、求真务实的优良作风。根据事物的质和量相互联系、相互制约的辩证关系,对社会现象的数量研究必须密切联系它的质量特点,在确定社会现象质的规定的基础上,研究数量的差异。根据对立统一的规律,从发展中研究事物的原理,不但要研究大量普遍的现象,而且要研究新情况新问题,与时俱进,促进事物的发展。

在进行统计分析的时候,同样需要以辩证唯物主义的立场、观点和方法为指导。统计分析要坚持全面、发展地看问题,反对孤立、片面、静止的形而上学的观点;要分清事物发展过程中的主流和支流、本质和现象;要抓住主要矛盾和矛盾的主要方面;要透过社会现象的量看事物发展变化的规律,以及划分事物质量和数量的界限,从事物相互联系和相互制约的关系中分析事物变化的原因、变化的条件;等等。可见,统计研究方法是以唯物辩证法为基础,并根据研究对象的性质和特点,形成各种专门的方法。

从大数定律的方法论意义上说,作为统计研究对象的社会经济现象在不同程度上具有随机性,利用统计在研究这些现象的数量关系时,就有可能利用概率论的原理和方法,使我们能够通过偶然性发现必然性,从而认识现象规律的表现形式。但概率论并不能说明现象的本质,因为现象规律性的内容取决于现象的内在矛盾,不可能用概率论解释。社会现象的本质只能由历史唯物论和政治经济学来说明,所以概率论不能作为社会经济统计学的理论基础,而必须以历史唯物论和政治经济学为理论基础。

第三节 统计学的基本范畴

范畴是人们对客观事物的不同方面进行分析归纳而得出的基本概念。每门学科都有自己特有的范畴作为该学科的科学基础。统计总体和总体单位、单位标志和标志表现、统计指标和指标体系等是统计学的基本范畴。

我们在阐明统计学研究对象时强调总体性。统计总体是首要的基本范畴。

统计总体和总体单位　　根据一定的目的和要求，统计所需要研究的事物全体称为统计总体，简称总体。构成总体的每一个事物，称为总体单位，简称单位。例如，要了解工业企业规模，总体便是全部的工业企业，单位是每一个工业企业。又如，要进行工业生产设备普查，则所有的工业生产设备构成总体，单位则是每一台工业生产设备。一般地说，统计研究总体现象、综合总体的数量特征，因此仅仅是对某一个体单位数据的记述，还不能称为统计。但是，统计又离不开个体单位。统计研究的过程就是从个体到总体的综合和分析的过程。

要注意的是，根据研究问题的不同，总体单位可以是静态现象，也可以是动态行为。前者如上面的例子，以个、台等来表示；后者以次、回、趟等来表示。为预测商店销售额，每一次销售行为是总体单位；要了解公共汽车在一定线路上的速度，则每往返一趟便是总体单位。

要注意，有些单位只能以整数表现，不能加以细分。例如人、汽车，只能以个、辆为单位，不能再细分。但有些单位是可以细分的，例如长度、质量、时间。统计中可以细分的单位是经常使用的。例如研究粮食收获率时，总体单位可以是公顷、亩、平方米；研究农产品的价格时，总体单位可以是吨、斤；当研究货币购买力时，总体单位可以是百元、元等。这种总体单位，从理论上说可以细分到无穷小的单位。

统计总体根据总体单位是否可以计数，分为有限总体和无限总体。例如，全国人口近14亿人，但总是有限的、可以计数的，属于有限总体。相反，由无穷单位构成的总体称为无限总体。例如，我们研究某型号炮弹的全部可能射程，那么我们就面临着无限总体，因为从理论上说射程的取值（每一取值就是一个单位）可以多到无限种。

根据研究问题的需要，从有限或无限总体中抽出来一部分单位所组成的总体，称为样本。样本通常按随机抽样产生。样本看成是总体的缩影，要求有与总体共同的特征和近似的结构。

单位标志和标志表现　　通常所说的统计标志就是单位标志，简称标志，它是总体单位的共同属性或特征。例如企业的经济类型、所属部门、员工人数、固定资产原值、总产值、增加值、利税额、全员劳动生产率，是每一工厂都具有的属性；又如设备的种类、型号、能力、价格、使用期限是每台设备都具有的特征;销售商品名称、计量单位、销售量和销售额是每一次销售行为都具有的特征。很明显,总体单位是标志的平台和直接承担者,标志是依附于单位的。

一个特定的统计总体可有许许多多标志,这里介绍品质标志和数量标志、数量标志中的第一性标志和第二性标志、不变标志和可变标志,以及是非标志等分类问题。

(一)品质标志与数量标志　品质标志表明总体单位所具有的品质属性,例如工人的性别、设备的种类、企业的经济类型。

数量标志表明总体单位所具有的数量特征,例如工人的年龄、工资;工厂的总产值、职工人数、全员劳动生产率。

数量标志又可分为第一性标志和第二性标志,前者是直接说明总体每一单位的标志,后者则是第一性标志的派生。比如全县的乡村组成总体,则播种面积、粮食总收获量属于第一性标志,每亩平均收获量属于第二性标志。又如公司企业的资本金、员工人数、产值、利润是第一性标志,劳动生产率、利润率等属于第二性标志。

标志表现又称标志显示,也是一个重要的概念。它是标志在各个单位的具体表现,有品质标志表现和数量标志表现。品质标志表现用文字陈述,或用"是""否"表示,如某工人性别——男,婚否——否;某教师职务——教授;某企业经济类型——民营。数量标志表现用数量描述,如某工人月工资5 200元,某教师教龄40年,某工厂年产值1亿元,某工人年劳动生产率20万元。

(二)不变标志和可变标志　在一个总体的单位中,不管是品质标志或是数量标志,它的具体表现在所有单位中都是相同的,就把这种标志称为不变标志。例如在一个大学生总体中,每个都是女性,所以性别便是不变标志。在一个总体中,当一个标志在各个单位中的具体表现有可能不同时,这个标志便称为可变标志。例如在女学生总体中,年龄这个标志对每一个女生来说是"表现"不同的,所以年龄在这个总体中便是可变标志。

(三)是非标志　当某标志表现只有"是"与"非",成为对立、互不相容的两个部分时,我们把这个标志称为是非标志,又称为肯定与否定标志,表示标志不是显示"这",就是显示"这"以外的"那",二者必择其一。比如人的性别为男或女,学生考试及格或不及格,产品质量合格或不合格,彩票的中彩或不中彩。当总体按某品质标志显示为各种各样的组,是非标志显示出的是与非就不是固定不变的,它随着人们研究问题的需要和任务的不同而被主观地确定,从而产生各种各样性质不同的是非标志。如我国这两年来八大类消费——食品、居住、娱乐文教服务、交通和通信、设备用品及服务、衣着、杂项商品和服务、医疗保健——占消费性支出的比重发生了很大变化。我们可以把食品支出当作"是",把食品以外的七项支出当作"非",当然也可以把其中任何的一项支出或者任何几项支出当作"是",余下的各项支出集合为"非"。可以说,在总体按某标志分为很多组的情况下,是非标志的产生是无限的。是非标志的问题不一定都存在于品质标志中,在总体按数量标志"显示"的条件下,也可以根据我们研究问题的要求人为确定。

(四)变异与变量 "变异"的概念在前面已有说明,具体来说,可变标志的属性或特征由一种状态变到另一种状态,统计上称为变异。所以可变标志也称为变异标志,变异在统计学中是一个很重要的概念。正因为总体中某种现象在各单位之间存在着变异,总体单位具有变异标志,才需要调查,并有各种统计方法。如果没有变异标志也就没有统计。

统计中,还把数量标志称为变量,数量标志表现就是数量标志的取值或变量的取值,称为标志值或变量值。例如工人月工资是变量,月工资5 000元、5 500元、6 000元是变量值;工厂的产品产量、总产值、产品合格率、职工人数均为变量,各工厂这些变量所体现的具体数据就是变量值。

应该指出,标志值通常是相对于数量标志的显示而言的。也有把品质标志的显示当作标志值。比如公司企业的经济类型可有国有、民营等类型,那么"国有""民营"也是标志值。可见,不论是品质标志还是数量标志,其标志表现均是标志值。这是广义标志值的概念。

变量按变量值的变动是否连续,又可以分为离散变量和连续变量。也就是说,数量标志有离散变动标志和连续变动标志之分。

离散变量的变量值可以按一定次序一一列举(通常表现为整数值),例如企业的工人数、设备台数,乡镇的村庄个数、企业数。连续变量的变量值在一个区间可以有无限多个。它可以做无限分割,不能一一列举,例如播种面积、粮食亩产量、零件的尺寸误差。

对于性质上属于连续变量但又按整数取值的现象,可以把它当作离散变量。例如年龄、考试成绩虽属连续变量,但由于通常按整数计算,可按离散变量来处理。

应该指出,总体、单位、标志都是随着研究目的的变动而变动的。比如当我们研究某部门企业规模时,工人人数是标志;当研究该部门工人技术状况和劳动生产率时,工人全体是总体。播种面积是农业生产单位的数量标志,但在计算平均亩产量时,播种面积又成了总体。

统计指标与指标体系

统计指标是反映社会经济现象综合数量特征的范畴。前面说过,构成社会经济现象总体的各个单位均具有某些数量特征或品质属性。例如,各个物质生产部门的企业生产技术条件不同,产品各异,但它们都向社会提供一定的产品,创造一定的价值,因而总产值、增加值等经济范畴就成为企业的共同数量特征。又如,所有企业无论它生产什么,都要有一定的工人,而每一个工人都有其相应的劳动成果,因而劳动生产率这一经济范畴也是企业的数量特征。其他如工资、成本、利润、资金、价格也都如此。这些经济范畴都是对现实生活中大量存在的、反复出现的具体经济现象的某种共同特征进行概括而形成的基本概念。人们把这类社会经济范畴当作统计指标。

统计指标的数量表现,称为指标值,也有把它简称为指标的。这与上面关于指标的定义并不矛盾。当进行统计研究和统计设计时,只能确定统计指标的名称,这是不含数值的统计指标;经过统计工作的过程得到统计指标的具体数值,正是我们设计和制定统计指标的目的,当然也是统计指标。

每一项统计指标反映某一个特定的社会经济现象,不同的统计指标反映不同的社会经济现象。因此,统计指标是和现象的质的方面紧密联系着的,但在统计学中,建立统计指标又是为了研究其数量关系。因此,在统计指标中,应该把社会现象的质的方面和量的方面密切地结合起来。每一个统计指标是实际的社会经济现象数量特征的反映,它具有客观性,但它同时又是人们通过对客观现象的概括和抽象建立起来的。为了使建立起来的统计指标能正确地反映客观实际,必须对所研究的现象进行深入的分析和研究,以掌握这一现象和另一现象的区别和联系;同时还要通过一套科学的方法取得有关的数值资料。概括地说,统计学的中心任务,就是要制定一套科学的统计指标和指标体系,并用一套科学的方法来搜集统计指标的数值以及分析现象的数量关系,以正确反映社会经济现象所达到的规模、水平、速度、比例和效益等。如果这两方面的工作都做好了,那么统计也就可以达到正确反映社会情况和认识社会发展规律的目的。所以统计指标是统计工作的中心问题之一。下面进一步阐明统计指标的特点和种类等问题:

(一)统计指标的特点　首先,统计指标具有可量性。统计指标是社会经济范畴,但不是任何社会经济范畴都可以当作统计指标,因为不是所有的社会经济范畴都能用数量表现。只有对那些在性质上属于同类的,而在数量上又表现出各种差异的大量现象,才能通过统计指标的综合汇总反映出现象的共同特征,说明社会经济现象的综合性问题,例如进出口贸易、生产总值、生活消费水平等。对于无法用数量衡量,或虽然可以用数量衡量,但仅仅是个别存在的或并无差异的现象都不能运用统计指标。换句话说,当现象已经发展成为普遍存在,而且千差万别的现实存在又共同具有某种数量特点时,才能构成统计指标的研究对象。正是统计指标的数量属性,使得运用数学方法和现代计算技术成为可能。统计指标不像数学纯粹从量上做抽象的研究,而是计算的过程和结果都体现社会经济内容和经济含义。

其次,统计指标具有综合性。统计指标既是同质总体大量个别单位的总计,又是大量个别单位标志值的差异综合。当我们确定了统计总体、总体单位和单位标志之后,就可以根据一定的统计方法对各单位和各单位中各种标志的标志值进行登记、分组、汇总而得到各种说明总体数量特征的统计指标。例如,某地区的企业组成总体时,可以分组、汇总得到全地区或地区各工业部门的企业数、职工人数、总产值和利税等指标;又如,某县的村庄组成总体,可以汇总得到全县的村庄数、播种总面积和总收获量等指标。以地区总产值来说,各个企业产量大小差异不见了,各种不同产品的差异、同一产品不同品种的差异也不见了,显示的是该地总产值的总水平。可见,统计指标的形成都必须经过从个别到一般的过程,即通过各个别单位数量差异抽象化体现总体的综合数量特征。所以,所有的统计指标都是综合指标。

(二)统计指标的结构 统计指标的基本结构是指标名称和指标数值。指标名称是确定的,指标数值是变量。上面表述的统计指标概念就是针对指标的基本结构进行抽象研究得到的。指标名称体现指标含义和指标所确定的范围,指标数值并不是一些随意的数字,而是总体各单位某标志在一定时间、地点的数量表现的综合概括。一个在结构上完整的统计指标还应包括指标的表现形式、指标所属的时期或时点、指标所代表的总体和它的计量单位。例如,根据国家税务总局公报,扣减出口退税后,2016 年全国税务部门组织税收总收入 115 878 亿元,比上年增加 5 274 亿元,增长 4.8%。这里的税收总收入是指标名称,指标数值为 115 878、5 274、4.8;指标数值的表现形式为绝对数和相对数;指标的计量单位为亿元和百分数;指标所属时期为 2016 年;指标所代表的总体是我国所有纳税单位和个人。

这里应当注意,我们不能把指标与指标表现形式混为一谈。比如,某工厂工业增加值计划完成 115%,指标还是增加值,不能说它包括增加值指标和计划完成百分数指标。计划完成百分数是指标的表现形式,不是统计指标的原义。

(三)统计指标的分类 统计指标有各种各样的分类,这里仅仅介绍社会经济统计学中通常把统计指标分为数量指标和质量指标的问题。

用于反映社会经济现象总规模水平或总工作量的指标,在统计中统称为数量指标,例如人口总数、企业总数、职工总数、资金总量、产品总量、商品销售额、工资总额。由于它反映的是现象的总量,因此也称为总量指标。从指标数值的表现形式来看,总量指标总是用绝对数表示,并且要有计量的单位。

在统计指标中,数量指标占有重要的地位,它是计算质量指标和进行分析研究的基础。相关内容将在第四章中加以详述。

用以表明社会经济现象相对水平或工作质量的统计指标,称为质量指标,例如人口密度、出生率、工人出勤率、劳动生产率、设备利用率、单位产品成本、单位产品原材料消耗、资金利税率。质量指标是数量指标的派生,都用相对数或平均数形式表现,所以又称对比关系指标。对比关系指标从质量、效益、强度和效率等方面说明社会经济现象,比较深刻地反映现象的本质及现象之间固有的联系,因此人们习惯称之为质量指标,并与数量指标相对应。

国民经济中,质量指标可以用来表明生产资源和生产条件的利用效果,因而质量指标通常用作技术经济指标,具体反映各工作部门的经营管理水平和生产技术水平。例如,反映经营管理水平的,有产品合格率、工时利用率、设备利用率、劳动生产率、单位产品成本等;反映生产技术因素的,有高炉焦比、平炉利用系数、煤炭掘进率、回采率、机械化程度等。质量指标反映经济管理和生产技术工作质量,广泛地运用于不同单位之间的对比,从而寻找差距,挖掘潜力。

社会经济现象总体总是存在着许多互相联系的方面,不同的社会经济现象总体之间也存在着各种各样的联系。社会经济现象互相联系的性质,不能由个别统计指标来反映,而要用指标体系来描述。

统计指标体系是各种互相联系的指标所构成的整体,用以说明所研究社会经济现象各方面相互依存和相互制约的关系。社会经济现象本身的联系是多种多样的,所以统计指标之间的联系也是多种多样的。宏观的、微观的社会经济现象都可以建立各种各样的指标体系。例如,国民经济统计指标体系包括社会发展客观条件以及社会生产、生活的主要现象和过程的一系列指标。又如,为了从不同角度反映和研究社会经济各部门的发展规模、结构和水平,就有产值指标体系,它包括社会总产值、工农业总产值、国内生产总值等等。在更小范围内,如企业产品实物量、工业总产值、工业增加值、工业销售产值、出口交货值,组成生产成果的产量指标体系;固定资产原值、资金总额和税利,组成财务指标体系。有些指标之间的联系表现为经济方程关系,也都是指标体系,如"商品销售额=产品价格×商品销售量""粮食总产量=耕地面积×复种指数×亩产量"。

建立统计指标体系有重要的意义。借助指标体系,可以认识现象的全貌和发展的全过程;可以分析复杂现象总体存在的矛盾,分析各种因素对现象总体变动结果的作用、方向和程度。而了解指标之间的相互联系,有可能根据已知指标来计算和推测未知指标。

几个基本范畴的关系

以上阐明了几个基本范畴的关系:总体由大量的单位组成;单位是标志的直接承担者;标志有品质标志和数量标志之分,标志表现也有品质标志表现和数量标志表现两种。标志表现由一种状态到另一种状态称为变异;变量则指数量标志,数量标志表现即变量的取值,称为标志值和变量值。

我们知道,数量标志值的汇总综合就是总体标志总量,品质标志所依附单位的汇总综合就是总体单位总量。总体单位总量和总体标志总量都是数量指标(总量指标),它们之间相互对比可得出质量指标。

下面我们把某企业的全体工人组成统计总体,用图1-1反映这几个基本范畴的关系:

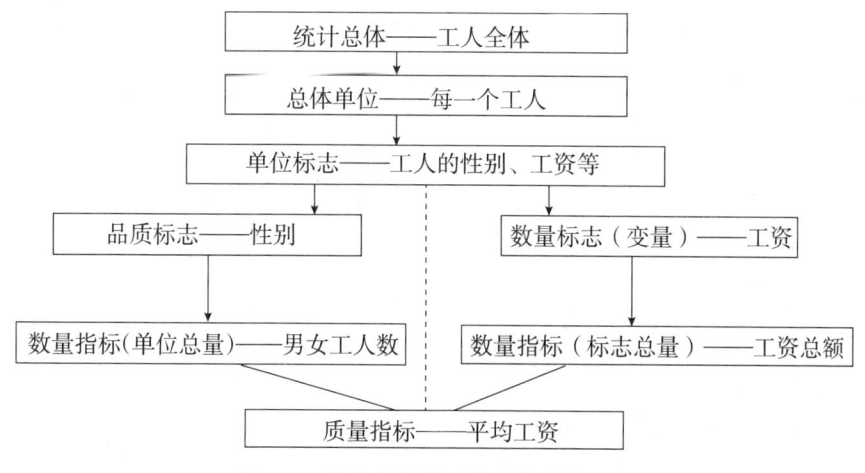

图1-1 统计指标体系基本范畴关系图

图1-1中,虚线左边表示品质标志(如性别)所从属的总体单位(每一个工人)汇总形成的数量指标(男女工人数),虚线右边表示总体各单位标志值(各个工人的工资额)汇总形成的数量指标(工资总额)。这里,两个数量指标派生了质量指标(平均工资)。"工资总额=工人数×平均工资"也是一个指

标体系。

在阐明几个基本范畴的关系时,必须明确说明指标与标志的区别与联系。

指标与标志的概念明显不同,指标是说明总体综合特征的,标志是说明单位属性的,指标在标志的基础上形成。但现实生活中,一个可量化的社会经济范畴是作为指标还是当作标志需要进行分析。有两种情况:一种是标志所从属的是总体中的原始要素——初始单位。如工人总体中的每个工人,设备总体的每一台设备,它们所提供的标志值属于原始数据,未经综合过程,这是标志的本来含义,无论如何不应视为指标。另一种是标志所从属的单位不是初始单位,标志值已不是原始数据,这种标志又可以说是指标。比如,由企业组成的总体,每一企业的职工人数、劳动生产率、利税率既是标志又是指标。说是标志,因为它们是这些企业的共同属性;说是指标,因为它们经过一定的综合过程。判别标志和指标,还要看你站在什么角度。作为报告单位的企事业单位,视自身提供的统计数字为指标。正因为上述原因,人们已经认识到这两个概念在许多场合可以交替使用,即把标志当作指标,把指标当作标志。

思考与练习

1. 怎样理解统计的不同含义?它们之间的关系如何?
2. 社会经济统计学的研究对象是什么?
3. 作为统计研究对象的社会经济总体的数量方面有哪些特点?
4. 统计研究的基本方法是什么?为什么要用大量观察法?
5. 社会经济统计的理论和方法论基础是什么?为什么概率论不能作为社会经济统计的理论和方法论基础?
6. 什么是统计总体和总体单位?试举实际例子说明。
7. 品质标志和数量标志、不变标志和可变标志、第一性标志和第二性标志、是非标志都有什么不同?举例说明。
8. 变异、变量、标志值、变量值是什么概念?举例说明。
9. 什么是统计指标?统计指标和标志有什么区别和联系?
10. 数量指标和质量指标有什么不同?
11. 什么是统计指标体系?举例说明。

第二章 统计调查

本章阐述统计调查的意义、种类、调查方案、调查的各种方法、调查误差的产生与避免等几个问题。学习本章,要求:(1)认识统计调查担负着提供基础统计资料的任务;(2)掌握统计调查的方法和调查方案的制定,根据调查目的和客观实际情况正确地采用调查方法,组织搜集准确、及时的统计资料。

第一节 统计调查的意义和种类

统计调查的意义和要求

统计调查和一般社会调查一样,同属于调查研究活动。统计调查是按照预定的统计任务,运用科学的统计调查方法,有计划、有组织地向客观实际搜集数据资料的过程。从统计工作的全过程来看,统计调查是搜集统计数据以获得感性认识的阶段,它既是对现象总体认识的开始,也是进行数据整理和分析的基础环节。统计调查的基本任务是,按照所确定的指标体系,通过具体的调查,取得反映社会经济现象总体全部或部分单位以数字资料为主体的信息。这些信息是总体各单位有关标志的标志表现,是尚待整理、缺乏系统化的原始资料,或有过初步整理,必须进行进一步系统化的次级资料。可以认为,搜集大量的、以数字资料为主体的信息是统计调查不同于一般社会调查的主要特征。

统计调查必须达到准确性和及时性两个基本要求。准确性是指调查资料客观地反映现象和过程本质的程度;及时性则指搜集资料完成的时间符合该项调查所规定的要求。统计调查的准确性和及时性是衡量统计调查工作质量的重要标志。

统计工作的各个环节是紧密衔接、相互依存的。统计调查作为统计工作的基础环节,在调查过程中所得到的原始资料的质量直接影响最终成果的质量。搜集来的资料好比是构成未来统计大厦的基础,为使大厦坚实牢固,基础必须是坚实且高质量的。如果在搜集原始资料时出现差错,又不能及时加以更正,那么之后无论怎样认真地整理这些资料,这些纰漏都将影响最后结论的正确性和可靠性。

统计调查资料的准确性绝不仅是一个技术性问题,还是涉及坚持统计制度和纪律,坚持实事求是,求真务实地反映情况的原则问题。在我国,统计立法的核心就是保障统计资料的准确性、客观性和科学性。国家机关、社会团体、各种企事业组织和个体工商户,都要依照《中华人民共和国统计法》和国家的规定,提供统计资料,不允许浮夸瞒报、拒报迟报,不允许伪造、篡改。基层群众性组织和公民都有义务如实提供国家统计调查所需要的情况。统计工作人员一定要有对事业高度负责的精神,如实反映情况。坚决反对以违法手段破坏调查资料的准确性,把维护统计资料真实性作为自己的光荣职责。

统计资料的及时性也是一个全局性的问题。一项统计工作任务的完成,是许多单位共同努力的结果,任何一个调查单位不按规定的时间提供资料,都会影响全面的综合工作,贻误整个统计工作。因此,提高统计调查的及时性不是个别单位工作所能奏效的,必须是各个调查单位共同增强全局观念,采取有效措施,遵守统计制度和纪律。

在统计调查中,准确和及时是相互结合在一起的。及时离不开准确,而准确又是达到及时的重要途径。要把准确和及时结合起来,做到准中求快,快中求准,这样才能达到统计调查的基本要求。

统计调查的种类 根据不同的调查目的和调查对象的特点,选择合适的调查方法,是统计调查的重要问题。统计调查有各种各样的分类。

(一)按被研究总体的范围划分,分为全面调查和非全面调查 这是统计调查最基本的分类。在全面调查的情况下,被研究总体的所有单位都要被调查到。例如,人口普查要对全国人口无一例外地进行登记;为掌握国有企业生产经营活动情况,所有国有企业都是调查对象。非全面调查则是对被研究现象总体的一部分单位进行调查。例如,为了研究城市居民家庭的生活水平,可以只对一定数量的住户进行调查;为了掌握进出口商品的质量,可以取其中一部分商品做检验。非全面调查指抽样调查、重点调查和典型调查等几种调查方法。

在国外,那些非全面调查方法都叫抽样调查,并且依据被调查单位的选择是否按随机的原则分为概率抽样和非概率抽样(即有意抽样)。通常所说的抽样调查指概率抽样。

(二)按调查登记的时间是否连续划分,分为连续调查和不连续调查 连续调查是随着被研究现象的变化,连续不断地进行登记。在进行这种调查时,被研究现象或过程量上的所有变化都被观察记录下来。例如,工厂的产品生产、原材料的投放、燃料和动力消耗、工人的出勤、劳动工时,农村播种、收获,人口的出生、死亡,必须在观察期内连续登记。可见,连续调查的资料说明现象的发展过程,体现现象在一段时期的总量。不连续调查是间隔一段相当长的时间所进行的登记。如人口数量、固定资产原值、生产设备拥有量等现象,短时期内不发生什么变化,不必连续不断地登记,只要经过一段时间登记其某一时刻或某一天的数量。

(三)按搜集数据的方法划分,分为直接观察法、报告法、采访法、登记法等 直接观察法是调查者亲自到现场对调查单位察看、测量和计量的方法。例如,对农作物收获量进行调查时,调查人员到调查地块参加收割和计量;在研究工人劳动消耗量时,由调查者来测定完成作业所需的时间;对于销售商品的质量,由调查者亲临商场,接触商品,辨认真假伪劣;等等。直接调查法取得的资料具有较高的准确性,但需要大量的人力、物力,使它的应用受到很大的限制。

报告法是企事业单位以各种原始和核算凭证为调查资料来源,依据统一的表格形式和要求,按照隶属关系,逐级向有关部门提供资料的方法,又称凭证法。我国现有的企事业单位所填写的统计报表就是这种方法。如果报告系统健全,原始记录和核算工作完整,凭证法也可以获得比较准确的资料。

采访法是根据被调查者的答复来搜集统计资料的方法,又可分为口头询问法和被调查者自填法两种。口头询问法是由调查人员对被调查者逐一采访,当面填答。被调查者自填法是由调查人员把调查表交给被调查者,向被调查者说明填表的要求和方法,并对有关注意事项加以解释,由被调查者按实际情况一一填写,填好后交调查人员审核收回。采访形式多种多样,可以是直接面对面的调查,也可以通过电话、网络进行调查。

登记法是由有关的组织机构发出通告,规定当事人在某事发生后到该机构进行登记,填写所需登记的材料的方法。如人口的出生和死亡的统计及流动人口的统计就是采用规定当事人到公安机构登记的方法。

还有如实验设计法,是用于搜集关于测试某一新产品、新工艺或新方法使用效果的资料的方法。进行实验设计往往通过分组进行对照实验,并在实验中采集数据。在分组中,实验对象的分配、实验次序的安排应遵循随机原则。

随着现代信息技术的发展,计算机、网络、光电技术、卫星遥感、地理信息系统等高新技术已经或正在被广泛地引入统计调查领域中。例如,在农业调查中,利用卫星高度分辨辐射计算所提供的地面农作物绿度的资料估计农产量。

进行统计调查工作并不仅仅局限于某一种方法,还可依调查目的与调查对象的具体特点结合使用。

第二节　统计调查方案

统计调查是一项系统工程,是一项繁重复杂、高度统一和严格的科学工作,应该有计划、有组织地进行。在着手调查之前应该制定一个周密的调查方案,使得调查过程有统一内容、统一认识、统一方法、统一步调,以便顺利完成任务。统计调查方案应确定以下几个方面的内容:调查目的、调查对象、调查项目、调查表、调查时间和调查的组织工作。下面分别加以说明。

调查目的　确定调查目的是任何一项统计调查方案首先要解决的问题。任何社会经济现象和过程都可以根据人们的需要,从不同方面、不同角度搜集材料。因此调查目的应尽可能规定得具体明确,突出中心,否则,调查来的资料可能并不是所需要的,而需要了解的情况又得不到充分的反映。例如,我国第一次全国城镇房屋普查的目的就是这样写的:为了查清全国城镇房屋的数量、质量以及占有、使用等基本情况,查清职工的居住状况,为有计划地进行住宅建设,搞好房地产管理提供可靠的依据,促进社会主义现代化建设。

调查对象　有了明确的调查目的,就可据以确定调查对象。调查对象是应搜集其资料的许多单位的总体。统计总体这一概念在统计调查阶段称为调查对象。调查对象由调查目的所决定。例如,人口普查中,调查对象是所有具有中华人民共和国国籍并在中华人民共和国境内居住的人;第一次全国城镇房屋普查的对象是城市、县城(镇)和独立工矿范围内的全部房屋。又如,调查目的是取得国有工业企业的产品产量、成本和利税等资料,调查对象就是全部的国有工业企业;要了解某企业产品质量状况,该工厂的全部产品就是调查对象。

确定调查对象时,还必须确定两种单位,即调查单位和报告单位。调查单位也就是总体单位,它是调查对象的组成要素,即调查对象所包含的个体单位。报告单位也叫填报单位,也是调查对象的组成要素,它是提交调查资料的单位,一般是基层企事业组织。就上例,每一个企业就是报告单位。有时报告单位可能是住户、职工、学生等。调查对象的确定使我们知道所要了解的现象总体界限。调查单位的确定使我们知道要了解的有关资料所从属或依附的人或物等要素,以便从那里登记这些资料。需要指出,调查单位与报告单位有时一致,有时不一致。例如进行工业设备普查,报告单位是工业企业,调查单位是各种单台设备。又如,在普查某种水果树的种植时,调查单位是每一单株果树,而报告单位是农户或国有农场等农业生产单位。显然,这两种调查的调查单位与报告单位是不一致的。当我们调查国有工业企业产品产量、成本、利税的情况时,调查单位与报告单位又是一致的。

正确地确定调查单位具有重要的意义,因为它不仅能保证对被研究对象统计的完整性和准确性,而且关系到调查结果资料的正确性。不难想象,在我们调查研究工厂生产情况时,如果对最普通的工厂概念都不清楚,就无法统计工厂的确切数字,也不可能对各工厂的产量等资料的搜集有所收获,更不要说统计下一阶段工作是什么样的结果了。

调查项目

统计调查必须确定具体的调查项目。调查项目又称调查纲要,就是依附于调查单位的基本标志。它完全由调查的目的任务和调查对象的性质特点所决定,包括由品质标志和数量标志所构成的标志体系。通俗地说,调查项目就是一份在调查过程中应该获得答案的各种问题的清单。

确定调查项目是一项非常有意义而责任重大的工作。调查项目的确定决定了整个统计调查工作的成效。

调查项目的确定以调查目的的任务为依据,同时考虑国家管理、经济领导和科学研究对统计资料的需要。在拟定调查项目时要注意以下三个问题:第一,所选择的项目必须是能够取得确切资料的。对于不必要或者虽然需要但没有可取得资料的项目,应该加以限制,以便获得数量不多但可靠的数据。第二,调查的每一个项目应该有确切的含义和统一的解释,以免调查人员或被调查者按照各自不同的理解进行问答，使调查结果无法汇总。第三，各个调查项目之间尽可能互相联系、彼此衔接，以便从整体上了解现象的相互联系，也便于有关项目相互核对，提高调查资料的质量。还要注意现行的调查项目同过去同类调查项目之间的衔接，以便于动态对比，研究现象的发展变化。

确定调查项目是一件复杂的事情。调查者对调查对象及其特征应有非常深刻的认识，因此，调查项目应该由熟悉被研究现象本质的调查者集体确定，反复讨论，达成共识。只有这样，调查项目才能与实际相符，适应客观情况的变化，经得起实践检验。

调查表

调查项目确定之后，就要进一步使用调查表，把诸多的调查项目用最精练的措辞在表格中表现出来，以便于调查登记资料规范化、标准化。使用调查表也为下一阶段的统计整理提供了极大的方便。使用调查表是由统计调查工作大量性、系统性要求所决定的，作为统计调查过程的基本手段，无疑是拟定调查方案的重要步骤。

调查表格一般有单一表和一览表两种形式。单一表是每个调查单位填写一份，可以容纳较多的项目。一个问题的调查不限于只使用一张表，可以视调查项目内容的多少由若干张组成。一览表是把许多调查单位填列在一张表上，在调查项目不多时较为简便，且便于合计和核对差错。但在项目很多的情况下，一览表并不适用，因为这样势必使调查表篇幅过大。

设计一张好的调查表不是很容易的事情，项目要少而精，项目的措辞要毫不含糊，形式上还要让被调查者易填易答。一个烦琐的、项目繁杂的调查表会使被调查者精神疲劳，从而出现错答、拒答或回答不完整、随意回答的情况。所以，确定调查项目、设计调查表就应考虑可能发生的登记性误差，避免误差的发生。

为了正确填写调查表，必须附有简明扼要的填表说明和项目解释。填表说明用来提示填表时应注意的事项；项目解释则是为了说明调查表中某些标志的含义、范围、计算方法等。填表说明和项目解释必须根据国家制定的统一标准，以保证统计调查中采用的指标含义、计算方法、分类目录和统计编码等的标准化。

问卷调查的表格是调查表的一种新形式，它采取随机或有意识地选择若干调查单位，发出问卷，要求被调查者在规定的时间内反馈信息，借以对调查对象总体做出估计。这种搜集资料的方法多用于所谓主观指标的调查，以其问卷设计独特而著称。问卷调查被广泛运用于民意测验，了解人民群众对一些社会问题的看法。民意测验的问卷调查往往收不回或不能及时收回。问卷调查形式也运用于经济调查，如我国每年要进行4次企业景气调查，就是从全国企业中随机抽取1 000家不同行业、不同类型、不同规模的企业，采取问卷的形式，让企业对宏观环境和自身环境做出客观判断。它是国家统计调查制度的组成部分，被抽选调查的企业都要及时回答调查表中的问题。

调查时间和调查时限

本书附录一选录了现实中使用的调查表。这两个调查表虽然看不出有什么统一的模式，但可以启发我们设计调查表。

统计调查应规定调查时间和调查时限。调查时间是调查资料所属的时间，即所谓客观时间。如果所要调查的是时期现象，调查时间就是资料所反映的起讫日期；如果调查的是时点现象，调查时间就是规定的统一标准时间。调查时限是进行调查工作的期限，包括搜集资料和报送资料的整个工作过程所需要的时间，即所谓主观时间。统计调查的及时性要求就是要遵守调查时间和调查时限。假定企业2016年经济活动成果呈报时间规定在2017年1月底，则调查时间为1年，调查时限为1个月。

调查的组织工作

在调查方案中，还必须研究确定调查的组织工作计划，使调查工作在组织上、措施上有强有力的保证。组织工作计划包括明确调查机构、调查地点，选择调查方法等。

调查机构是准备和进行统计调查并对该项调查工作负责的组织、机关或单位。在我国，根据调查的目的任务、对象范围的不同，调查机构可以是国家统计局、省（市）统计局、业务主管部门的统计机构、各种社会团体。调查机构也有专门组织起来的非常设机构，如工业普查领导小组、人口普查办公室。在组织工作计划中应规定各级调查机构的权利、职责和彼此的关系。

调查地点指直接登记所调查的事实、填写调查表的场所。调查地点和调查单位所在地一般是相同的。例如，工矿企业填报调查资料，就在它们所在地进行。某些专门组织起来的统计调查，调查单位所在地有变化时，就要明确指出调查地点，如人口普查，对居民是按常住地点而不是暂住地点来登记的。显然，在组织工作计划中严格规定调查地点，可以保证搜集资料的可靠性。

对于大规模统计调查，所制定的调查方案往往需要做试点调查。通过试点,可以检验调查方案是否切实可行,以便对此加以修改和补充。除此之外,还要积累实施调查方案的经验,提高调查人员的业务技能,方能圆满地完成调查任务。

第三节 统计调查方法

统计调查方法体系

在我国,统计调查方法有统计报表、普查、抽样调查、重点调查和典型调查。它们在统计调查中的地位因历史时期不同而变动。

在传统的计划经济体制下,我国的统计调查方式以统计报表制度为主,它是一种以全面调查、层层汇总为特征的统计调查体系。改革开放以来,随着社会主义市场经济的发展,一方面,社会经济现象空前复杂,给准确把握统计口径带来困难;另一方面,各类经济组织发展迅速,统计调查单位急剧增加,训练有素的基层统计人员数量不足的矛盾日益明显。另外,决策主体和利益主体的多层次化对统计数字的客观性也产生着重要的影响。这些都使得以全面统计报表为主的调查体系越来越难以满足政府与社会公众对统计信息的需求。为适应社会主义市场经济的要求,目前,我国建立起了以必要的周期性普查为基础,以经常性抽样调查为主体,以重点调查、科学推算和少量全面报表综合运用为辅助的统计调查方法体系。

在这一新的统计调查体系中,普查是基础,因为只有通过普查,才能收集到全面和详细的数据,同时可以在普查中寻找和发现应该进一步抽样调查的大量问题。因此,普查为开展抽样调查和抽样推断提供了必要的基础资料。但是,由于普查要耗费大量的人力、物力、财力和时间,无法及时反映社会经济现象日新月异的变化状况,因此,对大量的社会经济现象必须采用抽样调查方式才能及时地获得各类信息。抽样调查的调查单位少,可以由经过专门训练的人员去完成,同时也便于对某一社会经济现象进行更深入的研究,这样既可以节省调查费用,又可以满足对统计时效和统计数据质量的要求。所以,新的统计调查体系要以经常性抽样调查为主体。重点调查、典型调查和统计报表是我国过去统计实践中常用的方式,在新形势下仍发挥了一定的作用。

在新的统计调查体系中,还要采用科学的统计推算方法。所谓统计推算,是在不可能或不必直接通过调查取得资料的情况下,根据已掌握的资料,运用各种统计方法进行科学的估计推算,以间接方式取得所需的资料。实践证明,统计推算是取得统计数据的有效方法。

如果说统计调查方法体系中"建立以必要的周期性普查为基础,以经常性抽样调查为主体"体现了与国际统计惯例接轨,那么"以重点调查、科学推算和少量的全面报表综合运用为辅助"就是考虑到了中国的特点,具有中国特色。

总而言之,在统计调查中,应根据调查的目的和调查对象的特点,灵活地选用不同的调查方式,以便及时、准确地获得各种不同的信息。具体如图2-1所示。

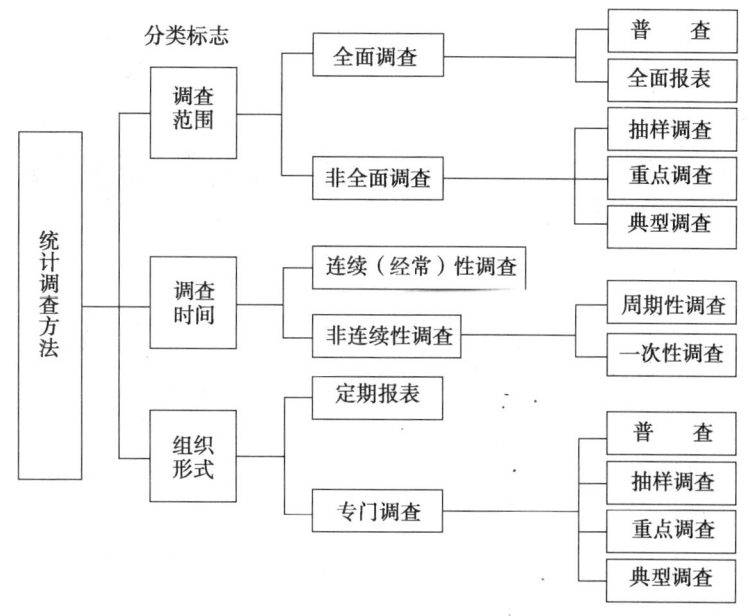

图 2-1 统计调查方法分类

下面我们按各种统计调查方法的地位分别加以说明。

普查

普查是专门组织的、一般用来调查属于一定时点上社会经济现象数量的全面调查。

普查往往在全国范围内进行。中华人民共和国成立以来,我国在社会经济领域不定期进行多次普查,主要有:3次全国农业普查

(1996年、2006年和2016年);1次全国城镇房屋普查(1984年);3次全国工业普查(1950年、1986年和1995年);2次全国第三产业普查(1993年和2003年);2次全国基本单位普查(1996年和2001年)。自2004年开始,基本单位普查、工业普查、第三产业普查和建筑业普查等合并成全国经济普查,每5年进行一次,标准时点为普查年份的12月31日,除2004年条例发布第一次经济普查为2004年外,以后逢"3"和逢"8"的年份为经济普查年(2004年、2008年和2013年)。这些都是我国开展的关系国计民生的大型国情国力调查。

普查能掌握全面、系统的国情国力统计资料,是进行社会主义现代化建设的一项十分重要的基础工作。尤其是能了解一个国家人力资源、物资资源和财力资源的数量及其利用情况,对国家从实际情况出发制定国民经济和社会发展计划及产业政策,加强国民经济管理,安排人民物质和文化生活具有重要的意义。

普查比任何其他调查都更能掌握全面、系统的国情国力方面的基本统计资料。普查和全面统计报表虽然同属于全面调查,但两者不能互相替代。统计报表不可能像普查那样掌握如此详尽的、全面的资料;与定期报表相比较,普查所包括的单位、分组目录以及指标内容更广泛详细,规模更宏大,能解决报表不能解决的问题。但是普查要耗费较多的人力、物力和时间,因而不可能经常进行。

普查是一种不连续调查,这是它的主要特点。因为普查的对象主要是时点现象,它的数量在短期内往往变动不大,无须做连续登记,只要间隔一段较长的时间进行调查。例如,人口普查的对象就是人口总体的时点状况,人口普查主要就是为了取得总人口数和人口构成如性别构成、年龄构成、民族构成、职业构成等的相关资料。

根据普查的特点,进行普查工作必须十分重视普查项目、调查时间和调查方法上的集中和统一。普查要求:第一,统一规定调查资料所属的标准时间。所谓标准时间,即规定某日或某日的某一时刻作为登记普查对象有关资料的统一时间。这样才能避免搜集资料时因为自然变动或机械变动而产生重复和遗漏现象。例如,我国第六次全国人口普查2010年11月1日0时为标准时间,第三次经济普查的标准时点是2012年12月31日。就以人口普查来说,任何家庭在午夜12时之前有人亡故或在午夜12时之后有孩子出生均不应加以登记,只有这样,才能把该时刻人口的实际状况像照相一样反映出来。第二,在普查范围内,各调查单位应尽可能同时进行调查,并尽可能在最短期限内完成,以便在方法上、步调上取得一致,保证调查资料的真实性。这个问题就是前面说过的调查时限。为取得标准时间的有关资料,不可能在同一时间里同时登记完毕,必须在一段时间内进行,如第六次全国人口普查登记工作从 2010 年 11 月 1 日至 10 日,调查时限 10 天。调查时限应尽量紧挨标准时间,调查登记工作拖延太久,调查所取得的时点资料就容易发生错误,还会影响汇总分析工作。第三,调查项目一经统一规定,不能任意改变或增减,以免影响汇总综合,降低资料质量。同一种普查再次进行时,项目的规定也应力求一致。

当然,普查并不排斥属于时期现象的项目。比如,第三次全国经济普查中调查了 2012 年的境内(不包括香港、澳门特别行政区和台湾地区)从事第二、三产业活动的法人单位、产业活动单位和个体户的基本属性、财务状况、生产经营情况、生产能力、原材料和能源消耗、科技活动、从业人员等。这里面就有很多时期现象的项目。

此外,在我国现实中,普查多数是不定期且一次性进行的,即某项普查结束之后,并不考虑下一次什么时候进行、要不要进行。但是某些普查,特别是人口普查应尽可能按一定周期进行,以便历次普查资料的对比分析。

普查的组织形式大体上有两种。一种是自上而下组织专门的普查机构,配备一定数量的普查人员,对调查单位直接进行登记。我国历史上几次大的普查都采用这种形式。社会主义现代化建设对统计工作的要求越高,这种普查的内容就越丰富,技术性也越强,没有一个健全的办事机构和精通普查业务的骨干队伍是难以胜任的。因此,今后势必会越来越多地采用这种专门普查的组织形式。另一种是利用调查单位的原始记录和核算资料,或者结合清库盘点,由调查单位自填调查表。如历次物资库存普查就属于这种形式,但即使是后一种形式,也仍需组织普查的领导机构,配备一定的专门人员,对整个普查工作进行组织领导。

各种组织形式的普查工作,由于调查规模大、涉及面广,必须通盘考虑进行普查的全过程,做好具体的组织工作,包括:第一,建立统一的组织领导机构,并对群众进行广泛的宣传动员;第二,设计和颁发普查方案;第三,组织培训普查队伍;第四,物质准备(如汇总工具、印刷普查文件等)和经费预算;第五,运用系统工程的思想和方法,制定固定的工作细则,使普查工作的各个环节都能互相衔接、井然有序,保证调查资料及时报送到受表机关;第六,对各个工作环节进行严格的质量控制,逐级负责,层层把关,以保证资料汇总和分析的质量,并应事后进行抽查;第七,公布资料与总结。此外,普查工作全面展开前应进行试点或在进行过程中抓典型、重点,及时总结经验,修订普查办法和工作细则,组织交流推广。

抽样调查

抽样调查是一种非全面调查,它是按照随机原则从总体中抽取部分调查单位进行观察以推算总体数量特征的一种调查方式。

由于同质总体的大量性和变异性,要认识总体数量特征,最直截了当的方法自然是对总体的每个单位进行全面调查,并且加以综合汇总。定期报表制度和普查都是基于这种想法而设计的。但是并非所有统计都能做到对总体中的每个单位进行全面调查,有时认识总体也未必需要对每个单位进行全面调查,例如要根据棉花纤维长度来判断某品种棉花的质量,当然不可能对成批棉花的每一根纤维都加以检测。我们也没有必要调查城市中每一户居民的收入情况以衡量该市居民的收入水平。像这样的例子是很多的,统计上如果不解决这一问题,那么统计的认识方法便大大受到限制。为此,统计科学上提出"代表性调查"方法,即调查总体中的部分单位来代表总体的全面情况。抽样调查就是一种代表性调查,它是通过样本的调查来推断总体的方法。抽样调查既是非全面调查,又要达到对总体数量特征的认识,这一特点使它不同于全面调查,也与其他非全面调查有显著区别。

按照随机原则取样是抽样调查的另一个特点。乍看起来,随机性意味着盲目性,似乎和代表性是对立的,因此这一原则往往不为人们所理解或接受。实质上随机原则正是为了提高样本代表性而设计的。所谓随机性原则就是总体中调查单位的确定完全由随机因素来决定,单位中选或不中选不受主观因素的影响,以保证总体中每一单位都有同等的中选可能性。例如用随机抽签的方法或利用"随机数表"来抽取调查单位。由于总体中每一单位都有同等的中选机会,因此抽取的结果有更大的可能性使调查单位构成的样本能近似地反映总体的数量特征,估计的误差也相对小了。例如班级100个同学中有60个是男同学,40个是女同学,现在要抽取10个同学为样本,如果能够保证全班级同学都有同等的中选机会,那么最有可能抽选的结果是6个男同学和4个女同学组成样本,用这种样本计算男女比例,就可以很好地代表总体性别比例的情况。坚持随机原则并不是意味着不发挥人们事先对客观事物已有认识的作用。充分利用已有的辅助信息,改善抽样调查的组织形式,减少抽样估计的误差,这些都需要充分发挥人们对客观事物认识的能动作用。

但抽样方案一经确定,在具体抽样时就应该排除主观因素的影响,以保证随机原则的实现。

抽样调查方式有其明显的优越性:

(1)经济性。由于抽样调查的单位少,大大减少了工作量,调查、登记和汇总都可以专业化,因而节省人力、物力和费用开支。特别是对于总体范围很大、单位很多、情况很复杂的现象,抽样调查更具优越性。

(2)时效性。抽样调查组织专业队伍,直接取样,现场观测,减少了中间环节,提高了时效,所以特别适用于时效性很强的调查项目。就农产量调查而论,依靠报表制度层层报告,必须等到农作物全部收割完毕、扬净晒干、过秤入库之后,再经过层层计算、过账、填报、汇总,最后得到数字往往要几个月时间。而采用抽样调查的方法,取样实割实测到推算定产获得数字,比全面报表可以提早两三个月,这对于国家安排粮食收购、储运、进出口业务等都有很大好处。

(3)准确性。由于抽样调查是自上而下组织的调查,而不是自下而上层层填报,取样是根据随机原则,排除了主观因素的影响,使样本有比较高的代表性,能取得比较好的效果。而全面调查由于填报单位多,布置和汇总的层次多,再加上基层核算制度不健全,发生差错失实的可能性不小,相比之下抽样调查就更能显示其优越性了。

(4)灵活性。抽样调查组织方便灵活,调查项目可多可少,考察范围可大可小,既适用于专题的研究项目,也适用于经常性的调查项目。只要需要,随时都可以组织实施,如政策评估、市场信息、民意测验都可以因时、因地组织抽样调查,搜集必要的资料。

抽样调查的特点和它的种种优越性,使它成为统计调查方法的主体,有广泛的应用范围,在社会经济领域和科学试验中发挥多方面的作用。

抽样调查有多种组织形式。其基本的形式有:

(1)简单随机抽样。它是按随机原则直接从总体中抽选样本单位进行调查。这种形式比较直观,容易理解,但如果总体很大,实施就有困难。

(2)类型抽样。先对总体各单位按主要的标志加以分类,然后按随机原则从各类中抽取一定数量的单位进行调查。这种形式是从各类中取样,所以样本的代表性比较高。

(3)等距抽样。将总体各单位按某一标志大小顺序排列,然后依一定间隔抽取样本单位进行调查。这种抽样方法可以使样本单位比较均匀地分布在总体各个部分,通常能够获得较好的抽样效果。

(4)整群抽样。先将总体各单位划分为许多群,然后以群为单位从其中随机抽取部分群,对中选群的所有单位进行全面调查。这种形式是按群调查,所以样本单位比较集中,组织工作比较方便,省时省力,节约开支。

不同的抽样组织形式便有不同的抽样效果。关于各种抽样组织形式的设计和抽样误差的计算将在本书第五章进一步讨论。

统计报表 统计报表是按国家统一规定的表式、统一的指标项目、统一的报送时间,自下而上逐级定期提供基本统计资料的一种调查方法。统计报表也是一张调查表,报表中的指标项目就是调查项目。我国大多数统计报表要求调查对象全部单位填报,属于全面调查范畴,所以又称全面统计报表。

统一性是统计报表的基本特点,它的作用由它的特点所决定:

(1)实施统计报表的基层单位根据报表规定项目的要求,相应建立和健全各种原始记录,使统计报表的资料来源建立在可靠的基础上。基层单位也可以利用报表的资料,对生产、经营活动进行科学管理。

(2)在统计报表实施范围内,通过基层单位填报,经过部门、地区以及全国的汇总综合,得到管辖范围内的统计资料,可以经常了解本地区、本部门经济和社会发展情况。

(3)统计报表的调查项目相对稳定,又是定期进行,有利于经常搜集和积累资料,可以进行动态比较,研究经济建设和社会发展变化的规律。

目前我国统计报表由国家统计报表、业务部门统计报表和地方统计报表组成。国家统计报表也叫国民经济基本统计报表,由国家统计部门统一制发,用以反映全国性的经济和社会基本情况,包括农业、工业、交通、基建、商业、对外贸易、劳动工资、物资、财政、金融等方面最基本的统计资料。业务部门统计报表是为了适应本部门业务管理的需要而制定的专业统计报表,在本系统内实行,用以搜集有关部门的业务技术资料,作为国民经济基本统计报表的补充。地方统计报表是针对地区特点而补充规定的地区性统计报表,它是为本地区的计划和管理服务的。三者相互联系,其中国家统计报表是统计报表体系的基本部分。

统计报表按其报送周期长短不同,可分为日报、旬报、月报、季报、半年报、年报等。报告的周期长短不同,不仅是时间上的差别,它们在内容和作用方面也是有差别的。通常报送的周期愈短,其指标项目亦应愈简。反之,指标项目就可以多些、细些。上述各种统计报表，除年报外，一般称为定期报表。日报和旬报可称为进度报表。

统计报表按填报单位的不同分为基层报表和综合报表。基层报表即由基层企事业单位填报的报表，综合报表是由主管部门或统计部门根据基层报表逐级汇总填报的报表。综合报表的资料所依附的调查单位已不是基层企业或机关。调查单位随综合层次提高而扩大，相应地为县、地区、省。它们作为调查单位向上提供资料，这些资料已经是经过一定范围的整理和综合了的。

统计报表按报送方式的不同，分为邮寄报表和电信报表。电信报表包括电报、电话和电视、传真、网络等方式。

统计报表按国家统计法制定、实施和管理的一整套办法，称为统计报表制度。我国现行统计报表制度，根据各部门、各地区需要，合理分工协作，实行"基层一套表"制度。现行统计报表制度包括指标体系的确定、报表表式的设计、规定报表实施范围、报送程序和报送日期，以及制定报表管理办法等等。为了保证报表制度的贯彻实施，还必须具备各项分类目录、计算价格、计算方法以及必要的编制说明。

统计报表指标体系的确定要从实际出发，考虑基层负担和开支，做到精简和适用。所有报表的指标体系应注意与会计核算、业务核算的指标体系衔接，可交互使用，避免重复。地方和部门在满足上级综合机关需要的前提下，可以根据具体情况适当增加需要的指标，但必须明确地分工，不能有冲突。

统计报表的格式应力求清晰明了，每一张表都要明确规定以下几点：表名、表号、报告期别、报送单位、报送日期、报送方式、单位负责人和填表人签署等。统计报表也是一张调查表，其指标体系就是调查项目。

统计报表的实施范围即填报范围，是执行国家统一规定的报表制度的基层企事业、区镇乡村。明确规定每一张报表的填报单位及汇总、综合范围，一方面可以避免填报单位的遗漏，保证取得全面的统计资料；另一方面，在遇到填报范围有变动时，也易于对统计资料进行调整，使得不同时期或不同地区的统计资料可以互相比较。

统计报表报送程序指报表呈递路线。一般地说，基层报表必须同时报送当地统计部门和上级业务部门，以便同时按地区和按主管系统汇总综合，并且互相核对数字。

为了保证统计报表制度有效地贯彻执行，切实提高报表工作的质量，杜绝重复、滥发统计报表的现象，应该严肃填报纪律，加强报表管理工作。凡是报表中规定的指标、计算口径、计算方法、报送程序和时间都必须严格遵守，未经批准不得擅自改变。要根据《中华人民共和国统计法》的规定，制定必要的管理办法，包括制发报表的程序和审批制度，报表资料的管理、公布及定期清理和整顿等方面。

前面说过，统计报表制度是建立在各项原始记录的基础上的。原始记录是基层单位通过一定的表格形式，对生产和业务管理活动所做的第一手记录。在基层单位中，哪里有生产、经营活动，哪里就有原始记录。例如工业企业的产品产量、质量记录、工人出勤和工时记录，原材料、燃料、动力消耗记录等；又如商品销售记录、现金收支凭证、库存物资的收付记录等。

统计报表中各个指标正是以这些相应的原始记录资料为依据来填报的。所以原始记录工作的质量直接影响到报表数字资料的真实性和可靠性。

应该充分认识原始记录在企业管理工作中的地位。它不仅是贯彻执行统计报表制度的重要条件，还是企业会计核算和业务核算的依据。企业的原始记录是十分完备的经济技术档案，对于系统积累资料、摸索企业生产规律有重要意义。

<u>**重点调查**</u> 重点调查是一种非全面调查，它是在所要调查的现象总体的全部单位中选择一部分重点单位进行调查。所谓重点单位，是针对现象的量的方面而言的，尽管这些单位在全部单位中只是一部分，但是它们在所研究现象的标志总量中占有绝对大的比重，在总体中具有举足轻重的作用。我们把这些现象总体的重点单位主要标志本身及与主要标志有联系的其他标志进行调查都看作重点调查。例如，社会经济中的"二八定律"现象，20%的企业创造80%的工业产值，而产值是工业企业的主要标志，因此可以对20%大型企业的产量及劳动生产率、生产成本或投资效果进行重点调查。又如，居民消费价格调查中，对住有全国城市人口大半数的大城市进行农副产品市场商品价格的调查，这也是一种重点调查。

重点调查实质上是范围比较小的全面调查，它的目的是反映现象总体的基本情况。一般地说，当调查任务只要求掌握基本情况，而部分单位又能比较集中地反映所研究的项目和指标时，采用重点调查比较适宜。但是，重点单位虽然对总体来说最有代表性，但又不可能完整地反映现象总量，也不具备推断总体总量的条件。

重点调查由于重点单位的选择着眼于它所研究现象主要标志总量的比重大,因而它的选择不带有主观因素。显然,对于某些单位因技术先进、管理先进或特殊原因而被列为重点管理的,只要调查单位的主要标志总量不占绝大部分比重,都不列为重点调查单位的范畴。

根据调查目的任务的不同,重点单位可能是一些企业、行业,也可能是一些地区、城市。进行重点调查考虑重点单位时要注意:在某问题上是重点,在另一个问题上不一定是重点;在某一个调查对象中是重点,在另一个调查对象中不一定是重点;这一时期是重点,另一时期不一定是重点;重点中有重点。

由于重点调查单位比较少,因而允许调查项目多一些,所了解的信息详细一些。重点调查单位一般管理水平较高,统计基础工作较好,资料容易取得且质量较高,所以重点调查是节省人力、物力,效果较好的调查。特别是具有大量总体单位的现象,其中一些单位规模很小,甚至界限模糊不清,重点调查更有其实际意义。

根据研究问题的需要,重点调查可以定期进行,也可以是一次性的。定期进行的重点调查如定期提供重点企业的经济技术指标的资料,更多的重点调查是临时的专门组织进行的。

典型调查 典型调查是根据调查的目的任务,在对所研究的现象总体进行初步分析的基础上,有意识地选取若干具有代表性的单位进行调查和研究,借以认识事物发展变化的规律。典型调查是调查研究的基本方法。这种由点到面,由个别到一般的认识方法,每一个领导者、每一个社会经济工作者都必须掌握运用。

在我国统计实践中,也运用调查研究这一基本方法,以搜集社会经济现象的数量资料和各方面的具体情况。统计中典型调查方法,是按照统计任务的要求而专门进行的一种非全面调查。

典型调查的特点在于,调查单位是根据调查的目的任务,在对现象总体进行全面分析的基础上,有意识地选择出来的。显然,典型调查单位的确定与其他非全面调查相比较,更多地取决于调查者主观的判断与决策。由于社会经济现象的客观复杂性和人们主观期望判断结果应尽可能准确,因而要求被选择的各个典型应该在总体所要研究的特征中最具有代表性。也就是说,这些单位的数量标志表现(标志值)最能反映总体各个单位的一般水平。

在建立适应社会主义市场经济的统计调查体系时,提出以重点调查和科学估算作为辅助方法,这不是说统计工作中就不使用典型调查方法。统计中的典型调查,通过搜集那些典型单位的数量资料,推算估计现象总体数量;同时,运用典型调查,深入实际,对所研究事物进行具体、细致的调查研究,从而详细观察事物的发展过程,具体了解现象发生的原因,并掌握现象各个方面的联系。基于以上特点,典型调查成为科学推算的基础。科学推算的方法很多,以典型调查资料为依据的推算是较为可靠的方法。

典型调查大体可分为两种:一种是对个别典型单位进行的调查研究,被称为解剖麻雀式典型调查;另一种是对现象总体按与研究目的任务有关的主要标志划分类型,然后再在类型组中选择典型单位进行调查,这种形式又称为划类选典式典型调查。在统计工作实践中,就是运用这两种典型调查方法来推算估计总体数量特征的。

利用典型调查资料来推算总体数量可靠性取决于所选典型有没有较高的代表性。当总体各单位标志值差异很小时,典型单位的代表性就相对较高,当然就可以用少数典型单位的资料来推算总体。当总体各单位之间标志值差异比较大时,就一定要经过划类选典,以突出类型之间的差异,同时减小类型内各单位的差异,从而大大提高典型单位的代表性。这时只要利用各类型的典型资料和各类型在总体中所占的比重来推算总体,就可以获得较好的效果。

调查资料的检查 按任何统计调查方法来收集资料都必须经过检查,才能进入统计整理阶段。调查资料的检查包括准确性、完整性和及时性的检查。其中准确性检查是主要的检查,费时费力,难度较大。

准确性检查就是调查误差的检查,因此首先必须对调查误差的种类与原因有所认识。

(一)调查误差的种类与原因　统计调查误差是调查结果与所调查现象的真实数量之间的离差。产生这种差距的原因很多,我们应该检查哪一类误差呢?

统计调查误差可分为登记性误差和代表性误差。所谓登记性误差,指由于调查者和被调查者的主观原因而导致调查所得的总体指标与总体实际指标之间的差异,是由于错误判断事实或者错误登记事实而产生的误差,不管是全面调查还是非全面调查都会有登记性误差。所谓代表性误差,指仅对构成总体的所有个体中部分个体进行调查,且仅根据这些个体提供的信息资料综合得到部分个体的一般数量特征,并对总体做出判断所产生的一组差异,是非全面调查所固有的。非全面调查由于只调查现象总体的部分单位,这部分单位不能完全反映总体的性质,因而就产生了误差。非全面调查中只有抽样调查能计算代表性误差,所以通常所谓的代表性误差是针对抽样调查而言的。调查资料的准确性检查指的是检查登记性误差,即审核和订正调查过程中产生的误差。

登记性误差又分为偶然登记误差和系统登记误差。产生偶然登记误差的原因很多,如调查人员注意力不集中,因技能低下所发生的遗忘、笔误、错填,或者是被调查者回答不当。偶然登记误差不具有倾向性,即在数量上不偏于某一方。这类误差既可能被夸大,也可能被缩小,在对大量调查资料进行整理时,通常会互相抵消。系统登记误差则具有明显的倾向性和一贯性,在数量上偏向某一方,所以又称偏差。例如,使用没有校正好的测量工具而显示数据连续偏大或偏小;因调查方案中的项目不明确造成调查资料的普遍夸大或缩小;或者有意歪曲事实,制造泡沫数据、水分数据。不管是有意还是无意,系统登记误差危害性都比较大,因为它对于整理综合结果的指标影响程度大。

以上说明,登记性误差多是主观因素造成的,我们可以通过完善调查方案、加强调查过程的检查督促、提高调查人员的政治素质和业务技能、采取现代化的信息搜集手段来提高调查资料的质量,最大限度地减小登记误差。

(二)调查资料检查的方法　　调查资料准确性的检查对象就是登记性误差,采取的方法是逻辑检查和计算检查。逻辑检查是检查调查资料的内容是否合理,项目之间有无相互矛盾的地方,以及与有关资料进行对照,或者检查数字的平衡关系,以暴露逻辑上的矛盾。计算检查是检查调查表或报表中各项数字在指标口径、计算方法和结果上有无差错,计算单位是否符合规定,等等。

对于调查资料完整性和及时性的检查,即检查所有被调查单位的资料是否齐全,是否按规定的份数、项目和时间上报。因为任何填报单位不报、缺报或迟报,都会影响汇总工作的进行。

通过上述检查,如发现有缺报、缺份和缺项等情况,应及时催报、补报;如发现有不正确或可疑之处,则应分别对不同的情况做如下处理:第一,对于可以肯定的一般错误,即代为更正,并与所属单位核对;第二,对于可疑之处或无法代为更正的错误,应通知原单位复查更正;第三,如果所发现的差错在其他单位也可能发生,应将错误情况通报尚未报送资料的单位,以免发生类似的错误;第四,对于严重的错误,应发还重新填报,并查明发生错误的原因,若是由于某些不正之风,应予适当处理。

在利用历史资料或其他间接的资料时,汇总前还应审核检查资料的可靠性、指标口径、所属时间、计算方法、分组要求等。一般可以从当时调查的历史背景、调查者搜集资料的目的以及调查资料的来源等判断资料的可靠性,也可以从指标间的相互联系及指标的变动趋势检查它的正确性。对于指标所属的口径与时间不合要求的,要做适当的调整;对于原有资料的分组不科学或不能满足目前要求的,要重新进行分组;个别资料有缺漏或十分可疑者,也可以根据有关资料进行科学的估计推算、弥补和订正。

思考与练习

1. 什么是统计调查?它在整个统计研究中占有什么地位?
2. 统计调查有哪些分类?它们有什么特点?可运用于什么样的社会经济现象?
3. 为什么搞好统计调查工作需要事先制定调查方案?它包括哪些内容?
4. 调查对象、调查单位和报告单位的关系如何?
5. 为什么把调查表看成统计调查过程的基本手段?
6. 如何认识"以必要的周期性普查为基础,经常性的抽样调查为主体,以重点调查、科学推算和少量的全面报表综合运用为辅助的统计调查方法体系"?
7. 统计普查有哪些主要特点和实际意义?
8. 抽样调查有哪些特点?有哪些优越性?
9. 定期统计报表有什么特点?有哪些方面的作用?
10. 重点调查和典型调查有何区别?
11. 调查资料为什么必须经过检查?应检查哪些方面的问题?
12. 调查误差有哪些种类?调查资料准确性的检查是检查哪一类误差?
13. 通过抽样调查,得到某乡镇64户居民家庭月收入和家庭金融资产(各种储蓄、有价证券、手存现金等)的资料如表1所示。

表 1 某乡镇居民家庭月收入和金融资产抽样数据表

户编号	月收入(元)	金融资产(万元)	户编号	月收入(元)	金融资产(万元)
1	505	1.38	33	2 805	9.15
2	600	1.50	34	3 005	16.80
3	483	0.90	35	1 476	2.83
4	620	1.40	36	1 775	3.80
5	700	1.65	37	2 756	12.00
6	1 005	2.25	38	1 850	4.55
7	1 505	3.79	39	2 585	5.93
8	1 675	4.80	40	3 800	11.20
9	1 565	4.85	41	1 235	2.15
10	2 505	13.10	42	3 800	15.00
11	1 675	4.85	43	1 218	3.18
12	1 990	5.15	44	1 500	3.05
13	2 355	7.86	45	2 600	6.75
14	2 150	4.53	46	1 880	2.85
15	2 383	7.85	47	2 450	8.75
16	2 005	6.05	48	2 785	8.80
17	495	0.85	49	1 326	1.85
18	900	1.45	50	1 238	2.12
19	800	1.55	51	3 900	14.25
20	488	1.20	52	1 156	2.83
21	1 250	2.93	53	2 800	8.87
22	1 685	3.79	54	1 905	4.58
23	1 800	4.85	55	2 605	9.95
24	1 380	2.87	56	1 995	4.85
25	1 415	2.35	57	2 900	7.75
26	2 983	10.15	58	3 500	18.50
27	2 000	2.85	59	1 435	1.67
28	3 245	13.86	60	3 400	9.05
29	1 175	3.15	61	2 250	7.95
30	3 845	16.75	62	4 100	11.50
31	1 247	3.25	63	1 885	4.73
32	2 850	11.15	64	2 900	12.00

请思考以下两个问题：

(1)怎样理解这里的总体(调查对象)、总体单位(调查单位)、样本、标志(调查项目)、标志值？

(2)这是调查来的原始数据,从统计活动全过程来看,下一步要做什么？

第三章 统计整理

本章阐述统计整理的理论与方法，包括分组、汇总和统计表的设计。学习本章，要求：(1)明确统计整理在统计研究中承前启后的地位；(2)掌握分组的方法和汇总技术，认识汇总工作的繁重；(3)理解统计分布是统计整理的重要表现形式；(4)学会统计表的编制并能熟练地运用。

第一节 统计整理的意义和方法

统计整理的意义　按照统计研究的要求，对调查所搜集到的原始资料进行分组、汇总，使其条理化、系统化的工作过程，就是统计整理。对于已整理过的初级资料进行再整理，也属于统计整理。

通过统计调查取得总体各个单位的资料，是有关标志的"标志表现"，仅说明各个单位的具体情况，是不系统、分散的数据，是事物的表象、事物的某一侧面或外部联系的感性材料。统计整理的任务，就是分组处理，借助于各个组和总体的总量指标，对总体内部规律性、相互联系、结构关系，做出概括性的说明。统计整理实现了从个别单位的标志值向说明总体数量特征的指标值过渡，是人们对社会经济现象从感性认识上升到理性认识的过渡阶段，为统计分析提供基础。因而，它在统计研究中起了承前启后的作用。

统计整理在整个研究过程中占有重要的地位。资料整理得是否正确，直接决定着整个统计研究任务能否顺利完成。不恰当的加工整理，不完善的整理方法，往往使调查来的丰富、完备的资料失去价值，现象的真相被掩盖，得不到正确的结论。因此，必须十分重视统计整理工作。

统计整理的方法

统计整理的方法是分组、汇总和编表,这里仅做简要说明。其中的分组和编表还将在第二、三、四节中详细阐明。

(一)分组 统计整理的第一步是根据研究任务的要求,确定要对调查所得的原始资料进行哪些分组或分类,在分组的基础上确定应该汇总得到哪些总量指标。

分组往往不只是按一个标志进行,而是按一系列标志进行分组所构成的分组体系。要汇总的指标也往往不是一两个,而是多个有联系的指标体系。这里的指标体系应与调查项目一致,不能矛盾或脱节,或指标体系超越调查项目的范围。统计整理中,通常通过表格体现这些分组与指标。

举个例子:某地区通过经济普查,搜集到所有企业的资料。为了分析该地区工业生产的经济效益,以下把工厂按经济类型(表3-1)、工业部门(表3-2)、职工人数(表3-3)、资金利润率(表3-4)等一系列标志进行分组,并确定企业数、职工人数、资本金、总产值、增加值、实现利润等指标进行整理汇总,我们设计以下的表式来反映:

表3-1 某地区各企业按经济类型分组的几项经济指标

经济类型	企业数(家)	职工人数(人)	资本金(万元)	总产值(万元)	增加值(万元)	实现利润(万元)
国有						
民营						
其他						
合 计						

表3-2 某地区各企业按工业部门分组的几项经济指标

工业部门	企业数(家)	职工人数(人)	资本金(万元)	总产值(万元)	增加值(万元)	实现利润(万元)
冶金工业						
电力工业						
煤炭工业						
石油工业						
化学工业						
机械工业						
建材工业						
森林工业						
食品工业						
纺织工业						
造纸工业						
合 计						

表 3-3 某地区各企业按职工人数分组的几项经济指标

按职工人数分组	企业数	职工人数	资本金（万元）	总产值（万元）	增加值（万元）	实现利润（万元）
100 人以下						
100～200 人						
200～300 人						
300～500 人						
500～1 000 人						
1 000 人以上						
合　　计						

表 3-4 某地区各企业按资金利润率分组的几项经济指标

资金利润率	企业数	职工人数	资本金（万元）	总产值（万元）	增加值（万元）	实现利润（万元）
5%以下						
5%～10%						
10%～15%						
15%～20%						
20%以上						
合　　计						

从以上各表可以看出,要整理汇总的指标一定是总量指标,包括总体单位数(单位总量)和标志总量两类指标。这里,总体单位数是企业数,标志总量则是职工人数、资本金、总产值、增加值、实现利润等一系列总量指标。我们注意到,不管按什么标志分组,标志总量所涵盖的指标都是一样的。

(二)汇总　　汇总是继分组之后的一个重要步骤。社会经济统计实践表明,一项统计活动绝非是把所有单位分了组就完成了,更大量的任务是把总体单位各种标志的标志值汇总起来。也就是说,既要计算各组和总体的单位总量,即把各组的企业数统计出来,还要把"依附"于企业的标志——职工人数、资本金、总产值、增加值、实现利润等指标——各组数值统计出来。可以想象,汇总不是一项轻松的工作。所以,我们把汇总看作统计整理的中心内容,尤其是对于大规模统计调查,汇总还是一项繁重的任务。可见,要使汇总准确、迅速,节约人力、物力,一定要讲究汇总技术。汇总技术主要有手工汇总和电子计算机汇总。使用汇总过渡表可以提高数据整理的速度和保证数据整理的准确性。下面是一张可以普遍使用的汇总过渡表格式(表 3-5)。

表 3-5　汇总过渡表

分组标志	单位数		标志名称		标志名称		...
	划记	计	过录	计	过录	计	
组名称							
组名称							
组名称							
...							
合　计							

汇总过渡表应当宽而长,使表中框格能足够容纳、整齐排列过录的数据(标志值)。

(三)编表　经过汇总可得出表明社会经济现象总体和各个组的单位数以及一系列标志总量的数据,把这些数据按一定的规则在表格中表现出来,这种表格称为统计表。上面,我们设计出某地区所有工厂主要经济指标按经济类型、部门、职工人数和资金利润率等标志进行分组的表样,把汇总的统计数字填入表中,就是一张完整的统计表。

这里,我们是把统计表当作整理过程的最后一个环节来看,当汇总的结果体现在表上,意味着整理过程结束。

第二节　统 计 分 组

统计分组的概念和种类

统计总体按照某一标志划分为若干性质不同而有联系的几个部分,称为统计分组。

统计总体具有同质性,但同质性又是相对的。总体各单位的许多变异标志正是人们把总体进一步区分为性质不同的几个部分的客观依据。统计分组是在总体内进行的一种定性分类,它把总体划分为一个个性质不同的范围更小的总体。这些被称为亚总体的组,同样具有统计总体的一般特征,它们几乎可以无限地分组下去。例如,把所有具有我国国籍的人组成我国人口总体,但又可以把人口总体按性别、年龄、民族、文化程度等标志划分为各种各样的组。这些各种各样的组可以再找到分组标志来继续分组。

对于社会经济现象的统计研究,不但要注意现象的一般性,更要注意现象的特殊性。注意事物之间的差别、特点,是我们认识的基础。统计分组是达到这种认识的手段。统计分组是统计整理的主要方法。我们还将认识到统计分组是一切统计研究的基础,统计分析的各种方法离不开对现象总体的分组、分类。

统计分组可以按分组的任务和作用、分组标志的多少以及分组标志的性质等方面来进行分类。

(一)按任务和作用的不同,分为类型分组、结构分组和分析分组 进行这些分组的目的分别是划分社会经济类型、研究同类总体的结构和分析被研究现象总体诸标志之间的联系和依存关系。

任何统计分组都可以说把总体划分为各种类型,任何统计分组也都可以对总体进行结构上的分析。因此,类型分组与结构分组的界限是难以确定的。通常认为,现象总体按主要的品质标志分组多属于类型分组,按数量标志分组是结构分组。进行结构分组的现象总体相对来说同质性较强。类型分组,如工业生产按经济类型、按部门、按轻重工业来分组,经济总量按三种产业分组。结构分组,如企业按职工人数、劳动生产率水平、利税率水平来分组。表3-6是我国某地区2015年和2016年地区生产总值按三次产业的分组。这是类型分组,反映产业结构及其变化。

表3-6 我国某地区2015年和2016年地区生产总值构成

	2015年		2016年	
	增加值(亿元)	比重(%)	增加值(亿元)	比重(%)
第一产业	21.76	3.9	22.51	3.5
第二产业	299.35	53.3	361.61	55.8
第三产业	240.41	42.8	264.21	40.7
合 计	561.52	100.0	648.33	100.0

又如,2015年和2016年某市居民按人均月消费支出分组(见表3-7)。从这个结构分组的资料可以看出,该市居民消费水平2016年比2015年有很大提高。

表 3-7　某市 2015 年和 2016 年居民人均月消费支出情况

居民人均月消费支出	2015 年	2016 年
2 400～2 450 元	1	0
2 450～2 500 元	3	1
2 500～2 550 元	15	9
2 550～2 600 元	27	8
2 600～2 650 元	17	14
2 650～2 700 元	18	15
2 700 元以上	19	53

运用统计分组来研究现象之间的依存关系是统计分析的一种重要分析方法。分析分组就是为研究现象总体诸标志依存关系的分组。分析分组有明显的特征，易与类型分组、结构分组区别开。分析分组的分组标志称为原因标志，与原因标志对应的标志称为结果标志。原因标志多是数量标志，也运用品质标志；结果标志一定是数量标志，而且要求各组都计算为相对数或平均数。结果标志受原因标志的影响表现在各组相对数或平均值的变异上。原因标志不同，结果标志值也不同；同一原因标志由于分组的不同，结果标志值也不同。可以举很多分析分组的例子。例如工人劳动生产率和产品成本之间、商品销售额和流通费水平之间、施肥量和农产量之间，都可以按分组法来查明它们之间依存关系的性质，并可进一步从数量上描述依存关系的密切程度。这将在第六章中阐明。表 3-8 是某城市 500 户家庭按年收入分组的恩格尔系数水平情况，表中资料表明家庭收入与恩格尔系数之间的依存关系：恩格尔系数值随着家庭年收入的增加而降低。

表 3-8　某市 500 户家庭按年收入分组的平均恩格尔系数

家庭按年收入分组	户数(户)	平均恩格尔系数(%)
12 万元以下	140	55.71
12～15 万元	280	46.54
15 万元以上	80	39.88
合　计	500	48.08

(二)按分组标志的多少，分为简单分组和复合分组　根据所研究现象总体的复杂程度和分析研究的任务，分组仅按一个标志进行，称为简单分组；分组按两个或两个以上的标志进行，并且层叠在一起，称为复合分组。简单分组实际上就是各个组是按一个标志形成的。例如，为了了解工业企业职工总

体的基本情况,选择年龄、文化程度、工龄和操作形式等标志分别进行分组,属于简单分组。以上各表都是简单分组。

复合分组,实际上是各个组按两个以上的标志形成的,即先按一个标志分成组,在此基础上再按第二个标志分成小组,又再层叠地按第三个标志分成更小的组,以此类推。比如工业企业,先按经济类型分组,再按轻重工业分类,又再按企业规模分组,形成如下的复合分组:

$$
国有企业\begin{cases}重工业\begin{cases}大型\\中型\\小型\end{cases}\\轻工业\begin{cases}大型\\中型\\小型\end{cases}\end{cases}\quad 民营企业\begin{cases}重工业\begin{cases}大型\\中型\\小型\end{cases}\\轻工业\begin{cases}大型\\中型\\小型\end{cases}\end{cases}\quad 其他经济类型企业\begin{cases}重工业\begin{cases}大型\\中型\\小型\end{cases}\\轻工业\begin{cases}大型\\中型\\小型\end{cases}\end{cases}
$$

复合分组适用于调查单位足够多的情况,由于分组标志复合在一起,因而组数大大地增加了。当调查单位为数不多时,势必发生各组单位数很少的情况,据以进行分析、做结论时就没有充分的根据,尤其在研究总体内各标志间依存关系时,更是如此。

(三)按分组标志的性质,分为品质分组和变量分组 品质分组是按品质标志进行的分组。例如,人口按性别、民族、文化程度、职业等标志分组,工业企业按经济类型、部门、轻重工业、甲乙部类等标志分组。变量分组指按数量标志进行的分组。例如,人口按年龄分组,工业企业按职工人数、生产能力、资金利润率分组。

分组标志的选择 在统计整理中,为了全面认识被研究现象总体,常常需要运用多个分组标志对总体进行分组,形成一系列相互联系、相互补充的分组体系。例如对国民经济总体进行统计研究,必须通过按经济类型、按部门、按产业、按地区、按管理系统等进行多种分组,形成国民经济分组体系。在我们所要研究现象总体中,总是可以选择一系列标志进行分组,所以分组体系是客观存在的,上面的许多例子都可以看成为分组体系。

统计分组是把总体按某一标志来分门别类的,因此,统计分组的关键在于分组标志的选择。选择什么样的标志就有什么样的分组及分组体系。分组标志作为现象总体划分为各个不同性质的组的标准或根据,选择得正确与否,关系到能否正确地反映总体的性质特征,完成统计研究的目的任务。分组标志一经选定,必然突出现象总体在此标志下的性质差异,而掩盖总体在其他标志下的差异。缺乏科学根据的分组不但无法显示现象的根本特征,甚至会把不同性质的事物混淆在一起,歪曲社会经济的实际情况。

因此,必须根据统计研究的目的,在对现象进行分析的基础上,选择具有本质区别及反映现象内在联系的标志来作为分组标志。以工业生产统计为例,当研究的目的是分析企业规模即大、中、小企业的生产情况时,应该选择产品数量或生产能力作为分组标志;当研究目的在于确定工业内部比例及平衡关系时,就要按部门分类,划分为重工业和轻工业或冶金、电力、化工、机械、轻工等工业部门。

分组标志确定之后,必须解决分组方法问题。在分组种类问题上,我们说过,按分组标志的性质,分为品质分组和变量分组。分组方法论就是阐述两种分组的具体方法。

<u>品质分组和变量分组</u>　（一）**品质分组的方法**　按品质标志分组,有比较简单的:分组标志一经确定,组名称和组数也就确定,不存在组与组之间界限区分的困难。例如人口按性别分为男、女两组,又如工业企业按经济类型分组。这些组在性质上、界限上是稳定、明确的。按品质标志分组往往情况复杂,类别繁多,所以把这种分组又称作分类。复杂的情况下,各组界限不易划分,从这一组到另一组存在各种过渡状态,边缘不清,例如农业与动植物采集工业、森林采伐等的区分就比较困难。又如商业零售额按城乡分组,怎样划分城乡的界限也是比较复杂的问题。

在实际工作中,对于这些比较复杂的分组规定统一的统计分类标准或分类目录,对不同的现象总体确定分类名称、分类标准、计量单位和编码方法,作为分组的统一依据,供长期稳定使用。完善统计分类目录,做到分类标准化是统计工作现代化的重要要求。

（二）**变量分组的方法**　这就是指按数量标志分组的方法。按数量标志分组的目的并不是单纯确定各组在数量上的差别,而是要通过数量上的变化区分各组的不同类型和性质。因此,应该以什么数量标志为划分标准,都要依据研究的任务和现象的性质确定。在实际工作中,变量分组常常用来分析某种指标的变动及其在各组中的分配情况,这时,被研究的统计指标就成为分组的标志。例如企业按产量计划完成程度、利税率分组,工人按劳动生产率分组。

变量分组由于存在组距问题,所以比较复杂,以下分几方面来说明。

单项式分组和组距式分组

前面说过,变量有离散型和连续型之分。

离散型变量如果变量值变动幅度比较小,变量值的项数又很少,则我们可依次将每一个变量值作为一组,这种分组称为单项式分组。如职工家庭总体按儿童数分为以下几组:没有儿童的、有1个儿童的、有2个儿童的、有3个儿童的。又如城市居民家庭按家庭成员数分为2个、3个、4个、5个和6个以上各个组。这里,"2个""3个"……就是单项式分组的组名称,具有离散型数量特征。

但是,离散型变量如果变量值变动很大,项数又很多,若采用单项式分组,分组数势必太多,各组没占几个单位,失去了分组的意义。某些场合下,离散型变量就不能做单项式分组,例如将全国所有城市按人口数进行分组,由于各城市人口差别很大,城市人口相同的情况几乎是不存在的,就不存在单项式分组的问题。因此大多数的离散型变量采取组距式分组。

组距式分组就是把整个变量值依次划分为几个区间,各个变量值则按其大小确定所归并的区间,区间的距离称为组距。例如企业按工人人数组距式分组为:200～499人、500～999人、1 000～1 999人、2 000人以上。

连续型变量由于不能一一列举其变量值,不能做单项式分组,只能进行组距式分组。例如工人按工资分组,做成如下组距式分组:3 300～3 400元、3 400～3 500元、3 500～3 600元、3 600～3 700元、3 700元以上。

按组距式分组会使资料的真实性受到一定程度的影响。假定上例中工人工资3 500～3 600元的有125人,这125人的实际工资可能是:大多数偏于3 500元、集中在3 500元左右或均匀分布于3 500～3 600元之间。所有这些情况均被抽象了、掩盖了。在统计研究中,只好假定工资在各组内部分布都是均匀的。这显然与客观资料的真实情况是矛盾的。

进行组距式分组,对全体变量值应该划分多少组才恰当,这是必须重视的问题。组距分组把各组内部各单位的次要差异抽象了,而突出了各组之间的差异,这样,各组分配的规律性可以更容易显示出来。根据这个道理,缩小组距、增加组数,往往会产生相反的效果,即分组过细容易将属于同类的单位划分到不同的组,因而显示不出现象类型的特点。但我们也不应该不恰当地扩大组距、减少组数,把不同性质的单位归并在一组中,失去区别事物的界限,达不到正确反映客观事实的目的。

总之,应该全面分析资料所反映的社会经济内容、标志值的分散程度等等因素以确定组距和组数,不可以强求一致。

等距分组和不等距分组

组距式分组分为等距分组和不等距分组。等距分组即标志值在各组保持相等的组距,就是说各标志值的变动都限于相同的范围内。在标志值变动比较均匀的情况下,可采用等距分组。例如,工人按年龄、工龄、工资分组,零件按尺寸的误差、加工时间分组,产品按单位成本分组,等等。等距分组有很多好处,它便于各组单位数和标志值的直接比较,也便于计算各项综合指标,例如标志值的平均数。当标志值变动很不均匀,如急剧地增长、下降,变动幅度很大时就应采用不等距分组。前面的企业按工人数分组就是不等距分组。

在不等距分组中,如果标志值是按一定比例发展变化的,则可以按等比的组距间隔分组。以下是高炉按有效容积的不等距分组:100 m^3 以下、100～200 m^3、200～400 m^3、400～800 m^3、800～1 600 m^3、1 600 m^3 以上。这里,组距间隔的公比为 2。

我们知道,大城市的百货商店营业额差别是很大的,比如年营业额从 50 万元至 5 亿元,可采取公比为 10 的不等距分组:50 万～500 万元、500 万～5 000 万元、5 000 万～50 000 万元。若用等距分组,即使组距为 500 万元,也得分出 100 组来。

更多的情况是,要根据事物性质变化的数量界限来确定组距。例如,对儿童年龄的分组,必须注意到儿童不同年龄生理变化的特点,可分为以下各组:1 岁以下、1～3 岁、4～6 岁、7～15 岁。

总之,不等距分组的组距和组数应根据研究现象本身质量关系的分析来确定,它们通过不相等的组距和组区分现象的类型和性质。

组限与组中值

组距两端的数值称为组限,其中每组的起点数值称为下限,每组的终点数值称为上限,下限和上限表示各组标志值变动的两端界限。例如高炉按有效容积分组,第二组的下限为 100 m^3,上限为 200 m^3;第三组下限为 200 m^3,上限为 400 m^3。

由于变量有离散型与连续型两种,因此,其组限的划分也有所不同。

离散型变量可以一一列举,而且相邻两个数值之间没有中间数值。因此,各组的上、下限都可以用确定的数值(整数)表示。例如,前面举过的工业企业按职工人数分组可表示为:500～999 人、1 000～1 999 人、2 000 人以上等。

连续型变量在两数之间可能有无限多个中间数值,不可能一一列举,因此相邻组的上限和下限无法用两个确定的数值分别表示。在这种情况下,上一组的上限同时也是下一组的下限。例如,前面举过的工人按工资水平所做的等距分组。在这些分组中,相邻的组限是重叠的,例如,3 500元是第二组的上限,也是第三组的下限。在分组时,凡遇到某单位的标志值刚好等于相邻两组上下限的数值时,一般把此值归并到作为下限的那一组,如把工资为3 500元的工人归到第三组中,把工资为3 600元的工人归到第四组中。

根据这个规定,离散型变量的分组也普遍使用各组的上限当作下一组的下限,这样不仅比较简明,而且计算组中值不至于造成麻烦。例如上面各企业按工人数分组可以是如下的形式:200～500人、500～1 000人、1 000～2 000人、2 000人以上。

连续型变量的分组也可以仅列出左端的数值,即以各组的下限来表示,如上例的工人工资分组也可以表示为3 300、3 400、3 500、3 600、3 700等。

通常,组距式分组依组限从小到大顺序排列,依组限从大到小递减排列也经常使用。

组中值是上、下限之间的中点数值。我们知道,通过组距式分组,各个单位的具体标志值看不见了,不这样做就难以对现象总体规律有深刻的认识。但是,在许多场合,仅仅大概地了解这些标志值变化的区间是不够的,我们还需要确定一个能代表各组标志值一般水平的数值。这个数值就是组中值,它在统计分析中有广泛的应用。

组距式分组中,通常假定组距内的标志值呈现算术级数形式的均匀分布,则组中值就是上限和下限的简单算术平均值,即"(上限+下限)×2"。例如前面工人按工资分组中,第二组3 400～3 500元,组中值为3 450元;又如,工业企业按职工人数分组,其中第一组200～499人,组中值为349.5人。

有时候,连续型变量按离散型变量表示,组距数列的编制采取相邻组限不重叠的形式,组中值的确定应考虑到连续型变量自身的特点。年龄就是比较典型的例子,它实质上是连续型变量,习惯于用整数表示。例如一群大学生分为17～19岁和20～22岁两组,则组距3岁,组中值分别为18.5岁和21.5岁。因为第一组应包括19岁又不到20岁的大学生,上限应为20岁。同样道理,第二组上限应为23岁。

有时候组距数列上、下两端的组运用开放式的组距,即第一组用"多少以下",最后一组用"多少以上"表示。这两个组的组中值可由相邻组的组距决定。

最后,组限的表述应尽量是10、50、100等数字的整数倍。比如某企业工人工资最低3 451元,最高3 931元,拟分5组,按实际平均组距96,即

（3 931－3 451）/5，做如下分组：3 451～3 547元、3 547～3643元、3 643～3 739元、3 739～3 835元、3 835～3 931元等组，显然难懂难记。如果分为3 450～3 550元、3 550～3 650元、3 650～3 750元、3 750～3 850元、3 850～3 950元等组，无疑易懂易记。

第三节　统计分布

统计分布的概念　在分组的基础上，把总体的所有单位按组归并排列，形成总体中各个单位在各组间的分布，称为统计分布。统计分布的实质是，把总体的全部单位按某标志所分的组进行分配所形成的数列，所以又称分配数列或分布数列。这里的"单位"有个、次的含义，所以分配数列又称次数分布。分配数列明显包括两个要素：总体按某标志所分的组和各组所占有的单位数——次数。

统计分布形式十分简单，但在统计研究中有重要的意义。统计分布是统计整理结果的一种重要的表现形式，也是统计分析的一种重要方法。它可以表明总体单位分布特征、结构状况，并在这个基础上进一步研究标志的构成、平均水平及变动规律。为了叙述方便，以下以"分配数列"代替"统计分布"一词来使用。

根据分组标志的不同，分配数列分为品质分配数列和变量分配数列。按品质标志分组所编成的分配数列称品质分配数列，简称品质数列。按数量标志分组所编成的分配数列称变量分配数列，简称变量数列。

变量数列又有单项式数列和组距式数列之分，这与变量分组分为单项式分组和组距式分组是一致的。

对于品质数列，如果分组标志选择得好，分组标准定得恰当，则事物性质的差异表现得也比较明确，总体中各组如何划分较易解决。因而品质数列一般比较稳定，通常能够准确地反映总体的分布特征。对于变量数列，因为事物性质的差异表现得不甚明确，决定事物性质的数量界限往往因人的主观认识而异，因此按同一数量标志分组时有出现多种分布的可能。为了使变量数列比较准确地反映总体的分布特征，除了按照前面所讲的数量标志分组的原理进行分组外,着重讨论分配数列的另一个要素,即各组单位数问题。

变量数列中的各组单位数表示我们所要考察的标志值在各组中出现的次数,所以称为次数或频数。各组次数占总次数比重称为频率。

现在举例说明变量数列编制的过程。根据抽样调查,2001年某城镇64户居民家庭住房使用面积(单位:m^2)的资料如下:

```
50.0  38.7  61.2  63.1  65.0  84.0  77.8  77.7  77.5  88.9
65.3  66.3  79.0  80.7  92.5  58.9  68.3  77.6  70.0  70.3
63.9  64.7  83.5  99.8  77.5  77.0  87.8  57.8  56.9  80.5
81.6  76.8  75.8  75.3  84.5  97.1  74.0  72.3  89.1  86.0
56.3  55.6  67.0  94.8  82.7  73.8  91.0  69.8  76.0  62.3
47.5  52.3  69.3  76.3  70.8  71.5  70.1  64.3  66.1  54.5
67.1  78.0  70.8  66.7
```

这些数据分散零乱,直接看看不出有什么特征。现在按使用面积分组来编制分配数列。

参照上面所说的分组方法原理,我们假定这64户家庭住房使用面积按变动全距99.8-38.7=61.1 m^2 分成为6个相等的组距,则组距为61.1/6=10.18 m^2,化整为10 m^2,第一组合理的下限应是40 m^2,于是各组上下限化整为40~50 m^2、50~60 m^2、60~70 m^2 等等。再计算每一组的住户数及其比重,就形成变量分配数列。见表3-9。

表3-9 某城镇64户庭庭按住房使用面积分组情况

按住房使用面积分组(m^2)	住户		各住户使用面积(m^2)
	户数	户数比重(%)	
50以下	2	3	38.7 47.5
50~60	8	13	50.0 52.3 54.5 55.6 56.3 56.9 57.8 58.9
60~70	16	25	61.2 62.3 63.1 63.9 64.3 64.7 65.0 65.3 66.1 66.3 66.7 67.0 67.1 68.3 69.3 69.8

续表

按住房使用面积分组(m^2)	住 户		各住户使用面积 (m^2)				
	户数	户数比重(%)					
70～80	22	34	70.0 70.1 70.3 70.8 71.5 72.3 73.8 74.0 75.3 75.8 76.0 76.3 76.8 77.0 77.5 77.5 77.6 77.7 77.8 78.0 78.3 79.0					
80～90	11	17	80.5 80.7 81.6 82.7 83.5 84.0 84.5 86.0 87.8 88.9 89.1					
90以上	5	8	91.0 92.5 94.8 97.1 99.8					
合 计	64	100	4 636.8					

我们很容易从这个统计分布中发现该城镇居民住房使用面积的规律：大多数住家住房使用面积在 60～90 m^2 之间，使用面积很小或很大的只占少数。

如果我们把各住户使用面积按大小顺序从小到大排列起来，使其序列化，还能具体看出各户间住房使用面积差异较小，波动均匀。见表 3-9"各住户使用面积(m^2)"栏。从这个变量数列可看出，这 64 户居民家庭住房使用面积呈现"两头小、中间大"的分布，规律性是很明显的。

有时编制组距式数列，对于该用多大组距，组数多少，可能不如预先确定，不妨先按小组距分组，然后逐步合并组距，在比较中择其优者。美国学者斯特奇斯（H.A.Sturges）提出这样的分组组数公式：$n = 1 + 3.322 \lg N$。式中，N 为总体单位数，n 为应分组数。这是经验公式，可以参考，但不能生搬硬套。

频数与频率

频数与频率作为分配数列的要素前面已经提过。这里进一步来说明它们的意义和作用。

在变量数列中标志值构成的数列表示标志值的变动幅度，而频数构成的数列则表示相应标志值的作用程度。频数愈大，则组的标志值对全体标志水平所起的作用愈大；反之，则组的标志值所起的作用也愈小。因此，在整理和分析的时候，我们不但要注意各组标志值的变动范围，而且也要注意各组标志值的作用大小，即频数的大小。将各组单位数和总体单位数相比求得的频率表明各组标志值对总体的相对作用程度，也可以表明各组标志值出现的频率的大小。按顺序列出各组标志值范围（或以各组组中值来代表)和相应的频率形成的统计分布,亦称频率分布。很显然,任何一个分布都必须满足:(1)各组的频率大于 0;(2)各组的频率总和等于 1(或 100%)。

在研究频数和频率分布的时候,我们常常还需要编制累计频数数列和累计频率数列。其方法通常是:首先列出各组的组限,然后依次累计到本组为止的各组频数,求得累计频数。将累计频数除以频数总和即为累计频率。现仍以 64 户居民家庭住房使用面积的资料为例来编制这种数列,见表 3-10。

表 3-10　某城镇 64 户家庭按住房使用面积分组的频数情况

向上累计				向下累计			
住房面积 (m²)	频数	累计频数	累计频率 (%)	住房面积 (m²)	频数	累计频数	累计频率 (%)
50	2	2	3	40	2	64	100
60	8	10	16	50	8	62	97
70	16	26	41	60	16	54	84
80	22	48	75	70	22	38	59
90	11	59	92	80	11	16	25
100	5	64	100	90	5	5	8
合　计	64	—	—	64	—	—	—

累计频数和累计频率的意义是很明显的。表 3-10 中左边是将各组频数和频率由变量值低的组向变量值高的组累计,故称为向上累计。各累计数表示各组上限以下的累计频数或累计频率。当我们所关心的是标志值比较小的现象的次数分配情况时,通常用次数向上累计,以表明在这些数值以下所有数值所占的比重。例如,表 3-10 表中第一组说明 64 户家庭中,住房使用面积在 50 m² 以下的有 2 户,占总数的 3%;第二组说明住房使用面积在 60 m² 以下的有 10 户,占总数的 16%;等等。

有时为表示在一定标志值以上的累计频数和累计频率,则应采用分组的下限,并从变量值高的最后一组的频率开始按相反的顺序向变量值低的组累计,以求得累计频数和累计频率,这称为向下累计,见表 3-10 右边部分。各累计数表示各组下限以上的累计频数或累计频率。当我们所关心的是标志值比较高的现象的次数分配情况时,通常用次数向下累计以表明在这些数值以上所有数值所占的比重。例如,表 3-10 中的第五组表示在 64 户居民家庭中,住房使用面积在 80 m² 以上的有 16 户,为总数的 25%;第三组表示使用面积 60 m² 以上的有 54 户,占总数的 84%。

由上可见,累计频数和累计频率可以更简便地概括总体各单位的分布特征。

> 次数分布的
> 主要类型

由于社会经济现象性质的不同,各种统计总体都有不同的次数分布,形成各种不同类型的分布特征。概括起来,各种不同性质的社会现象的次数分布主要有四种类型:钟形分布、U 形分布、J 形分布和洛伦茨分布。这里介绍前三种分布,洛伦茨分布涉及内容较多,后面另辟篇幅阐明。

(一)钟形分布　钟形分布的特征是"两头小、中间大",即靠近中间的变量值分布的次数多,靠近两边的变量值分布的次数少,其曲线图宛如一口古钟,如图 3-1 所示。

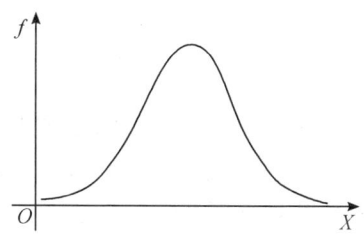

图 3-1　钟形分布曲线示意

在社会经济现象中,许多钟形分布表现为对称分布。对称分布的特征是中间变量值分布的次数最多,以标志变量中心为对称轴;两侧变量值分布的次数随着与中间变量值距离的增大而渐次减少,并且围绕中心变量值两侧呈对称分布。这种分布在统计学中称为正态分布。社会经济现象中许多变量分布属于正态分布类型。前面关于居民住房使用面积的举例就是这种类型,其他如农作物的单位面积产量,工业产品的物理化学质量指标(例如零件公差的分布、细纱的拉力、尼龙丝的口径、青砖的抗压强度),商品市场价格。正态分布在社会经济统计学中具有重要意义:一方面是因为社会经济现象中大部分分布呈正态分布或接近正态分布;另一方面,正态分布在抽样推断中也是最常用的分布。

(二)U 形分布　U 形分布的特征与钟形分布恰恰相反,即靠近中间的变量值分布的次数少,靠近两端的变量值分布的次数多,形成"两头大、中间小"

的U形分布。如人口死亡现象按年龄分布便是如此。由于人口总体中幼儿和老年死亡人数较多,而中年死亡人数最少,因而死亡人数按年龄分组便表现为U形分布,如图3-2所示。

(三)J形分布 在社会经济现象中,也有一些统计总体分布曲线呈J形分布,如图3-3所示。

如图3-3,次数随着变量值的增大而增多,例如投资按利润率大小的分布;图3-4是次数随着变量值的增大而减少,使得图形变为倒J形,例如人口总体按年龄大小的分布。

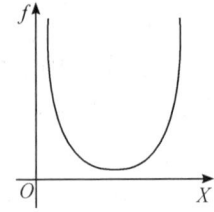
图3-2 U形分布曲线

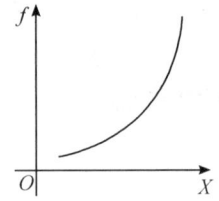
图3-3 J形分布曲线

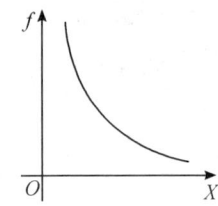
图3-4 倒J形分布曲线

洛伦茨分布

累计频数(或频率)分布曲线,可用于研究社会财富、土地和工资收入的分配是否公开。这种累计分布曲线最早是由美国统计学家洛伦茨(M.Lorenz)提出来的,专门用以检验社会收入分配的平等程度,故又称洛伦茨曲线。

洛伦茨分布绘制的条件:第一,居民或家庭按收入水平分组,计算各组居民或家庭的比重;第二,计算各组收入的比重。从统计学概念上说,前者是频率,即各组单位数占总体单位数的比重,后者是各组标志总量占总体标志总量的比重。这是一般统计整理都能得到的资料。可以看出它是次数分布曲线中的累计次数曲线。可见,研究现象总体各单位标志变异状况——变量分布均匀性或分布的集中程度,如测定城市人口的地域集中状况、地区或部门工业企业中各种指标的构成与分布情况、电力系统中发电量和燃料消耗量是否集中到大型发电站中去,都可以考虑运用洛伦茨曲线的原理,绘制曲线,进行分析。不难理解,它也是次数分布的主要类型。举一个例子来说明。假定某地区的工业企业工人数、产值和利润的资料如表3-11所示:

表 3-11 某地区工业企业主要经济指标情况

企业按产值分组	对总计的百分数(%)				累计百分数(%)			
	企业个数	工人数	产值	利润	企业个数	工人数	产值	利润
1 百万元以下	6.0	0.2	0.1	0.2	6.0	0.2	0.1	0.2
1～5 百万元	13.1	1.3	0.3	0.8	19.1	1.5	0.4	1.0
5～10 百万元	12.5	2.3	0.8	1.2	31.6	3.8	1.2	2.2
10～50 百万元	36.8	14.6	8.6	10.0	68.4	18.4	9.8	12.2
50～100 百万元	12.9	11.5	8.6	15.0	81.3	29.9	18.4	27.2
100～500 百万元	14.5	31.1	29.4	25.0	95.8	61.0	47.8	52.2
500～1 000 百万元	2.3	13.8	15.2	16.0	98.1	74.8	63.0	68.2
1 000 百万元以上	1.9	25.2	37.0	31.8	100.0	100.0	100.0	100.0

下面用正方形图示域进行图示。其中，横轴表示累计频率，即各组企业数比重累计；纵轴表示标志总量比重累计，即各组工人数、产值和利润等指标比重累计。见图 3-5。

洛伦茨曲线拓展运用于一般社会经济现象以反映总体单位标志分布的集中状况——集中的存在、集中的程度，所以也称为集中曲线，或称标志曲线。正方形图中对角线表示各组的频率同各组的标志总量对总体标志总量的比重完全对应，即现象总体标志（变量）呈线性均匀分布，不存在集中过程。集中曲线偏离这条对角线，说明集中的存在。图 3-5 表明该地区工业企业的工人数、产值和利润指标的构成分布情况和集中状况。

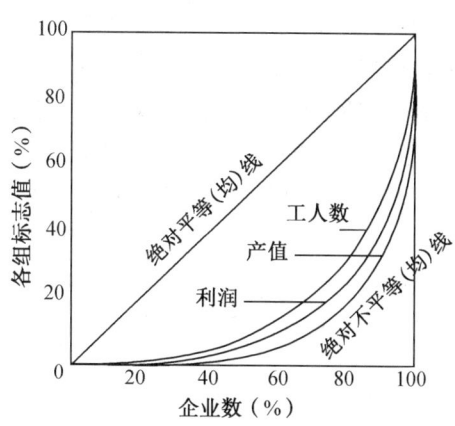

图 3-5 洛伦茨曲线

绘制洛伦茨曲线,必须正确分辨给定的数据中哪一项是总体单位,哪些项是单位标志,并且明确前者放在横轴上,后者放在纵轴上。

第四节 统计表

统计表的结构

前面说过,把汇总结果的资料按一定的规则在表格上表现出来,这种表格就叫统计表。这是我们把统计表当作整理过程的最后一个步骤来看的。

但是,统计表应从广义方面来看,任何用以反映统计资料的表格都是统计表。

数字是统计的语言。统计研究社会经济现象的数量关系,主要是通过数字资料来表现的。统计表和统计图都是系统地表述数字资料的基本形式。

统计表能够系统地组织和合理地安排大量数字资料,便于对照比较,使得统计资料的表现显得紧凑、有力、突出,因而在描述统计资料中得到广泛的应用。

统计表的结构,从它的外表形式看是纵横线交叉的一种表格,在表格上填写反映社会经济现象的数字资料。因此,统计表是由标题、横行和纵栏、数字资料等部分构成的。标题分为三种:总标题是表的名称,放在表的上端;横行标题或称横标目,写在表的左方;纵栏标题或称纵标目写在表的上方。横或纵标题分别说明横行或纵栏所填列数字资料的内容。

从统计表的内容看,包括主词和宾词两个部分。主词就是统计表所要说明的总体、总体的各个组或各个单位的名称;宾词是用来说明主词的各种指标。在通常情况下,主词列在表的左方,即列于横行;宾词列在表的上方,即列于纵栏。但是,这样排列会使统计表的表式过于狭长或过宽短时,也可以将主词、宾词合并排列或变换位置排列。

下面举一个一般统计表式的例子。表的组成部分都在表旁加以注明(表3-12)。

表 3-12　我国国内生产总值(GDP)的产业结构

横行标题		增加值在GDP中的比重（%）		纵栏标题
		2015年	2016年	指标数值
	第一产业	9.1	8.9	
	第二产业	43.1	40.9	
	第三产业	47.8	50.2	

主词栏　　　　　宾词栏

统计表的种类

统计表的种类可根据主词的结构来决定，按照主词是否分组和分组的程度，分为简单表、分组表和复合表。

（一）简单表是主词未经任何分组的统计表　例如，主词由研究总体单位清单组成的一览表；主词由地区、国家、城市等目录组成的区域表；主词由时间顺序组成的编年表；等等。表 3-13 是简单表的一个例子。

表 3-13　某地区 12 个工业企业劳动生产率和固定资产利用效益

企业编号	经济类型	职工人数（人）	固定资产原值（万元）	产值（万元）	人均固定资产（百元）	每百元固定资产产值（百元）	人均产值（百元）
		(1)	(2)	(3)	(4)=(2)÷(1)	(5)=(3)÷(2)	(6)=(3)÷(1)
(甲)	(乙)						
1	国有	540	459	963.9	85	210	178.5
2	国有	500	360	864.0	72	240	172.8
3	国有	480	384	844.8	80	220	176.0
4	民营	420	336	621.6	80	185	148.0
5	其他	400	288	518.4	72	180	129.6
6	民营	360	270	445.5	75	165	123.8
7	其他	360	198	277.2	55	140	77.0
8	国有	350	238	368.9	68	155	105.4
9	民营	340	221	309.4	65	140	91.0
10	民营	250	160	192.0	64	120	76.8
11	其他	240	144	165.6	60	115	69.0
12	其他	200	116	110.2	58	95	55.1
合　计	—	4 400	3 174	5 681.5	71.5	179	128.0

（二）分组表是主词按某一标志进行分组的统计表　利用分组表来揭示现象不同类型的不同特征，研究总体的内部构成，分析现象之间的依存关系。表 3-14 是分组表的一个例子。

表 3-14 某地区工业企业按固定资产原值分组的劳动生产率和固定资产利用效益

按固定资产原值分组（万元）	企业数（家）	职工人数		人均总产值（百元）	每百元固定资产产值（元）
		人数（人）	比重(%)		
200 以下	4	1 050	23.7	70.9	121
200～350	5	1 870	42.1	121.0	167
350～500	3	1 520	34.2	175.8	222
合 计	12	4 440	100.0	128.0	170

（三）复合表是主词按两个或两个以上标志进行复合分组的统计表 在一定分析任务要求下，复合表可以把更多的标志结合起来，更深入地分析社会经济现象的特征和规律。表 3-15 是复合表的一个例子。

表 3-15 某地区工业企业按经济类型和固定资产原值分组的劳动生产率和固定资产利用效益

按经济类型和固定资产原值分组（万元）	企业数（家）	人均固定资产（百元）	每百元固定资产产值（元）	人均产值（百元）
国有				
200～350	1	68.0	155.0	105.4
350～500	3	79.1	222.0	175.8
小计	4	77.1	211.0	162.7
民营				
200 以下	1	64.0	120.0	76.8
200～350	3	73.8	166.4	122.9
小计	4	72.0	158.9	114.5
其他				
200 以下	3	57.3	120.7	69.1
200～350	1	72.0	180.0	129.6
小计	4	62.2	143.6	89.3
合 计	12	71.5	179.0	128.0

顺便指出，这里所列举的简单表、分组表和复合表是按同一个原始资料设计的，请注意它们之间的关系，特别是指标计算上的联系。

为使统计表的内容简明扼要，要注重统计表宾词的指标配置。在宾词指标不要求进一步分组的情况下，宾词配置就是指标体系的顺次列举，根据指标说明

【宾词指标的分组配置】

问题的主次先后排列,保持指标之间的逻辑关系。

当宾词指标需要分组时,宾词配置可有平行配置和层叠配置两种。平行配置就是宾词栏中各分组标志彼此分开,各标志的分组指标做平行排列;层叠配置则是将各分组标志层叠在一起,使各标志的分组指标较多。这样,在平行配置的情况下,宾词指标占有栏数等于各标志的分组项数之和;而在层叠配置的情况下,宾词指标占有的栏数等于各标志的分组项数的乘积。下面以某地区工业企业职工的性别和工龄为例,列出宾词指标不同的分组配置表式。平行配置见表3-16,层叠配置见表3-17。

表3-16 某地区工业企业职工的性别和工龄情况表1

分组	企业数（家）	职工人数（人）	性别		工龄		
			男	女	5年以下	5~10年	10年以上
（甲）	（1）	（2）	（3）	（4）	（5）	（6）	（7）

表3-17 某地区工业企业职工的性别和工龄情况表2

分组	企业数（家）	职工人数（人）			工　　龄								
					5年以下			5~10年			10年以上		
		男	女	合计	男	女	合计	男	女	合计	男	女	合计
（甲）	（1）	（2）	（3）	（4）	（5）	（6）	（7）	（8）	（9）	（10）	（11）	（12）	（13）

从表3-16看出,平行配置的宾词占有栏数为2+3=5栏,层叠配置的宾词占有栏数为2×3=6栏。如果在宾词指标中,再按年龄标志设置5个年龄组,这两种配置的差别就更大了。在平行配置的情况下,除原有栏数外,只要补充5栏,变为2+3+5=10栏。而在层叠配置的情况下,则要扩充到2×3×5=30栏。在这里还没有把合计栏计算在内。因此,对宾词指标的层叠配置应用要慎重,它虽然能够详细说明研究对象的特征,但所用指标繁多,会影响统计表表现的明确性。

统计表的编制规则

统计表的编制,无论主词的内容还是宾词指标的配置都要目的明确,内容鲜明,使读者能从表中看出研究现象的具体内容和情况。因此,在制表时,首先要强调目的要求,做到简明、紧凑,重点突出,避免过分烦琐。一个包罗万象的统计表,往往会使问题的实质被一些细枝末节掩盖。

以下几点是编制统计表时必须注意的规则:

(1)统计表的各种标题,特别是总标题的表达,应该十分简明、确切、概括地反映出表的基本内容。总标题还应该标明资料所属的地点和时间。

(2)表中的主词各行和宾词各栏一般应按先局部后整体的原则排列,即先列各个项目,后列总计。当没有必要列出所有项目时,可以先列总计,而后列出其中一部分的重要项目。

(3)如果统计表的栏数较多,通常要加编号。在主词和计量单位等栏,用(甲)、(乙)、(丙)等文字标明;宾词指标各栏,用(1)、(2)、(3)等数字编号。

(4)表中数字应该填写整齐,对准位数。当数字为"0"或因数小可略而不计时,要写上"0";当缺乏某项资料时,用符号"…"表示;不应有数字时用符号"—"表示。

(5)统计表中必须注明数字资料的计量单位。当全表只有一种计量单位时,可以把它写在表头的右上方。如果表中需要分别注明不同单位,横行的计量单位可以专设一栏;纵栏的计量单位要与纵标目写在一起,用小字标写。

(6)必要时,统计表应加注说明或注解。例如,某些指标有特殊的计算口径,某些资料只包括一部分地区,某些数字是由估算来插补等,都要加以说明,而且还要注明统计资料的来源,以便查考。说明或注解一般写在表的下方。

此外,统计表的格式一般是"开口"式的,即表的左右两端不画纵线。统计表最好是矩形柜架,其短边与长边之比也尽量按"黄金分割律"的要求,即要达到0.618,不要设计成正方形或者狭长、窄宽的形状。

编制实用、美观的统计表,关键在于实践,通过经常观察、揣摩、动手绘制,才能熟练掌握。本课程诸多习题的计算过程及其结果要求用统计表来体现,是统计表技法实践的好机会,也是提高绘制统计表能力的有效途径。

思考与练习

1. 统计整理在统计研究中的地位如何？
2. 什么是统计分组？为什么说统计分组的关键在于分组标志的选择？
3. 统计分组的作用如何？
4. 依存关系分组(分析分组)有什么特点？如何具体运用？
5. 单项式分组和组距式分组分别在什么条件下运用？
6. 组数和组距的关系如何？什么情况下用等距分组，什么情况下用不等距分组？
7. 什么是统计分布？它包括哪两个要素？
8. 频数和频率在分配数列中的作用如何？累计频数和累计频率的应用意义如何？
9. 社会经济现象次数分布有哪些主要类型？分布特征如何？
10. 为什么说洛伦茨曲线也是统计分布的主要类型？它在制作上有什么特点？
11. 有27个工人看管机器台数如下：

5 4 2 4 3 4 3 4 4 2 4 3 4 3
2 6 4 4 2 2 3 4 5 3 2 4 3

试编制分配数列。

12. 某车间同工种的40名工人完成个人生产定额(%)如下：

 97 88 123 115 119 158 112 146 117 108
105 110 107 137 120 136 125 127 142 118
103 87 115 114 117 124 129 138 100 103
 92 95 113 126 107 108 105 119 127 104

根据上述资料，编制分配数列、累计频数和累计频率数列。

13.某年某市10月份外商直接投资签约批准项目一览表：

批准日期顺序	项目代号	合作形式	投资金额（万美元）	批准日期顺序	项目代号	合作形式	投资金额（万美元）
1	001	独资	53	12	012	合资	250
2	002	独资	200	13	013	独资	50
3	003	合作	80	14	014	独资	100
4	004	独资	150	15	015	合资	150
5	005	独资	45	16	016	独资	80
6	006	合资	30	17	017	独资	320
7	007	独资	40	18	018	独资	100
8	008	独资	52	19	019	合资	40
9	009	合资	198	20	020	合作	71
10	010	合资	90	21	021	合资	65
11	011	合资	200	22	022	独资	75

试把签约批准的项目按合作形式和投资金额两个标志进行分组，用统计表反映项目的分布和投资的结构状况。

14.今有某月15个工厂资料如下：

序号	人数（人）	产值（百万元）	序号	人数（人）	产值（百万元）
1	160	2.4	9	299	4.2
2	207	2.2	10	252	2.3
3	350	3.6	11	435	5.5
4	328	3.7	12	262	2.2
5	292	2.8	13	223	1.9
6	448	5.1	14	390	6.1
7	300	2.2	15	236	4.5
8	182	1.9			

(1)试按工人人数进行等距分组，组距和组数自行确定；
(2)汇总各组和总体的工厂个数、工人人数和产值；
(3)计算各组和总体的平均每工厂产值和每个工人的平均产值。

要求设计一张统计表来反映以上分组、汇总计算的结果，能看出工人人数同产值、劳动生产率的依存关系，体现企业规模效益。

15.根据第二章第13题中调查资料进行整理，首先按家庭月收入与金融资产两标志分组得到表1、表2的结果，按表1数据计算的结果，请思考表中(1)、(2)、(3)数据是怎样得出来的。

表1 某乡镇64户居民按月收入分组的家庭收入和金融资产情况

按月收入分组(元)	户数	月收入(元)	金融资产(万元)
(甲)	(1)	(2)	(3)
500以下	3	1 466	2.95
500~1 000	6	4 125	8.93
1 000~1 500	13	16 556	33.43
1 500~2 500	21	40 278	106.34
2 500~3 500	15	42 724	155.31
3 500以上	6	22 945	87.20
合计	64	128 094	394.16

表2 某乡镇64户居民按金融资产分组的家庭收入和金融资产情况

按金融资产分组(万元)	户数	月收入(元)	金融资产(万元)
(甲)	(1)	(2)	(3)
2以下	11	8 352	15.40
2~3	10	14 035	26.03
3~5	16	26 605	66.60
5~10	14	35 913	109.87
10~15	9	29 039	109.21
15以上	4	14 150	67.05
合计	64	128 094	394.16

表3 某乡镇64户居民按收入分组的家庭金融资产及户均金融资产情况

按月收入分组(元)	户数	金融资产(万元)	户均金额资产(万元)
(甲)	(1)	(2)	(3)=(2)÷(1)
500以下	3	2.95	0.98
500~1 000	6	8.93	1.49
1 000~1 500	13	33.43	2.57
1 500~2 500	21	106.34	5.06
2 500~3 500	15	155.31	10.35
3 500以上	6	87.20	14.53
合计	64	394.16	6.16

表 3 是因果依存关系分组,又称分析分组。月收入与金融资产的依存关系由主词栏(甲)和宾词栏(3)的数据体现出来。

表 4 是户数和月收入、金融资产的比重累计。

表4 某乡镇64户居民按收入分组的户数、月收入、金融资产比重结构

按月收入分组（元）	户数		月收入		金融资产	
	比重(%)	比重累计(%)	比重(%)	比重累计(%)	比重(%)	比重累计(%)
(甲)	(1)	(2)	(3)	(4)	(5)	(6)
500以下	4.7	4.7	1.1	1.1	0.7	0.7
500～1000	9.4	14.1	3.2	4.3	2.3	3.0
1000～1500	20.3	34.4	12.9	17.2	8.5	11.5
1500～2500	32.8	67.2	31.5	48.7	27.8	39.3
2500～3500	23.4	90.6	33.4	82.1	38.6	77.9
3500以上	9.4	100.0	17.9	100.0	22.1	100.0
合计	100.0	—	100.0	—	100.0	—

请根据上面数据绘制月收入和金融资产的洛伦茨曲线。

第四章 综合指标

统计指标都是综合指标,但这里所指的综合指标不是一般意义上的综合指标,而是基本的综合指标,包括总量指标、相对指标和平均指标,分别反映现象的规模、结构、比例、水平、集中程度等数量特征。本章主要介绍综合指标的意义、种类及其计算和运用。学习本章,要求掌握:(1)总量指标的概念、作用及种类;(2)相对指标的概念、作用及几种常用平均指标的特点和计算方法;(3)变异指标的概念及计算。

第一节 总量指标

总量指标的意义和种类

总量指标是反映社会经济现象发展总规模、总水平的综合指标。它是对统计调查的原始资料经过分组和汇总得到的各项总计数字,是统计整理阶段的直接成果,为统计研究进入统计分析阶段提供可靠的基础。

总量指标又称统计绝对数,它的数值随统计范围的大小而增加或减少。我们在第一章中指出它与"数量指标"是同一个定义。

社会经济统计中,总量指标具有重要作用。

总量指标是对社会经济现象总体认识的起点。这是因为社会经济现象基本情况往往首先表现为总量。例如:对一个国家的国情、国力,一个地区、一个单位人力、物力状况最基本的了解都是通过总量指标来完成的。在国家统计局出版的《中国统计年鉴》及每年发布的年度国民经济和社会发展统计公报中,不难查阅到这些信息:我国土地面积约 960 万平方千米,2016 年末我国人口总数为 138 271 万人,这两个绝对数表现了我国幅员辽阔、人口众多的基本特点。另外,国民经济发展情况也往往直接地表现为总量指标。例如,2016年国内生产总值744 127亿元,粮食产量61 624万吨,工业增加值247 860亿元,固定资产投资606 466亿元,城镇就业人员41 428万人,社会消费品零售总额332 316亿元,货物进出口总额243 386亿元,金融机构本外币各项存款余额155.5万亿元,从这些总量指标可以看出2016年我国国民经济的发展情况。

总量指标是编制计划、实行经营管理的主要依据。国民经济计划的基本指标常以总量指标的形式规定。因此,与计划指标相对应的统计指标就成为检查计划完成情况的依据。

此外,总量指标是计算相对指标和平均指标的基础,相对指标和平均指标都是在总量指标的基础上派生出来的。总量指标的计算结果正确与否,直接影响到相对指标和平均指标的计算结果。可以说,总量指标是最基本的统计指标。例如,2016年我国粮食产量为61 624万吨,年末我国人口总数为138 271万人,据此计算2016年我国人均粮食产量为445.7 kg,由此可以看出我国粮食自产自供情况。

总量指标有下面几种分类:

(一)按反映现象总体内容的不同,分为总体单位总量和总体标志总量,简称为单位总量和标志总量 单位总量指总体内所有单位的总数,例如,全国商业系统零售商店总数、全国高等学校总数。标志总量即总体中各单位标志值总和,如全国工业总产值、某地区工业上缴利税总额。一个特定总体内,只能存在一个单位总量,而可以同时并存多个标志总量,从而构成一个总量指标体系,例如某地区工业企业生产经营情况统计资料如表4-1所示。

表4-1 某地区工业企业生产经营情况

经济类型	企业数(家)	工人数(人)	总产值(万元)	实现利税(万元)	年末固定资产原值(万元)
国有	164	73 900	204 510	63 850	22 375
民营	160	75 800	197 585	59 780	22 398
其他	161	75 670	201 348	62 375	22 536

单位总量　　　　　　　　　标志总量

总量指标的这种分类,我们在上一章统计整理中有所涉及,表3-1、表3-2、表3-3、表3-4可供参考。

总体单位总量和总体标志总量并不是固定不变的,而是随研究目的不同而变化的。例如考察某地区企业生产经营情况时,全部工业企业构成一个总体,其中每一个企业为一个单位,全部企业数则构成了总体单位总量指标,用以反映总体规模的大小,而其他如工人数、总产值、实现利税、年末固定资产原值,则构成标志总量指标,形成一套统计指标体系,用以全面分析该地区工业企业的状况。当研究的目的是考察该地区工业企业全体工人的状况时,总体为全体工人,统计单位为每一个工人,全体工人总数构成单位总量指标,而每一个工人的劳动消耗量(如出勤工时、加班工时)、劳动成果(生产量)和劳动报酬(工资、奖金等)又汇总构成劳动总工时、总产量和工资总额等标志总量指标。这也是一套完整的指标体系,用以对工人的状况做出系统、全面的评价,同时也说明作为标志直接承担者的总体单位的确定是至关重要的。只有正确确定什么是总体单位,才能正确分辨单位总量和标志总量指标。

(二)按反映时间状况的不同,分为时期指标和时点指标 时期指标指反映某种社会经济现象在一段时间发展变化结果的总量指标,它反映的是一段时间连续发生变化的过程,如社会总产值、国内生产总值、贸易总额、基本建设投资额、工资总额、人口出生数。时点指标是反映社会经济现象在某一时刻(瞬间)状况的总量指标,如人口数、土地面积、工厂数、商品库存额、固定资产原值、黄金储备量、银行存款余额。

将总量指标区分为时期指标和时点指标对社会经济现象进行动态分析研究有特殊的意义。对于二者的特点与运用,将在第八章做详细说明。

总量指标的计量单位

总量指标是按实物单位、货币单位和劳动量单位计量的。

实物单位有:自然单位,如学校按个计算,车辆按辆计算;度量衡单位,如粮食按千克计算,钢铁按吨计算;双重单位,如发电机按台/千瓦、重型设备按吨/台来计算;复合单位,如发电量按千瓦·时计算。

在计算产品产量时,往往需要采用标准实物单位。因为利用实物单位计算产品产量时,对于同一类产品,由于品种、规格、能力或化学成分不同,其使用价值也就不同。因而产品混合量往往不能确切地反映生产成果,为此,对一些产品要求按一定折合标准,折算为一种标准规格或标准含量的产品。例如,各种氮肥以含氮量 100%、电石以发气量 300 kg 为标准实物单位折算;将含热量不同的煤以每千克发热量 7 000 大卡的煤为标准单位进行折算。

总量指标的计算单位要注意统一的计量制度和按实物的主要用途确定合适的计算单位。

在统计上,将实物单位计量的指标称为实物指标,其主要特点是能直接反映产品的使用价值或现象的具体内容,因而能够具体地表明事物的规模和水平。掌握国民经济的基本情况,计划和管理各项生产任务,研究各种物资的消耗和库存,分析各种产品对生产和居民需要的满足程度等,都广泛运用实物指标。实物指标还是计算价值指标的基础,在实际工作中占有重要的地位。但是,实物单位有局限性,它缺乏对不同类产品或商品的综合性能的反映。不同类实物,使用价值不同,内容性质不同,无法按实物单位进行直接汇总,因此不能用以反映现象的总规模、总水平。例如企业生产不同产品的总成果、不同基建项目的总工作量、不同商品的总销售量,都不能用某一项实物单位来反映,必须借助货币单位。

以货币单位计算的总量指标又称货币指标或价值指标。货币单位体现现象和过程的社会属性,例如社会总产值、基建投资额、商品销售额、国民收入、工资总额、实现利税。价值指标的最大特点在于它代表一定的社会必要劳动量,因此具有最广泛的综合性能和汇总能力,用途非常广泛。

在统计中,价值指标首先用于反映经济活动总成果,并通过分类指标的计算,研究它们之间的比例关系。价值指标又经常被用于综合表明总物量在不同时间的变动程度,而且它还是经济核算和考核经济效益必不可少的手段。

价值指标也有局限性,即它脱离了物质内容,比较抽象,有时不能准确反映实际情况。实际工作中,价值指标和实物指标常常综合运用才能比较全面地认识问题。

劳动单位是计算劳动力资源的劳动时间的计量单位,如工时、工日、工年。借助劳动单位计算的劳动总消耗量指标来确定劳动规模,并作为评价劳动时间利用程度和计算劳动生产率的依据。有时企业生产总成果也用劳动单位来表示,如机械工业部门的定额工时产量。

总量指标统计的要求

为使总量指标资料准确,在进行总量指标统计时有如下要求:

(1)明确总量指标的实质,包括其含义、范围。总量指标的计算并非单纯的汇总技术问题。有一些总量指标,如工业企业数,从表面上看来是比较简单的,但是首先要对"工业企业"的含义加以明确界定,才能统计出准确的工业企业数。又如在计算工业总产值时,就应首先确定工业确定的概念,然后是关于总产值包括范围的问题,才能进行正确统计。

(2)计算实物总量指标时,要注意现象的同类性。实物指标通常是针对物质产品而言。同类性意味着同名产品,它直接反映产品同样的使用价值和经济内容无疑是可以综合汇总的。而对于不同类现象则不能通过简单相加汇总计算其实物指标。比如简单地把钢、煤、粮、棉等产品进行直接汇总是毫无意义的。不过我们对现象同质性的要求不能绝对化,例如计算货物运输总量时,产品的同质性就不成为计算的条件,因为它只要求通过货物的质量和里程计算货物量和货物周转量。

(3)要有统一的计量单位。在计算实物指标总量时,不同实物单位代表不同类现象,而同类现象又可能因历史或习惯的原因采用不同的计量单位。计算单位如不统一,就容易造成统计上的差错或混乱,所以,重要的总量指标的实物单位应按照全国统一规定的指标目录中的单位计量。

我国从1991年起统一使用以国际单位制为基础的法定计量单位制度,促进了实物指标的准确统计。

第二节 相对指标

相对指标的意义和表现形式

相对指标又称统计相对数,它是两个有相互联系的现象数量的比率,用以反映现象的发展程度、结构、强度、普遍程度或比例关系。如人口的性别比例和年龄构成、人口的出生率和死亡率、人口密度。相对指标把两个具体数值抽象化,使人们对现象之间所存在的固有联系有较为深刻的认识。相对指标在社会经济领域广泛存在着,借助于相对指标对现象进行对比分析,是统计分析的基本方法。

在统计分析中,相对指标的作用主要表现在以下两方面:

第一,相对指标为人们对事物发展的质量与状况认识提供深刻且全面的依据。社会经济现象总存在相互联系、相互制约的关系。要分析一种社会经济现象,仅仅利用某一项指标而不把有关指标联系起来进行比较分析,就难以对事物发展规模的大小、变化速度的快慢、各种比例协调与否有深刻且全面的认识。举例说,2016年我国全年货物进出口总额243 387亿元,其中,出口138 455亿元、进口104 932亿元。仅凭这些指标难以分析和评价当年我国对外经济的发展情况,但如果我们把它们同上年(2015年)的相应指标(进出口总额245 503亿元,其中,出口141 167亿元、进口104 336亿元)对比,计算动态相对指标——发展速度;把出口总额与进口总额进行比较,计算进出口差额或计算进口和出口所占的比重,得到进出口结构,我们就会看出,进入"十三五"时期,在中国政府推进供给侧改革、经济新常态背景下,我国对外贸易发展困难,出现停滞,顺差扩大。

第二,计算相对指标可以使不能直接对比的现象找到可以对比的基础,进行更为有效的分析。例如,考察不同类型企业生产经营情况,由于条件不同、产品不同,一般不能用产值指标直接对比,但如果都以各自的计划指标和利润指标作为依据,计算计划完成程度相对指标和产值利润率指标,就可进行比较,找差距,做深入分析。

相对指标的数值可由有名数或无名数表现。相对指标的表现形式就是它的计算单位。

有名数主要用于强度相对指标数值的表示,同时使用计算强度相对指标时的分子和分母指标数值的计量单位,如平均每人分摊粮食产量用"千克/人"表示,人口密度用"人/千米^2"表示。

相对指标一般表现为无名数,它是一种抽象化的计算单位,多以倍数、成数、百分数或千分数表示。倍数是将对比的基数定为1而计算出来的相对数。两个数字对比,分子数值大于分母数值很多时可用倍数表示。成数是将对比的基数定为10而计算出来的相对数,比如粮食产量增产一成,即增长1/10。百分数是将基数定为100而计算出来的相对数,它是相对指标最常用的一种表现形式。统计中还把两个以百分数表示的指标进行对比,差距相当于1%,称为1个百分点。比如,某企业规定劳动生产率比去年同期提高10%,实际提高12%,这说明实际劳动生产率比计划任务规定多了2个百分点。千分数是分子数值小于分母数值很多的情况下使用的,它是将对比的基数定为1 000所计算出来的相对数,如人口出生率、死亡率、自然增长率多用千分数表示。

随着研究目的和任务不同,对比的基础也不同,也就产生不同的相对指标。以下介绍常用的几种相对指标。

相对指标的种类及计算方法

(一)结构相对指标 结构相对指标就是在资料分组的基础上,以总体总量作为比较标准,求出各组总量占总体总量的比重,来反映总体内部组成情况的综合指标。其计算公式如下:

$$结构相对指标 = \frac{各组（或部分）总量}{总体总量} \qquad (4-1)$$

结构相对指标通常根据总量指标来计算,不外乎是表明总体单位数的结构或总体标志值的结构,计算结果用百分数或成数表示,各组比重总和等于100%或10。

结构相对指标用以研究总体内各组成部分的分配比重及其变化情况,从而深刻认识事物各个部分的特殊性质及其在总体中所占有的地位及地位的变化。

例如,2016年我国固定资产投资596 501亿元,比上年名义增长8.1%（扣除价格因素实际增长8.8%）。按地区看,东部地区投资249 665亿元,比上年增长9.1%;中部地区投资156 762亿元,增长12%;西部地区投资154 054亿元,增长12.2%;东北地区投资30 642亿元,下降23.5%。这些结构相对指标说明2016年我国对中、西部地区投资继续保持较快速度,但东北地区经济存在进一步滑落危险。

（二）比例相对指标　比例相对指标是总体中不同部分数量对比的相对指标,用以分析总体范围内各个局部、各个分组之间的比例关系和协调平衡状况。其计算公式如下：

$$比例相对指标 = \frac{总体中某一部分数值}{总体中另一部分数值} \qquad (4-2)$$

比例相对指标计算结果通常以百分比来表示,还有以比较基数单位为1、100、1000时被比较单位数是多少的形式来表示。

如我国2010年进行的第六次全国人口普查,全国出生人口性别比为118.1,即在出生婴儿中,男女比例达到118.1∶100,比正常值高出许多,显然失衡。

比例相对指标一般以总量指标进行对比。依据分析任务和提供资料的情况,也可利用现象总体各部分的相对数或平均值进行对比。如我国某年职工平均生活费支出1 210.95元,农民平均生活费支出535.37元,职工与农民消费水平比为2.26∶1。这个比例相对指标是在提供平均值的基础上计算出来的。

（三）比较相对指标　比较相对指标是不同单位（国家、部门、地区、企业、个人等等）的同类现象数量对比而确定的相对指标,用以说明某一同类现象在同一时间内各单位发展的不平衡程度,以表明同类事物在不同条件下的数量对比关系。比较相对指标数值通常用百分数或倍数表示。其计算公式

如下:

$$比较相对指标 = \frac{甲单位某指标值}{乙单位某指标值} \qquad (4-3)$$

例如,2015 年我国 4 个直辖市的国内生产总值——北京市 23 014.6 亿元,上海市 25 123.5 亿元,天津市 16 538.2 亿元,重庆市 15 717.3 亿元,则上海市国内生产总值为北京的 1.09 倍,北京市是天津市的 1.39 倍,天津市是重庆市的 1.05 倍。

以上例子是用总量指标来相比的。在实际工作中,也可以用相对指标或平均指标进行对比,例如用人均粮食产量进行对比。

在经济管理工作中,将各单位的技术经济指标与同类企业的先进水平对比,与国家规定质量标准对比,从而找出差距,为提高本单位生产水平和管理水平提供依据。这是把比较的对象典型化而计算的比较相对指标。

(四)强度相对指标 强度相对指标是两个性质不同而有联系的总量指标之间的对比,用来表明某一现象在另一现象中发展的强度、密度和普遍程度。它和其他各种相对指标根本不同的特点,就在于它不是同类现象指标的对比。这里所指的不同类现象可能分别属于不同的总体,也可能是同一总体中的不同标志或指标。例如,以人口数与土地面积对比得到的人口密度指标、以主要产品产量与人口数对比得到的每人平均产量、以铁路(公路)长度与土地面积对比得到的铁路(公路)密度。在工农业生产中也可把生产条件相互对比,计算各种装备程度指标,把生产成果与生产条件进行对比,计算各种效率指标,这些均为强度相对指标。计算公式如下:

$$强度相对指标 = \frac{某种现象总量指标}{另一个有联系而性质不同的现象总量指标} \qquad (4-4)$$

例如,2015 年我国国内生产总值为 689 052.1 亿元,全国人口总数为 137 462 万人,则人均国内生产总值为 5.01 万元(约 8 000 美元)。

强度相对指标以双重计量单位表示,是一种复名数,如人口密度单位是"人/千米^2","人均主要产品产量用"吨/人"。另外,也有一些强度相对指标的数值用千分数或百分数表示,如人口死亡率用千分数表示,流通费用率用百分数表示,实质上仍是双重单位。死亡率为每千人口中死亡人数,流通费用率为每百元销售额中的费用。

强度相对指标有正、逆指标之分。如每千人拥有的零售商业机构个数,或每个商业机构所服务的人数,前者为正指标,后者为逆指标。一般来说,正指标越大越好,逆指标则越小越好。

强度相对指标是统计中重要的对比分析指标,它可以说明一个国家、地区或部门的经济实力或为社会服务的能力。同时,借助这种指标可以进行国家、地区之间的比较,确定发展不平衡和发展的差距。

(五)动态相对指标　动态相对指标又称发展速度,表示同类事物的水平报告期(被研究的时期,又称本期、现期、计算期)与基期(作为比较基准的时期)二者对比发展变化的程度。本书将在第八章中详细介绍相关内容。

(六)计划完成程度相对指标　计划完成程度相对指标简称计划完成程度指标、计划完成百分比,用来检查、监督计划执行情况。它以现象在某一段时间内的实际完成数与计划任务数对比,借以观察计划完成程度。基本公式为:

$$\frac{\text{计划完成程度}}{\text{相对指标}} = \frac{\text{实际完成数}}{\text{计划数}} \tag{4-5}$$

计划完成程度指标的子项是根据实际完成情况进行统计而得到的数据,母项是下达的计划指标。由于计划数总是用来衡量计划完成情况的标准,所以该公式的子项和母项不得互相换算,而且公式的子项和母项的指标含义、计算口径、计算方法、计量单位以及时间长短和空间范围等方面都要一致。公式的子项数值减母项数值则表明计划执行的绝对效果。

例如,某企业2016年产品产量计划达到1 500吨,实际生产2 000吨,则:

$$\text{产量计划完成程度}(\%) = \frac{2\ 000}{1\ 500} \times 100\% = 133\%$$

计算结果表明,该企业超额完成产量计划任务33%,实际产量比计划产量增加了500吨。

计划完成程度指标用来监督和检查国民经济计划的执行情况,分析计划完成或者未完成的原因,抓住薄弱环节,进一步挖掘潜力,为组织国民经济新的平衡和促进经济建设事业的发展提供依据。

在计划工作中,也有用提高或降低百分比来规定计划任务的,如劳动生产率计划提高百分之几,成本水平规定降低百分之几。这时计算计划完成百分比有它特殊的地方。这种计划任务实际上是把计划数和上年度实际数加以对比得出"计划为上年百分数"的相对指标(我们可称它为计划任务相对数),然后减去100%来确定。因此,相应地就有本年实际数和上年实际数加以对比得出"实际为上年百分数"的动态相对指标减去100%的数值。例如,某地区计划确定经济总量比上年提高8%,实际提高10%。在这种情况下,计划完成程度指标就不能直接用实际提高或降低百分之几除以计划提高或降低百分之几,而应当包括原有基数(以上年实际水平为 100%)在内,即恢复为"上年的百分数",然后进行对比,才符合计算计划完成程度指标的基本公式,从而得出正确的答案。我们以下面的公式来表达上述的内容:

$$\text{计划完成程度指标} = \frac{\text{本年实际水平}}{\text{上年实际水平}} = \frac{\text{本年计划水平}}{\text{上年实际水平}}$$

$$= \frac{\text{实际为上年的百分数}}{\text{计划为上年的百分数}}$$

$$= \frac{\text{本年实际水平}}{\text{本年计划水平}} \tag{4-6}$$

就上例计算得出经济总量计划完成程度为:

$$\frac{100\% + 10\%}{100\% + 8\%} = \frac{110\%}{108\%} = 101.9\%$$

计算结果表明,该地区经济总量提高计划超额完成 1.9%,或者说该地区经济总量计划完成 101.9%。

又如,某企业计划规定某产品单位成本降低 5%,实际降低 7%,则成本降低计划完成指标为:

$$\frac{100\% - 7\%}{100\% - 5\%} = \frac{93\%}{95\%} = 97.9\%$$

计算结果表明,实际成本比计划任务降低了 2.1%。

需要注意的是,我们的目的在于阐明当计划任务以相对数形式出现时如何检查计划完成程度,但同时又使我们认识到动态相对指标和计划完成程度指标之间所存在的客观关系。我们记上年水平为 a_0,计划水平为 a_n,实际水平为 a_1,则各种相对指标表现为如下比值:

动态相对指标——$\dfrac{a_1}{a_0}$;

计划任务相对指标——$\dfrac{a_n}{a_0}$;

计划完成相对指标——$\dfrac{a_1}{a_n}$。

我们把上面的公式用符号表示为:

$$\frac{a_1}{a_n} = \frac{a_1}{a_0} : \frac{a_n}{a_0}$$

$$\frac{a_1}{a_0} = \frac{a_n}{a_0} \cdot \frac{a_1}{a_n}$$

显然,动态相对指标等于计划任务相对指标和计划完成相对指标的乘积。这个关系式很有实际意义,因为我们可以由三个数中的两个已知数求出另一个数。

例如,某工厂2016年产量计划完成了110%,2016年产量计划比2015年增长8%,则2016年的产量同2015年比较增长的百分数可通过下面的关系式求出:

$$\frac{a_1}{a_0} = \frac{a_n}{a_0} \cdot \frac{a_1}{a_n} = 108\% \times 110\% = 118.8\%$$

这表明2016年的产量比2015年增长18.8%。

相对指标计算的要求　严格保持对比两指标的可比性是计算和运用相对指标的基本要求。所谓可比性,就是拿来对比的两个指标要符合所研究任务的要求,比得合理;对比的结果要能说明所要说明的问题。

指标可比性包括的内容:首先,必须根据同样的方法论计算所比较的指标。比如比较两个地区的人均国内生产总值水平。如果一个地区的国内生产总值与常住人口数相比,另一地区又与户籍人口数相比,那么这两个地区的人均国内生产总值是不可比的。

其次,可比性指对比应在同样的对象范围内进行。违反这个要求通常是由某种机构的变动引起的。例如,在新的一年里,某企业兼并了另一个原来独立的企业,企业规模被人为地扩大了,产量动态资料反映了不同的对象范围,因而不可比。

再次,被比较的指标用同样的单位计量也是可比性的重要方面。例如,比较两个拖拉机厂的产量,如果一个厂的产量以台表示,另一个厂是以马力表示的,那么它们是不可比的。在比较价值指标时,强调用可比价格计算,也属于这个问题。

此外,指标在不同空间比较时,资料所属时期或时点也应该统一可比,等等。

但是,我们也应该辩证地看指标的可比性。可比性不是机械绝对的,某些指标在这一场合不可比,在另一场合又可能可比,这都必须依据研究目的,对具体条件、具体情况进行具体分析,并加以灵活运用。总之,指标的可比性是一个复杂的问题。

第三节 平均指标

平均指标的意义和种类

平均指标是最常用的一种综合指标,它广泛存在于社会经济现象总体中。

平均指标又称统计平均数,用以反映社会经济现象总体各单位某一数量标志在一定时间、地点条件下所达到的一般水平。

我们知道,在社会经济现象同质总体中,每个单位都有许多数量标志来表明其特征,这些特征的数量取值有大有小,分布有多有少。但是在同质总体内的各个具体事物现象又具有共同的质的规定性,把数量上的差异制约在一定的范围中,这样就有可能利用某一数量来代表总体单位数量标志的一般水平。例如,工作人员的工资取决于他的技能、劳动性质、年龄、工龄和各种其他因素,因此工资水平各不相同,但是,人们仍然可以求得各部门职工工资的平均水平,如2015年全国国有单位从业人员平均工资65 294元,其他单位60 906元,城镇集体单位46 607元。

平均指标的特点在于它把总体各单位标志值的差异给抽象化了,它可能与各单位所有标志值都不相同,但又作为代表值来反映这些单位标志的一般水平。

平均指标的主要作用有:

第一,反映总体各单位标志值分布的集中趋势。在社会经济现象总体中,各单位某一标志在数量上的变化是有差异的,变量从小到大形成一定的分布。通常,标志值很小或很大的单位都比较少,而逐渐靠近平均数的单位数则逐渐增加,标志值接近平均数的单位占最大比重。平均数反映了标志值变动的集中趋势。比如调查农民家庭收入情况,人均纯收入很少或很多的户数只是少数,但在人均纯收入周围的中等收入的户数占总户数的比重很大。所以农户人均纯收入这一指标反映了农户收入分配的集中趋势,是农民收入在具体条件下所达到的一般水平,具有规律性的意义。

第二,比较同类现象在不同单位的发展水平,用来说明生产水平、经济效益或工作质量的差距。例如,评价不同工业或乡村的生产情况不宜用工业总产值或总收获量等总量指标进行对比,因为这些指标受企业或乡村生产规模的影响。如果用平均指标,如劳动生产率或单位面积产量来进行比较,就可以较好地评价它们的生产情况,反映其工作成绩和存在的问题。这对于开展竞赛、竞争,找出差距,挖掘潜力都有重要的作用。

根据同样的道理,平均指标可用作同一单位不同时期的比较,说明生产水平、经济效益或工作质量的发展动态和趋势。

第三,分析现象之间的依存关系。分析现象之间的依存关系,必须借助平均指标,我们在阐明分组法的作用时已经强调过。例如,把耕地按地形条件或施肥量等标志进行分组,再计算各组的农作物收获率,就可以反映出地形不同或施肥量多少与收获率之间的依存关系。平均指标对研究现象间的相互关系很有用处。

此外,平均指标经常被作为评价事物和问题决策的数量标准或参考。例如,对工厂工人劳动效率的评定,通常以他们的平均劳动生产率水平为依据。又如,在企业管理中,劳动、生产和消耗等各种定额往往以实际的平均水平为基础,结合其他条件来制定。

要使平均指标真正成为反映总体数量特征的代表值,就不能随便对什么现象总体都进行计算,而只能就同质性总体来计算。社会经济现象总体的同质性是计算或应用平均指标的基本要求。现象总体的同质性指构成总体的各个单位必须具有某一共同的标志表现,比如"社会阶层"都表现为"产业工人阶层"时,才能计算产业工人的平均工资;在一片耕地上都播种同样的作物时,才能计算这一片耕地的平均亩产。所以科学的平均指标应建立在分组法的基础上,借助分组法来区分不同性质的总体,然后就同类总体计算和运用平均指标。

平均指标有多种计算方法,如算术平均数、调和平均数、几何平均数、众数和中位数等,它们都用来反映现象的一般水平。

算术平均数、调和平均数和几何平均数是根据总体所有标志值来计算的,可以称为数值平均数;而众数和中位数是根据标志值所处的位置来确定的,可以称为位置平均数。它们所反映的一般水平有不同的意义及不同的计算方法,并且有不同的应用场合。

算术平均数的计算

下面首先介绍数值平均数中算术平均数的特点和计算方法。

(一)算术平均数是平均指标中最常用的方法

统计中,算术平均数等于总体标志总量除以总体单位总量,它是计算社会经济现象平均指标最常用的方法和最基本的形式。这是因为许多社会经济现象和过程的平均水平,都是通过总体各个单位标志值的总和来加以平均的。可以举很多例子:

$$劳动生产率 = \frac{产品实物量}{工人人数}$$

$$单位成本 = \frac{总成本}{总产量}$$

$$单位面积产量 = \frac{总产量}{播种面积}$$

$$商品价格 = \frac{总销售额}{总销售量}$$

$$商品房成交价 = \frac{销售金额}{销售面积}$$

$$平均工资 = \frac{工资总额}{员工人数}$$

$$户均住房使用面积 = \frac{住房使用总面积}{户数}$$

算术平均数的计算特点正是符合客观现象这种数量对比关系的。因此，当谈到平均指标而又未说明是哪一种形式时，一般指的就是算术平均数。

这里需要说明，算术平均数既然也是两个总量指标的对比关系，因而它和强度相对指标颇有相似的地方；但二者实质上是很不相同的。平均指标是在一个同质总体内标志总量和单位总量的比例关系。它要求标志总量和单位总量相适应，即标志总量必须是总体各单位标志值的总和。比如，计算50个工人的平均工资，作为分子的工资总额只能是这50个工人工资的总和。强度相对指标的分子、分母是两个不同总体现象总量，不存在各个标志值与各个单位相适应的问题。比如，人均粮食产量是全国粮食总产量与全国人口数之比，反映粮食生产与人口发展的密切关系。但是粮食产量并非全国人口中每个人都具有的标志，粮食总产量不直接依附于全国人口数，所以是强度相对指标。

实际工作中，有一些平均指标可以借助直接具有的标志总量和单位总量来计算。比如粮食总产量、播种面积、工资总额、职工人数等资料可以从统计部门取得，就可据以直接计算平均亩产和平均工资。

但是，大量的平均指标不能依靠直接得到的标志总量和单位总量的资料来计算，而要采用计算简单算术平均数和加权算术平均数的方式。

1.简单算术平均数。它是对每一个标志值——加总得到的标志总量除以单位总量求出的平均指标。其计算公式如下：

$$\bar{x} = \frac{\sum x}{n} \tag{4-7}$$

式中：$\bar{x}$ 代表算术平均数，x 代表各单位标志值，Σ 是总和符号，n 代表总体单位数。例如，某工厂某生产班组有 11 个工人，各人日产件数为 15、17、19、20、22、22、23、23、25、26、30，则平均每个工人日产量件数为：

$$\frac{15+17+19+20+22+22+23+23+25+26+30}{11}=22(件)$$

又如，第二章表 3-8 的例子，64 户住房使用面积总和 4 636.8 m² 除以 64 户，得到平均每户住房使用面积为 72.45 m²。

简单算术平均数的计算方法简单，在统计工作实践中用途甚广。

2.加权算术平均数。计算简单平均数的原始资料，意味着每一个标志值只出现一次。它比较适合总体单位数较少的情况。如果是有些标志值出现若干次的资料，就应该运用加权算术平均数公式计算：

$$\bar{x}=\frac{\Sigma xf}{\Sigma f} \tag{4-8}$$

上式中，f 为标志值出现的次数。

设某建筑工地上有 10 台起重机在工作，其中 1 台的起重量为 40 吨，2 台为 25 吨，3 台为 10 吨，其余 4 台为 5 吨，则工地起重机平均起重量计算如下：

表 4-2 某建筑工地起重机台数及起重总量情况

起重量 x（吨）	台数 f（台）	起重总量 xf（吨）
40	1	40
25	2	50
10	3	30
5	4	20
合计	10	140

$$\bar{x}=\frac{\Sigma xf}{\Sigma f}=\frac{140}{10}=14(吨)$$

这说明加权算术平均数是在分配数列的条件下计算的，它必须首先求出每组的标志总量，并加总取得总体的标志总量，然后除以总体单位总数。

从上式可见，平均数的大小不仅取决于总体各单位标志值（x），同时也取决于各标志值的次数（f）。次数多的标志值对平均数的影响要大些，次数少的标志值对平均数的影响相应较小。标志值次数的多少对平均值的大小有权衡轻重的影响作用，所以称为权数。这种用权数计算出的算术平均数称为加权算术平均数。

权数除用总体各组单位数即频数形式表示外，还可以用比重即频率形式

表示。因此,便有另一种加权算术平均数形式,就是用标志值乘以相应的频率。其公式如下:

$$\bar{x} = x_1 \frac{f_1}{\sum f} + x_2 \frac{f_2}{\sum f} + x_3 \frac{f_3}{\sum f} + \cdots + x_n \frac{f_n}{\sum f}$$

$$= \sum x \frac{f}{\sum f} \tag{4-9}$$

就上例,某建筑工地上各种起重机起重量和起重机台数构成资料如下:

表 4-3 某建筑工地起重机构成情况

起重量(吨)	起重机台数构成(%) $\frac{f}{\sum f}$	$x \frac{f}{\sum f}$
40	10	4
25	20	5
10	30	3
5	40	2
合计	100	14

则起重机的平均起重量为:

平均起重量 $=40\times10\%+25\times20\%+10\times30\%+5\times40\%$
$=14$(吨)

这说明,权数的权衡轻重的作用说到底是体现在各组单位数占总体单位数的比重的大小上。从上例可明显地看出,比重的大小就直接表明了该组标志值在平均数计算中的地位。那些比重的数字意味着起重机起重量 40 吨中取 10%计入平均数,起重机起重量 25 吨中取其 20%计入平均数……所取的百分数越大,该标志值在平均数的计算中的影响也就越大。由此可见,权数对于算术平均数的影响作用,不取决于权数本身数值的大小,而取决于作为权数的各组单位数占总体单位数的比重大小。哪一组的单位数所占的比重大,哪一组标志值对平均值的影响就大。因此当各组的单位数相等或各组单位数所占的比重相等时,权数对各组的作用都一样,就失去了加权的意义。因而加权算术平均数等于简单算术平均数,即当 $f_1=f_2=\cdots=f_n$ 时,

$$\bar{x} = \frac{\sum xy}{\sum y} = \frac{f\sum x}{nf} = \frac{\sum x}{n}$$

上面的例子中,如果各种起重的台数都一样,则平均起重量为:

$$\bar{x} = \frac{\sum x}{n} = \frac{40+25+10+5}{4} = 20(\text{吨})$$

不难看出,简单算术平均数和加权算术平均数之间并没有根本的区别,因为给一个变量值乘上一个权数与多次加总这个变量值,意义上是相同的。

这里应该说明一点,在组距分配数列条件下计算加权算术平均数,照理可以各组距的实际平均数乘以相应的权数来计算。但在实际编制组距数列时很少计算组平均数。这样,在缺乏组平均数资料的条件下,可用各组中值代替计算。当然,这不可避免地会存在一定程度的误差,具有近似值的性质。下面以表3-9所举的例子来验证,请看以下两种计算方法的差别。

(1)对组中值加权计算:

$$\frac{\sum xf}{\sum f} = \frac{45 \times 2 + 55 \times 8 + 65 \times 16 + 75 \times 22 + 85 \times 11 + 95 \times 5}{64}$$

$$= 72.34 (m^2)$$

表4-4 某单位居民住户使用面积情况

住房使用面积 (m²)	组中值 x(m²)	户数 f(户)	组平均值 $\overline{x_i}$(m²)
40～50	45	2	43.10
50～60	55	8	55.29
60～70	65	16	65.65
70～80	75	22	75.15
80～90	85	11	84.48
90以上	95	5	95.04
合　计	—	64	—

(2)对组平均值加权计算:

$$\frac{\sum \overline{x_i} f_1}{\sum f_1} = \frac{43.10 \times 2 + 55.29 \times 8 + 65.65 \times 16 + 75.15 \times 22 + 84.48 \times 11 + 95.04 \times 5}{64}$$

$$= 72.45 (m^2)$$

(3)两种方法计算相差约0.1 m²,验证了误差的存在。同时可以看出,标志值波动均匀时,二者一定十分接近。本例就是这样的情况。

(二)计算加权算术平均数会遇到权数选择的问题　在分配数列条件下,一般来说,次数就是权数。但也有次数是不合适的权数的时候,这在由相对数求平均数或由平均数求平均数时经常遇到。

例如,某市某集团公司的15个企业产值计划完成情况的组距分配数列资料如下:

表 4-5 某集团公司 15 个企业产值计划完成情况

计划完成程度（％）	组中值 x（％）	企业数	计划任务数 f（万元）	实际完成数 xf（万元）
90～100	95	5	100	95
100～110	105	8	800	840
110～120	115	2	100	115
合　计	—	15	1 000	1 050

本例要进行平均的标志（变量）是产值"计划完成百分数"。为了计算整个集团公司产值计划平均完成程度，是以企业数为权数呢，还是以计划产值为权数？企业数虽是完成产值计划不同程度的频数，但并不是合适的权数。因为各企业规模大小不同，产值多少也有差别，正确计算产值计划平均完成百分比需用计划产值来加权，这样才符合指标的性质，即实际产值和计划产值的对比中确定。计算如下：

$$\text{平均计划完成程度} = \frac{95\% \times 100 + 105\% \times 800 + 115\% \times 100}{100 + 800 + 100}$$

$$= \frac{1\ 050}{1\ 000} = 105\%$$

（三）是非标志平均数按加权算术平均数方法计算　是非标志表明总体单位标志不是表现为"是"，就是表现为"非"的两个部分，比如产品质量合格与不合格、公有经济与非公有经济、恩格尔系数 40％以上与 40％以下。那么如何来计算它的平均值呢？

是非标志又称"0　1"标志，就是对"是"与"非"分别以"1"与"0"来表示它的标志值，利用"0"与"1"相应的频数按加权算术平均数计算。

设总体 N 个单位中有 N_1 个单位具有某种属性，N_0 个单位不具有某种属性，$N_1 + N_0 = N$，则有 $P = \dfrac{N_1}{N}$，$Q = \dfrac{N_0}{N} = \dfrac{N - N_1}{N} = 1 - P$。请看表 4-6：

表 4-6　是非标志平均数计算

是非标志	x	f	xf
是	1	N_1	N_1
非	0	N_0	0
合　计	—	N	N_1

则是非标志平均数为：

$$\overline{x_p}=\frac{\sum xf}{f}=\frac{1\times N_1+0\times N_0}{N}=P \qquad (4-10)$$

所以,是非标志平均数就是总体中具有某种属性的单位所占的比重(成数)。是非标志平均数是特殊平均数,成数 P 可以视为 $(0,1)$ 分布的平均数。是非标志平均数以 $\overline{x_p}$ 表示,便于区别一般平均数。

例 1 检验 1 000 件产品,合格品 850 件,求该产品合格品的平均成数。

$$\overline{x_p}=P=\frac{850}{1\,000}=85\%$$

例 2 对某城市居民家庭做家计调查,70%的家庭恩格尔系数在 40%以下,可以计算 $\overline{x_p}=\frac{1\times 0.7+0\times 0.3}{0.7+0.3}=0.7(70\%)$,表示该城市居民家庭"恩格尔系数 40%以下"的平均比重为七成。

(四)调和平均数的计算 调和平均数是标志值倒数的算术平均数的倒数,又称倒数平均数,有简单调和平均数和加权调和平均数两种。在社会经济统计中,主要使用的是权数为特定形式 $m=xf$ 的加权调和平均数。这里,我们把调和平均数作为算术平均数的变形使用,它仍然是依据算术平均数的基本公式——标志总量除以单位总量来计算的。其计算公式和它与算术平均数的关系如下:

$$\overline{x}=\frac{\sum m}{\sum \frac{m}{x}}=\frac{\sum xf}{\sum \frac{1}{x}xf}=\frac{\sum xf}{\sum f} \qquad (4-11)$$

上式表示,加权算术平均数以各组单位数(f)为权数、加权调和平均数以各组标志总量(m)为权数,但计算内容和结果都是相同的。作为算术平均数变形的加权调和平均数,一般运用于没有直接提供被平均标志值的单位数的场合,以下举例说明。

例 1 某厂收购某农产品的收购价及计算平均收购价如下:

表 4-7 某厂收购某农产品的收购价情况

收购等级	收购价 x（元/千克）	收购金额 m（元）	收购量 $\frac{1}{x}\cdot m$（千克）
1	10	20 000	2 000
2	8	24 000	3 000
3	6	15 000	2 500
合　计	—	59 000	7 500

则平均收购价为：

$$\text{平均收购价} = \frac{\sum m}{\sum \frac{m}{x}} = \frac{59\ 000}{7\ 500} = 7.87(\text{元})$$

这里,相应的单位数——收购数没有直接给定,只能采取收购价倒数与收购金额总额相乘得出收购量,按调和平均数方法计算。

例2 某汽车先以每小时 75 km 的速度行驶 225 km,余下 160 km 以 80 km 的时速驶完。试计算该汽车跑完全部 385 km 行程的平均速度。

表 4-8 某汽车速度、行程分配情况

行驶速度 x(km/h)	行驶里程 m(km)	行驶时间 $\frac{m}{x}$(h)
75	225	3
80	160	2
合　计	385	5

平均行驶速度为：

$$\text{平均行驶速度} = \frac{\sum m}{\sum \frac{m}{x}} = \frac{385}{5} = 77(\text{km/h})$$

如果按算术平均数计算,就要把"行驶里程"当成单位数(f),但它与速度相乘并不构成标志总量,因为既无物理意义,又无经济意义。所以这里所缺的是单位数——行驶时间的数据,应按调和平均数来计算。

例3 前面举过例子,当已知各企业组计划完成程度及其相应的实际完成数时,全集团公司平均计划完成程度用加权调和平均数方法,见表 4-9：

表 4-9 某集团各企业计划完成情况

计划完成程度 （％）	组中值 x （％）	企业数	实际完成数 m （万元）	计划任务数 $\frac{m}{x}$ （万元）
90～100	95	5	95	100
100～110	105	8	840	800
110～120	115	2	115	100
合　计	—	15	1 050	1 000

$$\text{平均计划完成程度} = \frac{\sum m}{\sum \frac{m}{x}} = \frac{1\ 050}{1\ 000} = 1.05 \text{ 或 } 105\%$$

例2、例3说明:根据相对数或平均数来计算平均数,当所掌握的权数是相对数或平均数的子项数据时,应采用调和平均数计算;当所掌握的权数是相对数或平均数的母项数据时,应采用算术平均数计算。

可以想象,在运用调和平均数时,所有标志值的权数都相等,因而可以用简单调和平均数代替加权调和平均数。即当 $m_1 = m_2 = \cdots = m_n$ 时,

$$\bar{x} = \frac{\sum m}{\sum \frac{m}{x}} = \frac{nm}{m\sum \frac{1}{x}} = \frac{n}{\sum \frac{1}{x}}$$

式中,n 为被平均的标志值项数。

上面关于速度问题的例子,如果以不同速度行驶的各段路程相等,就可以采用简单调和平均数求平均速度:

$$\bar{x} = \frac{n}{\sum \frac{1}{x}} = \frac{2}{\frac{1}{75} + \frac{1}{80}} = 77.4 \text{(km/h)}$$

众数、中位数的计算

前面表明,算术平均数和调和平均数是根据总体所有单位的标志值计算的。而众数和中位数是根据处于特殊位置的一部分标志值计算的,所以说它们是两个位置平均数。以下分别说明:

(一)众数的计算 众数是现象总体中最普遍出现的标志值。因此,在分配数列中,具有最多次数的那个组的标志值就是众数值。在实际统计工作中,可以利用众数表明现象的一般水平。例如,为了掌握集市上某商品价格水平,可不必登记该商品的全部贸易量和贸易额而加以平均,只用该日市场上最普遍的成交价格。假定市场上某商品最多成交量价格为每斤 5 元,5 元即可用来代表这种商品价格的一般水平。

根据单项式分组数列的资料确定众数,找出出现次数最多的标志值即可。例如某村农民家庭按儿童人数分组:

表 4-10 按儿童数分组的家庭数分布情况

家庭按儿童数分组(个/户)	家庭数(户)
0	20
1	60
2	150
3	90
4	40

续表

家庭按儿童数分组(个/户)	家庭数(户)
合　计	360

在这个例子中,众数就是2个儿童,因为这个标志值所对应的次数最多。

对于组距式分组资料,在确定众数所在组后,还要进行具体计算,以求得近似的众数值。下面以某乡农民家庭月人均纯收入的资料来说明众数的计算方法,见表4-11。

表4-11　按月人均纯收入分组的农民家庭户数分布情况

农民家庭按月人均纯收入分组(元)	农民家庭数(户)
3 500 以下	240
3 500～4 000	480
4 000～4 500	1 050
4 500～5 000	600
5 000～5 500	270
5 500～6 000	210
6 000～6 500	120
6 500 以上	30
合　计	3 000

为求众数,首先确定数列的众数组。本例最多次数所对应的组,其标志值为4 000～4 500元,即众数组。具体的众数值按下列公式近似地确定:

$$m_0 = L_{m_0} + d_{m_0} \frac{f_{m_0} - f_{m_0-1}}{(f_{m_0} - f_{m_0-1}) + (f_{m_0} - f_{m_0+1})} \qquad (4-12)$$

式中:m_0代表众数,L_{m_0}代表众数组下限,d_{m_0}代表众数组组距,f_{m_0-1}代表众数组前一组的次数,f_{m_0}代表众数组的次数,f_{m_0+1}代表众组后一组的次数。

按照这个公式,本例的众数为:

$$m_0 = 4\ 000 + 500 \times \frac{1\ 050 - 480}{(1\ 050 - 480) + (1\ 050 - 600)} = 4\ 000 + 279.4 = 4\ 279.4(元)$$

这个公式表示的意思是:众数组的下限需要加上众数组组距的一部分数量,这一部分数量取决于前一组与后一组频数的大小。上面的计算是4 000加上279.4,也就是占了组距(500)的半数以上,因为后一组的频数(600)大于前一组的频数(480)。

众数的计算必须满足一定的条件,即如果遇到所有标志值的频数都是一样的分配数列,则不存在众数。在单位数不多或一份无明显集中趋势的资料中,众数的测定是没有意义的。在某些场合,不是一个标志值而是两个标志值具有最大的频数,那就是两个众数,属于双众数分配数列。双众数分布从被研究标志方面来看,可以说总体不具有同质性。而组距、组数改变了,众数也会随之变动。

(二)中位数的计算 如果把现象总体中的各单位标志值按大小顺序排列,处于数列中点位置的标志值就是中位数。中位数的概念表明,数列中有一半单位的标志值小于中位数,另一半单位的标志值大于中位数。在许多场合,中位数用来表示现象的一般水平。例如根据 1990 年人口普查资料,我国人口年龄中位数为 25.25 岁,这个数字反映了我国人口年龄结构的水平。又如在研究社会居民收入水平时,居民收入中位数比平均收入更能代表居民收入水平。

在标志值未经分组的情况下,确定中位数的方法是相对简单的:先把各单位按标志值大小顺序排列,如果总体单位数为奇数,则处于 $\frac{n+1}{2}$(n 代表总体单位数)位置的标志值是中位数;如果总体单位数为偶数,那么中位数就是位次为 $\frac{n}{2}$ 和 $\frac{n}{2}+1$ 的两个标志值的平均数。例如甲、乙两班组工人分别为 11、12 人,每人日产零件数如下:

甲班组:15,17,19,20,22,22,23,23,25,26,30;

乙班组:15,16,17,17,19,20,22,22,23,25,26,28。

甲组中位数位置为 $\frac{11+1}{2}=6$,即第 6 个工人的日产量 22 件为中位数。

乙组中位数位置为 $6\left(\frac{12}{2}=6\right)$ 与 $7\left(\frac{12}{2}+1=7\right)$ 之间,即第 6 个和第 7 个工人日产量的算术平均数 $21\left(\frac{20+22}{2}\right)$ 件为中位数。又如表 3-9 所举的例子,按各住户使用面积从小到大排列,可以确定中位数为 $73.05\left(\frac{72.3+73.8}{2}\right)$ m²。

在资料经过分组编成单项式分配数列的情况下,也是按上面所讲的方法确定中位数的位置的。例如上面某村农民家庭按儿童人数分组的例子,中位数的位置是在第 180 和第 181 户家庭之间,即:

$$\frac{\sum f}{2}=\frac{360}{2}=180 \text{ 和 } \frac{\sum f}{2}+1=\frac{360}{2}+1=181$$

因为总体已经分了组,所以以 $\sum f$ 代表总体单位数。

现在把家庭做自下而上累计到第三组(20+60+150),即已超过 181,表示中位数是 2 个儿童。

在组距数列的条件下计算中位数较为复杂。我们用表 4-11 计算众数的组距分组资料来说明其计算方法。

先确定中位数所在组。为了确定分配数列中的中点位置,要把整个数列的总次数除以 2,即 3 000÷2＝1 500,它说明了中位数应为这个数列中的第 1 500 户农民家庭的月人均纯收入。我们知道,在组距分配数列中,各组距数值已按大小顺序排列,这样,计算各组累计农民家庭户数,至第二组止为 240＋480＝720 户,至第三组止为 720＋1 050＝1 770 户,可见,第三组包括第 721 户至第 1 770 户,第 1500 户就在这一组里,即中位数应也当在月人均纯收入 4 000～4 500 元的组内。

我们假定中位数所在组的各个数值均匀地分布着,这样,可通过中位数在该组内的位次按比例推算它的近似值。中位数在该组内的位次应为 1 500－720＝780,它与全组农民家庭户数的比例为 780÷1 050＝0.743,按该组组距数值 4 500－4 000＝500 推算,则为 500×0.743＝371.5。于是,由中位数所在组的下限数值加上这个数字,即 4 000＋371.4＝4 371.4,就可以求得中位数。

以上计算过程可以概括为如下计算中位数的公式:

$$m_e = L_{m_e} + d_{m_e} \frac{\frac{\sum f}{2} - S_{m_e-1}}{f_{m_e}} \quad (4-13)$$

式中:L_{m_e} 代表中位数组的下限,d_{m_e} 代表中位数组组距,$\sum f$ 代表数列频数总和,S_{m_e-1} 代表累计至中位数所在组前一组止的频数,f_{m_e} 代表中位数所在组的频数。

根据表 4-11 按公式计算中位数如下:

$$m_e = 4\ 000 + 500 \times \frac{\frac{3\ 000}{2} - 720}{1\ 050} = 4\ 371.4(元)$$

注意,众数、中位数也可以按频率数据计算,如果表 4-11 给定的是各组农户百分比资料,据此计算,结果是相同的。

从以上关于众数和中位数的计算来看,它们不像算术平均数那样,把总体各个单位标志值差异抵消,因而应该把它们看成对现象总体一般水平描述的重要补充指标。

在实践中,众数和中位数常用来代替算术平均数,或者与算术平均数同时使用。当现象总体包括极大或极小标志值的单位时,尤其适合于计算众数和中位数。因为这些对于总体不太有代表性的标志值会影响算术平均数的数值,但不影响众数和中位数值。众数与中位数也就成为非常有价值的统计分析指标。

> 算术平均数、众数、
> 中 位 数 的 关 系

算术平均数、众数、中位数三者在数量上的关系取决于分配数列的分布情况。

在正态分布的情况下,标志值的分布以算术平均数为中心,两边对称分配,离中心愈远的标志值次数愈少,愈靠近中心的标志值次数愈多,形成钟形分布,这时中位数、众数和算术平均数完全相等。

在偏态分布的情况下,即总体出现特大或特小的极端标志值使分布曲线不再是对称的情况下,极端标志值对于众数、中位数和算术平均数的影响是不同的:众数不受极端值的影响;中位数只受极端值所引起中间位置变动的影响,而不受标志值大小的影响;极端值对算术平均数影响最大。因此当有特大的标志值出现时,算术平均数向右远离众数,中位数次之,如图 4-1 所示。有下列不等式关系:

$$m_0 < m_e < \bar{x} \tag{4-14}$$

这种分布的偏斜称为右偏斜或正偏斜。

当有特小的标志值出现时,也是算术平均数最敏感:向左远离众数,中位数次之,如图 4-2 所示。有下列不等式关系:

$$m_0 > m_e > \bar{x} \tag{4-15}$$

这种分布的偏斜称为左偏斜或负偏斜。

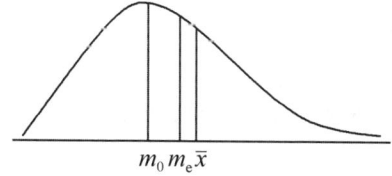 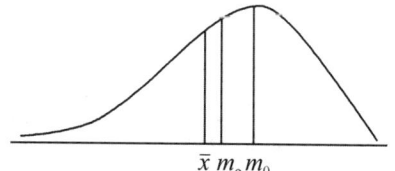

图 4-1 右偏斜(E 偏斜)分布示意　　**图 4-2 左偏斜(E 偏斜)分布示意**

不论何种偏斜,中位数总是在众数与算术平均数之间。经验表明,在适度偏斜的情况下,众数与中位数的距离约为中位数与算术平均数距离的 2 倍。即:

$$2(\bar{x} - m_e) = m_e - m_0$$
$$2(m_e - \bar{x}) = m_0 - m_e$$

则:

$$m_0 = 3m_e - 2\bar{x}$$

$$m_e = \frac{1}{3}(m_0 + 2\bar{x})$$

$$\bar{x} = \frac{1}{2}(3m_e - m_0)$$

如果知道其中两个数,就可利用上述关系式近似地估计第三个数,并可判断其偏态方向。例如,某企业工人月收入 1 200 元的人数最多,平均收入为 1 500 元,则月收入的中位数近似值是:

$$m_e = \frac{1}{3}(m_0 + 2\bar{x}) = \frac{1}{3} \times (1\,200 + 2 \times 1\,500) = 1\,400(元)$$

其关系为 $m_0 < m_e < \bar{x}$,表明是右偏分布。

又如,某批轴承,有半数的直径大于 68 mm,经测试出现最多的为 72 mm,可以估计轴承直径的算术平均长度为:

$$\bar{x} = \frac{1}{2}(3m_e - m_0) = \frac{1}{2} \times (3 \times 68 - 72) = 66(\text{mm})$$

其关系为 $\bar{x} < m_e < m_0$,表明是左偏斜分布。

第四节 变异指标

变异指标的意义

变异指标又称标志变动度,综合反映总体各个单位标志值差异的程度。

我们对现象总体的规模和一般水平的认识,可以借助于总量指标和平均指标。但这些指标都不能反映各单位的差异情况,而是把各单位的差异抽象化了。即使是相同的总量指标和平均指标也可能掩盖极其显著的差异事实。这样对于总体的认识就不能说是全面的。下面举一个简单的例子来说明。表 4-12 是甲、乙两城区房屋按层数分组的分配数列:

表 4-12 甲、乙城区房屋按层数分组的分布情况

房屋层数 x(层)	房屋数量 f		xf	
	甲	乙	甲	乙
1	9	3	9	3
2	0	7	0	14
3	1	14	3	42
4	4	28	16	112
5	160	73	800	365
6	76	46	456	276
7	0	25	0	175
8	3	11	24	88
9	4	2	36	18
合　计	257	209	1 344	1 093

由表 4-12 可知,甲、乙两区房屋总量并不相同,而且它们按层数分配的特征也很不同。例如甲区 5 层房屋的比重为 62.3%(160/257),乙区则为 34.9%(73/209);同时,乙区 1~9 层的房屋都有,而甲区却没有 2 层和 7 层的房屋。但是,这两区房屋的平均层数是相同的:

$$\bar{x}_甲 = \frac{1\ 344}{257} = 5.23(层)$$

$$\bar{x}_乙 = \frac{1\ 093}{209} = 5.23(层)$$

显然,5.23 这个平均层数掩盖两区房屋方面的特殊性。所以我们有必要探讨总体各单位标志值变化的差异程度,以便从另一方面说明总体的特征。变异指标正是用来说明总体中各单位标志值之间的差异程度或标志值分布的变异情况,所以变异指标是说明总体的另一个重要指标。

变异指标在统计分析研究中的作用主要有如下几方面:

第一,变异指标反映总体各单位标志值分布的离中趋势。我们说总体各个单位的标志值总是围绕着自身的平均值这一中心变动。例如价格围绕着价值(作为平均价格)上下波动。所以平均指标反映总体各单位标志值的集中趋势。而变异指标则表明总体各单位标志值的分散程度,对于变动中心,也就是反映标志值的离中趋势。例如价格背离价值的平均程度。变异指标值愈大,说明标志值的分布愈分散,总体的同质性一般来说也愈差。

第二,变异指标可以说明平均指标的代表性程度。平均指标作为总体各单位标志值一般水平的代表,其代表性的高低随着标志值的差异程度不同而有很大区别。上面两区房屋的例子中,平均层数同是 5.23 层,对两区具有不

同程度的代表性和可靠性,通过比较这两个区的5层房屋的数量(最接近于平均指标的标志值)就可证实这一点。显然,5.23层这个平均层数对于甲区是更有代表性的平均指标。一般地说,标志变异愈大,说明平均数的代表性愈低;标志变异愈小,说明平均数的代表性愈高。把平均指标与变异指标结合起来运用,才能使统计分析更完整,内容更充实,从而能更深刻地认识所研究现象的本质。

第三,变异指标说明现象变动的均匀性或稳定性。例如考察工业企业的生产情况,在研究生产计划完成程度的基础上,利用变异指标可以测定生产过程的均匀性程度。如果发现时间数列中各时期(如每日、每旬、每月)的产量差异变动很大,说明该企业生产的均匀性差,或前松后紧,或时作时辍,生产中存在着突击现象,执行计划时缺乏节奏性,应该采取措施纠正这一现象。又如对某一新品种的种子做试验,除确定这一品种作物所达到的平均收获水平外,还要研究它在生产中的稳定程度。如果这种作物在各地块上的收获率和平均水平比较接近,差异程度较小,说明该品种作物在产量上具有较大的稳定性,标志着该品种为良种作物并可以推广种植。

变异指标的计算方法　全距、平均差和标准差是主要的变异指标,下面分别介绍它们的特点和计算方法。

(一)全距　测定标志变异程度的最简单指标是全距,它是标志的最大值与最小值之差,以 R 表示。

$$R = x_{max} - x_{min} \tag{4-16}$$

依据上面资料,某生产班组11个工人日产零件数为15,17,19,20,22,22,23,23,25,26,30,其中最高日产零件数为30件,而最低日产零件数只有15件。变异全距 $R=30-15=15$ 件。

如果资料为组距数列,可以用最高组上限和最低组下限之差来近似地表示全距。

全距的优点在于计算方便,意义明确。它是测定标志变动度的简便方法。在实际工作中,全距可用于工业产品质量的检查和控制。在正常的生产条件下,产品质量性能指标如强度、硬度、浓度、长度等的差距总是在一定的范围内波动的。如果差距超过一定范围,就说明生产可能出现问题,必须采取防范措施。利用全距指标进行产品质量检查和控制,可以及时发现问题,采取相应措施,保证生产正常进行。

但是,全距表示总体变动的范围,只是最一般地表示被研究标志的变动,因为它说明的只是极端标志值之间的差异。它不受中间标志值的影响,更与变量数列的次数分布状况无关;而它只取决于极端标志值,又使其具有偶然性。因而它不能全面反映各单位标志的变异程度,也不能用以评价平均指标的代表性程度。

(二)平均差 全距的不足告诉我们,应该有一个能把总体各单位标志值的变异都综合起来的指标,以便对总体标志变异程度进行客观、全面的评定,这就是运用算术平均数形式的平均差。

平均差是测定标志值变异程度的另一种指标。它是各单位标志值对算术平均数的离差绝对值的算术平均数,又称平均离差,用 MD 表示。

根据资料是否分组,可有不加权和加权两种计算公式:

$$未分组计算:MD=\frac{\sum|x-\bar{x}|}{n} \quad (4-17)$$

$$分组计算:MD=\frac{\sum|x-\bar{x}|f}{\sum f} \quad (4-18)$$

下面分别举例说明:

例1 根据上面所举某生产班组 11 个工人日产零件数资料计算平均差(见表 4-13)。

表 4-13 其生产班组以日产零件资料平均差计算

日产零件 x(件)	$x-\bar{x}$	$\lvert x-\bar{x} \rvert$
(1)	(2)=(1)−22	(3)=|(2)|
15	−7	7
17	−5	5
19	−3	3
20	−2	2
22	0	0
22	0	0
23	1	1
23	1	1
25	3	3
26	4	4
30	8	8
合计	0	34

$$\bar{x}=\frac{\sum x}{n}=\frac{15+17+19+\cdots+30}{11}=\frac{242}{11}=22(件)$$

$$MD=\frac{\sum|x-\bar{x}|}{n}=\frac{34}{11}=3.1(件)$$

例2 某车间200个工人按日产量分组编成分配数列,试计算平均差(见表4-14)。

表4-14 某车间200个工人按日产量分组分布情况

日产量 (kg)	工人数 f (人)	组中值 x (kg)	xf	$x-\bar{x}$	$|x-\bar{x}|$	$|x-\bar{x}|f$
(1)	(2)	(3)	(4)= (3)×(2)	(5)= (3)-42	(6)= |(5)|	(7)= (6)×(2)
20～30	10	25	250	-17	17	170
30～40	70	35	2 450	-7	7	490
40～50	90	45	4 050	+3	3	270
50～60	30	55	1 650	+13	13	390
合计	200	—	8 400	—	40	1 320

$$\bar{x}=\frac{\sum xf}{\sum f}=\frac{8\ 400}{200}=42(\text{kg})$$

$$MD=\frac{\sum|x-\bar{x}|f}{\sum f}=\frac{1\ 320}{200}=6.6(\text{kg})$$

计算结果表明,平均差愈大,标志变动程度愈大;平均差愈小,标志变动程度愈小。

平均差之所以需要运用变量对平均数离差的绝对值来计算,是因为算术平均数的数学性质告诉我们,这些离差的代数和为零,即$\sum(x-\bar{x})=0$,不取绝对值就无从计算平均差。但是取绝对值计算不符合代数方法的演算,所以在统计研究中较少使用。

(三)标准差 标准差又称均方差,是测定标志变异最主要的指标。总体各单位的标志值对算术平均数离差的平方的算术平均数称为方差。方差的平方根即为均方差。用σ表示。

根据资料是否分组,可有不加权和加权两种计算公式:

$$\text{未分组计算}:\sigma=\sqrt{\frac{\sum(x-\bar{x})^2}{n}} \qquad (4-19)$$

$$\text{分组计算}:\sigma=\sqrt{\frac{\sum(x-\bar{x})^2 f}{\sum f}} \qquad (4-20)$$

下面分别举例说明:

例1 仍以某生产班组11个工人日产零件数的资料计算均方差:

表 4-15　某生产班组工人日产零件数均方差计算

日产零件 x(件)	$x-\bar{x}$	$(x-\bar{x})^2$
(1)	(2)=(1)-22	(3)=(2)²
15	-7	49
17	-5	25
19	-3	9
20	-2	4
22	0	0
22	0	0
23	+1	1
23	+1	1
25	+3	9
26	+4	16
30	+8	64
合计	—	178

$$\sigma = \sqrt{\frac{\sum(x-\bar{x})^2}{n}} = \sqrt{\frac{178}{11}} = 4.02(\text{件})$$

例 2　也以某车间 200 个工人按日产量分组编成分配数列计算均方差：

$$\sigma = \sqrt{\frac{\sum(x-\bar{x})^2 f}{\sum f}} = \sqrt{\frac{12\,200}{200}} = 7.8(\text{kg})$$

表 4-16　某车间工人按日产量分组的分配数列均方差计算

日产量 (kg)	工人数 f (人)	组中值 x (kg)	$x-\bar{x}$	$(x-\bar{x})^2$	$(x-\bar{x})^2 f$
(1)	(2)	(3)	(4)=(3)-42	(5)=(4)²	(6)=(5)×(2)
20～30	10	25	-17	289	2 890
30～40	70	35	-7	49	3 430
40～50	90	45	+3	9	810
50～60	30	55	+13	169	5 070
合计	200	—	—	516	12 200

下面讨论两个均方差计算的问题:

1. 方差的简捷计算。方差简捷计算方法是变量平方平均数与变量平均数平方之差。即: $\sigma^2 = \overline{x^2} - (\overline{x})^2$,证明如下:

$$\sigma^2 = \frac{\sum(x-\overline{x})^2}{n} = \frac{\sum[x^2 - 2x\overline{x} + (\overline{x})^2]}{n}$$

$$= \frac{\sum x^2 - 2\overline{x}\sum x + n(\overline{x})^2}{n} = \frac{\sum x^2}{n} - \left(\frac{\sum x}{n}\right)^2$$

$$= \overline{x^2} - (\overline{x})^2$$

有权数时

$$\sigma^2 = \frac{\sum x^2 f}{\sum f} - \left(\frac{\sum xf}{\sum f}\right)^2$$

所以

$$\sigma = \sqrt{\overline{x^2} - (\overline{x})^2} \qquad (4-21)$$

或 $\sigma = \sqrt{\dfrac{\sum x^2 f}{\sum f} - \left(\dfrac{\sum xf}{\sum f}\right)^2} \qquad (4-22)$

例1 就以表 4-16 的例子来看,计算过程如下:

表 4-17 某车间工人按日产量分组的分配数列的均方差计算

日产量(kg)	工人数 f(人)	组中值 x(kg)	xf	$x^2 f$
(甲)	(1)	(2)	(3)=(2)×(1)	(4)=(2)×(3)
20~30	10	25	250	6 250
30~40	70	35	2 450	85 750
40~50	90	45	4 050	182 250
50~60	30	55	1 650	90 750
合计	200	—	8 400	365 000

$$\sigma = \sqrt{\frac{365\ 000}{200} - \left(\frac{8\ 400}{200}\right)^2} = 7.8(\text{kg})$$

例2 根据 25 家工厂的资料,采购环节流动资金周转的平均天数为 52 d,这个指标的平方平均等于 2 804。试确定采购环节资金周转时间的均方差。

计算如下:

$$\sigma = \sqrt{\overline{x^2} - (\overline{x})^2} = \sqrt{2\ 804 - 52^2} = 10(\text{d})$$

2.是非标志的方差(成数方差)。可以证明是非标志方差 $\sigma_p^2 = P(1-P)$，标准差 $\sigma_p = \sqrt{P(1-P)}$。请看表4-18：

表4-18 是非标志的方差计算

是非标志	x	f	$x-\bar{x}$	$(x-\bar{x})^2$	$(x-\bar{x})^2 f$
是	1	N_1	$1-P$	$(1-P)^2$	$(1-P)^2 N_1$
非	0	N_0	$0-P$	$(0-P)^2$	$(0-P)^2 N_0$
合计	—	N	—	—	$Q^2 P + P^2 Q$

$$\frac{\sum[(x-\bar{x})^2 f]}{\sum f} = \frac{(1-P)^2 N_1 + (0-P)^2 N_0}{N}$$

$$= Q^2 P + P^2 Q = PQ(P+Q) = PQ = P(1-P)$$

$$\sigma_p = \sqrt{P(1-P)} \tag{4-23}$$

例1 就表4-16的例子来看,假定工厂规定工人"日产量在40 kg以上"算超定额完成生产任务,那么它的方差是多少？

这里 $P = \frac{90+30}{200} = 0.6(60\%)$，可见

$$\sigma_p^2 = P(1-P)$$
$$= 0.6 \times 0.4 = 0.24(24\%)$$
$$\sigma_p = \sqrt{0.6 \times 0.4} = 0.49(49\%)$$

就是说,成数(比重)方差为0.24,成数标准差为0.49。

例2 已知学生统计学的及格率70%,求其合格率的方差和标准差。

$$\sigma_p^2 = P(1-P) = 70\% \times 30\% = 21\%$$
$$\sigma_p = \sqrt{P(1-P)} = \sqrt{70\% \times 30\%} = 46\%$$

以上计算结果表明,均方差愈大,标志变动程度愈大；均方差愈小,标志变动程度愈小。

均方差与平均差一样,考虑到总体所有单位标志值的变异,计算均方差时对标志值与算术平均数的离差加以平方,是为了消除正负符号的影响；对离差平方和求其平均数并开方,就恢复了原来的计量单位。均方差同其他变异指标比较有较多优点,所以得到了广泛的运用。

(四)变异系数 全距、平均差和标准差都有与平均指标相同的计量单位,也就是与各单位标志值的计量单位相同。各种变异指标都是反映总体各单位标志变异的绝对指标,其数值的大小还要受总体单位标志值本身水平高低的影响。为了对比分析不同水平的变量数列之间标志的变异程度,就不宜

直接通过变异指标比较其标志变动的大小,还必须消除平均水平高低的影响,才能真正反映出不同水平的变量数列的离散程度。这就需要计算变异系数,即变异指标与算术平均数之比的相对变异指标,可有全距系数、平均差系数和标准差系数。常用的是标准差系数用 V_σ 表示,计算式如下:

$$V_\sigma = \frac{\sigma}{\bar{x}} \tag{4-24}$$

例如,甲、乙两个农场平均粮食亩产分别为 300 kg、400 kg;标准差分别为 7.5 kg、9 kg,甲农场的均方差小,甲农场亩产 300 kg 的生产水平似乎更具有代表性。但如果计算标志变动系数,甲农场 $V_\sigma = \frac{7.5}{300} \times 100\% = 2.5\%$,乙农场 $V_\sigma = \frac{9}{400} \times 100\% = 2.25\%$,可以看出,乙农场亩产的离散系数比甲农场小,可见乙农场的亩产不但高,且各地块产量比甲农场稳定,因而乙农场亩产 400 kg 也更具有代表性。

注意,成数的标准差系数是 $\sqrt{P(1-P)}/P$。

在统计实践中,经常需要比较不同标志的变异,而变异系数提供了广泛比较的可能性。比如前面例子中不同城区房屋层数的变异,又如同一地区的小麦和稻谷收获率的变异,通过变异系数来比较是不成问题的。而如工人的年龄与技能、工龄与工资级别、农田施肥量与收获率等标志变异的比较,似乎是不可想象的。但是相对指标的理论启发了我们:用变异系数完全可以比较这些标志的变异程度。所以,变异系数既可以用于比较不同现象总体同一标志的变异,也可用于比较同一总体不同标志的变异。

总方差 组间方差 和 组 内 方 差

我们知道,总体分组之后,各组平均数的平均数会等于总体平均数,但是各组内的方差的平均数是不能等于总体方差的。显然,总体方差还包含组与组之间的变异,即组间方差。组间方差实质上是组平均数之间的差异。因而就产生了"方差加法定理":

$$\sigma^2 = \delta^2 + \overline{\sigma_i^2}, \tag{4-25}$$

即总方差等于组间方差加上组内方差的平均数。组内方差之所以要平均,是因为分了多少个组就有多少个组内方差,只有平均起来,才能综合反映组内标志变异的一般水平。举个例子,调查某城市 8 个家庭的住房面积的资料如下:

表 4-19 某市 8 个家庭的住房面积分组计算

住房面积 x(m²)		平均 $\overline{x_i}$	$x-\overline{x}$	$(x-\overline{x})^2$	$x_i-\overline{x_i}$	$(x_i-\overline{x_i})^2$
一组	40	55	−40	1 600	−15	225
	50		−30	900	−5	25
	60		−20	400	5	25
	70		−10	100	15	225
二组	90	105	10	100	−15	225
	100		20	400	−5	25
	110		30	900	5	25
	120		40	1 600	15	225
合计	640		80	—	6 000	—	—

$$\sigma^2=\frac{\sum(x-\overline{x})^2}{n}=\frac{6\ 000}{8}=750(n\text{ 为户数})$$

组间方差 $\delta^2=\dfrac{\sum(\overline{x_i}-\overline{x})^2}{k}=\dfrac{(55-80)^2+(105-80)^2}{2}$

$$=\frac{625+625}{2}=625(k\text{ 为组数})$$

组内方差 $\sigma_i^2=\dfrac{\sum(x_i-\overline{x_i})^2}{n_i}$

一组 $\sigma_1=\dfrac{\sum(x_i-\overline{x_i})^2}{n_1}=\dfrac{225+25+25+225}{4}=125$

二组 $\sigma_1=\dfrac{\sum(x_i-\overline{x_i})^2}{n_2}=\dfrac{225+25+25+225}{4}=125$

组内方差平均数 $\overline{\sigma_i^2}=\dfrac{\sum\sigma_i^2}{k}=\dfrac{125+125}{2}=125$

因为 $\sigma^2=750$

$\delta^2+\overline{\sigma_i^2}=625+125=750$

所以可以验证 $\sigma^2=\delta^2+\overline{\sigma_i^2}$

在分析分组(依存关系分组)条件下,则可借助方差加法定理,把分组标志视为原因标志,以研究它对结果标志的影响。

根据某城市居民家计调查的结果,将 500 户居民按年收入水平分组后,得到年收入和恩格尔系数之间的关系资料如下:

表 4-20 某市 500 户居民的年收入和恩格尔数关系

年收入（万元）	户数 n_i（户）	平均恩格尔系数 $\overline{x_i}$（%）	恩格尔系数方差 σ_i^2	恩格尔系数均方差 σ_i（%）
12 以下	140	55.79	131.53	11.47
12～15	280	46.54	149.43	12.22
15 以上	80	37.38	150.61	12.27
合　计	500	47.66	—	—

$$\delta^2 = \frac{\sum(\overline{x_i}-\overline{x})^2 n_i}{\sum n_i} = \frac{\sum \overline{x_i^2} n_i}{\sum n_i} - (\overline{x})^2$$

$$= \frac{55.79^2 \times 140 + 46.54^2 \times 280 + 37.38^2 \times 80}{500} - 47.66^2$$

$$= 36.1$$

$$\overline{\sigma_i} = \frac{\sum \sigma_i^2 n_i}{\sum n_i} = \frac{131.53 \times 140 + 149.43 \times 280 + 150.61 \times 80}{500}$$

$$= 144.61$$

下面我们把组间方差与总方差进行对比，得出所谓的"经验判定系数"：

$$\eta^2 = \frac{\delta^2}{\sigma^2} \tag{4-26}$$

本例 $\eta^2 = \frac{36.12}{36.1+144.61} = 0.2$。这表明恩格尔系数下降程度的不同有 20% 由年收入高低程度不同来解释。

经验判定系数的开方即相关比 $\eta = \sqrt{\eta^2} = \sqrt{0.2} = 0.447$，这说明居民年收入水平提高和恩格尔系数的下降有明显的关系。

思考与练习

1. 如何认识统计中的综合指标？
2. 什么是总量指标？如何分类？它在社会经济统计中作用如何？
3. 统计中常用的相对指标有几种？各有什么作用？
4. 结构相对指标、比例相对指标和比较相对指标有什么不同的特点？强度相对指标和其他相对指标主要区别何在？
5. 当计划任务用提高或降低百分比表示时，如何确定计划完成程度？

6.统计中平均指标有几种？算术平均数为什么是计算平均指标的最常用方法？

7.如何理解权数的意义？在什么情况下，应用简单算术平均数和加权算术平均数计算的结果是一样的？

8.加权算术平均数和加权调和平均数之间的关系如何？什么情况下加权调和平均数等于简单调和平均数？

9.什么是众数和中位数？它们与算术平均数的关系如何？

10.什么是标志变动度？测定标志变动度的指标有哪些？它们各有什么特点？

11.为什么既要计算变异指标，又要计算变异系数？

12.是非标志平均数及其方差怎样计算？举例说明。

13.总方差、组内方差、组间方差的关系如何？

14.某公司皮鞋产量资料如下：

单位：万双

类别	2015 年	2016 年		
		计划	实际	重点企业产量
成年皮鞋	6.4	8.8	9.4	4.3
儿童皮鞋	5.1	5.7	6.1	2.3
合计	11.5	14.5	15.5	6.6

试计算所有可能计算的相对指标，并指出它们属于哪一种相对指标。

15.某工厂 2016 年上半年进货计划执行情况如下：

单位：吨

材料	全年进货计划	第一季度进货		第二季度进货	
		计划	实际	计划	实际
生铁	2 000	500	500	600	618
钢材	1 000	250	300	350	300
水泥	500	100	80	200	180

计算和分析：

(1)各季度进货计划完成程度；

(2)上半年进货计划完成情况；

(3)上半年累计计划进度执行情况。

16.某企业工业增加值计划完成了103%,比上期增长5%,试问增加值计划目标比上期增加多少?若该企业产品单位成本应在上期699元水平上降低12元,实际上本期单位成本672元,试确定降低单位成本的计划完成程度。

17.某企业2016年产品销售量计划为上年的108%,2015—2016年动态相对指标为114%,试确定2016年产品销售计划完成程度。

18.某企业2016年劳动生产率增长计划完成了102%,这一年劳动生产率为2015年的107%,试确定劳动生产率计划增长任务数。

19.有5个工厂生产某种同样的产品,它们的产量和消耗某种原料总量的资料如下:

企业	产量(万件)	原材料总消耗量(万千克)
甲	2.0	4.00
乙	3.0	6.75
丙	2.5	5.75
丁	3.0	7.35
戊	1.5	3.75

试计算原材料消耗的平均指标。

20.某厂50个工人,各级工人工资和工人数资料如下:

技术级别	月工资(元)	工人数(人)
1	3 546	5
2	3 552	15
3	3 560	18
4	3 570	10
5	3 585	2
合计	—	50

试计算工人的平均技术级别和平均月工资。

21.某车间工人操作机床台数的资料如下:

操作机床台数(台)	各组工人所占比重(%)
5	10
6	60
7	30

试计算工人平均操作机床台数。

22.今有30个企业商品产值费用如下：

每百元商品产值费用(元)	企业数(家)	商品产值(万元)
75以下	5	1 000
75~85	15	3 000
85~95	9	1 500
95以上	1	500
合计	30	6 000

试计算这30个企业每百元商品产值的平均费用。

23.根据集团公司所属的企业资金利润资料计算平均利润率：

利润率(%)	企业数(家)	资金(万元)
-5~0	2	250
0~5	3	300
5~10	10	1 500
10~15	5	2 500
合计	20	4 550

24.某企业按工人劳动生产率高低分组的生产班组数和工人数资料如下：

按工人劳动生产率分组(件/人)	生产班组(个)	生产工人数(人)
50~60	10	150
60~70	7	100
70~80	5	70
80~90	2	30
90以上	1	16
合计	25	366

试计算该企业工人平均劳动生产率。

25.甲、乙两农贸市场某农产品价格及成交量、成交额的资料如下：

品种	价格(元/千克)	甲市场成交额(万元)	乙市场成交量(万千克)
甲	1.2	1.2	2
乙	1.4	2.8	1
丙	1.5	1.5	1
合计	—	5.5	4

试问该农产品哪一个市场的平均价格比较高？请说明原因。

26.某市场某种蔬菜早市、午市、晚市每千克价格分别为 0.5 元、0.4 元、0.35 元,试在下面情况下求平均价格:(1)早市、午市和晚市销售量基本相同;(2)早市、午市和晚市销售额基本相同。

27.某公司两工厂工人按照技术级别分配如下:

技术级别	工人数(人)	
	甲厂	乙厂
1	220	200
2	540	500
3	420	430
4	450	450
5	200	220
6	100	110
7	50	60
8	20	30
合计	2 000	2 000

试确定这两个工厂和全公司工人技术级别的众数和中位数。

28.某地区粮食生产资料如下:

耕地按亩产分组(千克)	耕地面积(万亩)
350 以下	4.2
350～400	8.3
400～425	10.7
425～450	31.5
450～475	10.8
475～500	10.0
500 以上	4.5
合计	80.0

试计算该地区粮食耕地亩产众数和中位数。

29.抽样调查某地区林地上 100 株云杉,分组整理得到如下分配数列:

胸径(cm)	株数(株)
10～14	3
14～18	7
18～22	18
22～26	23
26～30	21
30～34	18
34～38	6
38～42	4
合计	100

试计算胸径全距、平均差、标准差和变异系数。

30.今有甲、乙两单位职工人数及工资资料如下：

甲单位		乙单位	
工资组(元)	职工人数(人)	工资组(元)	职工人数(人)
3 545	4	3 540	5
3 555	8	3 560	10
3 570	15	3 575	24
3 585	20	3 587	15
3 595	7	3 597	2
3 615	3	3 620	1
合计	57	合计	57

试问哪一个单位职工的平均工资更有代表性？

31.设两钢铁企业某月上旬的钢材供货资料如下：

单位：吨

企业	供货日期									
	1日	2日	3日	4日	5日	6日	7日	8日	9日	10日
甲企业	26	26	28	28	29	30	30	30	23	26
乙企业	15	15	17	18	19	19	18	16	16	17

试比较甲、乙两企业该月上旬供货的均衡性。

32.某农作物的两种不同良种在 5 个村生产条件基本相同的地块上试种,结果如下(1 亩 = 666.67 m²):

村庄	甲品种		乙品种	
	收获率 (千克/亩)	播种面积 (亩)	收获率 (千克/亩)	播种面积 (亩)
甲	475	11	350	9
乙	450	9	450	13
丙	550	10	560	15
丁	525	8	500	13
戊	500	12	604	10
合计		50		60

试测定这两个品种收获率哪一种具有较大的稳定性,指出哪一种较有推广价值。

33.下面各题为研究平均指标中的算术平均数、众数、中位数三者的关系。请根据已知两平均指标数据推算另一个未知平均指标,并确定其偏态。

(1)某市农民月人均纯收入达到 2 500 元,众数为 2 560 元。

(2)根据工时消耗的资料,工厂食堂午餐平均用时 13 min;中位数为 16 min。

(3)课程"统计学基础"考试结果,有半数考生的成绩在 80 分以上,其中得 84 分的考生最多。

34.利用第二章第 13 题的原始数据:

(1)计算月收入均值和中位数并推算其众数,确定其偏态。

(2)计算金融资产均值和中位数。这里众数的计算有意义吗?

(3)计算这两个指标的均方差,并通过均方差系数比较它们的变异状况。

35.利用第二章第 13 题的数据,经过分组后,计算了金融资产各组平均值和总平均值,还计算了各组均方差,得出如下的结果:

按月收入分组（元）	户数（户）	金融资产（万元）	
		平均值	均方差
（甲）	(1)	(2)	(3)
500 以下	3	0.98	0.155
500～1000	6	1.49	0.093
1000～1500	13	2.57	0.510
1500～2500	21	5.06	1.667
2500～3500	15	10.35	2.766
3500 以上	6	14.53	2.622
合计	64	6.16	

试根据以上数据计算：

(1) 组间方差和组内方差平均数；

(2) 总方差；

(3) 判定系数，指出家庭金融资产的差距原因由月收入水平来解释的程度。

36. 某城市居民 120 户住房面积调查的资料如下：

住房面积（米²/户）	户数（户）	住房面积（米²/户）	户数（户）
50 以下	10	80～90	10
50～60	15	90～100	15
60～70	20	100 以上	10
70～80	40	合计	120

试确定下面哪些符合是非标志的概念：住房面积 50 以下和 50 以上；住房面积 50～60 和 50～60 以外的各种住房面积；住房面积 50～60 和 60～70，80～100 和 100 以上。然后据以计算平均数。

37. 某城市人口按性别分布：

性别	人数的比重（%）	人数（万人）
男	55	66
女	45	54
合计	100	120

试计算：
(1)是非标志平均数(男性人口平均比重)；
(2)是非标志方差(男性人口比重方差)；
(3)是非标志变异系数(男性人口比重均方差系数)。

第五章 抽样推断

本章的目的在于提供一套利用抽样数据来推断总体数量特征的方法。通过本章的学习要求理解:(1)什么是抽样推断,抽样推断包括抽样估计与假设检验。(2)抽样误差是怎样产生的,如何计算,如何确定一定误差范围的置信度;(3)抽样估计的优良标准是什么,怎样估计总体的平均数和成数;(4)假设检验的基本思路,显著性水平在假设检验中的作用,运用双侧检验与单侧检验的方法;(5)抽样的组织形式及其误差的计算。

第一节 抽样推断的一般问题

抽样推断的意义　抽样推断是在抽样调查的基础上,根据样本的实际资料推断总体数量特征的一种统计分析方法。具体说,它是按随机原则从研究对象全体中抽取一部分单位进行观察,获得各项实际数据;并进一步运用数理统计的原理,根据抽样调查各单位实际数据,计算抽样指标,对全体研究对象的数量特征做出具有一定可靠程度的估计和判断,以达到对现象总体的认识。

如果说前面各章的统计方法都是研究如何根据全面资料描述总体的数量特征,这一章所研究的方法则是如何根据已知的部分资料推断未知的总体情况。它无论在理论上还是方法上都有显著的特点。抽样推断方法的特点可以概括为以下几方面:

第一,抽样推断是由部分推算整体的一种研究方法。就目的而言,我们是要认识总体的数量特征,但就手段说,我们只能掌握部分的实际资料,这就形成认识上全局与局部之间的矛盾。这种矛盾在现实中是大量存在的,例如要了解某一品种棉花纤维的长度,我们不可能对每根纤维都进行检测。又如要了解某种种子的发芽率,我们也不可能对所有的种子都进行催芽试验。就如城市居民家庭收支、民意测验等,也难以开展挨家挨户的调查。如果在方法上不能解决这个问题,那么统计的认识活动就要受到限制,统计科学也很难得到发展。抽样推断原理解决了这个问题。它科学地论证了样本指标和相应的总体参数之间存在的内在联系,而且两者的误差分布也是有规律可循的。这就有效地提供了从实际调查所得到的部分信息推断总体数量特征的方法,大大提高了统计分析的认识能力。

第二,抽样推断建立在随机取样的基础上。按随机原则抽取样本单位,这是抽样推断的前提。所谓随机原则,就是总体中样本单位的中选或不中选不受主观因素的影响,每单位都有相等的中选可能性。坚持随机原则的主要原因是:总体各单位有相等的中选机会,就有更大的可能性使所抽取的样本保持与总体类似的结构,使样本成为总体真正的"缩影",因而对被估计的总体就有更大的代表性,抽样的误差也就小了。坚持随机原则并不意味着不发挥人们事先对客观事物已有认识的作用。充分利用已有的辅助信息,改善抽样调查的组织形式,减少抽样估计的误差,这正是抽样调查所要考虑的。但抽样方案一经确定之后,在具体抽样时,就应该排除主观因素的影响,保证随机原则的实现。

第三,抽样推断是运用概率估计的方法。利用样本指标来估计总体参数,在数学上运用不确定的概率估计的方法,而不是运用确定的数学分析的方法。因为样本数据与总体参数之间并不存在严格对应的自变量和因变量的关系,所以不能利用一定的函数关系来推算总体参数。抽样推断原则上把由样本观察值所决定的统计量(样本指标)看作随机变量。在实践中,抽取一个样本,并计算样本指标作为相应总体指标的估计值,接着需要研究的问题便是用这样的样本指标来代表相应的总体指标的可靠程度究竟有多大,这也是概率估计所要解决的问题。概率估计的基本思路是:抽取样本并根据实际观察获得的数据,计算一定的抽样指标,接着就要回答用这样的抽样指标来代表相应的总体指标可靠性究竟有多大;或者说抽样指标与总体指标之间误差不超过一定范围的可能性有多大;如果在估计的准确性和可靠性方面都达到了允许的要求,就以这个抽样指标值作为总体指标的估计值,否则就要改善抽样组织,重新进行抽样,直到符合要求为止。

第四,抽样推断的误差可以事先计算,并加以控制。抽样推断是以部分资料推算全体,虽然也存在一定的误差,但它与其他统计估算不同,抽样误差范围可以事先通过有关资料加以计算,并且能够采取各种组织措施来控制这个误差范围,保证抽样推断的结果达到一定的可靠程度。所以我们可以说,抽样调查是根据事先给定的误差允许范围进行设计的,而抽样推断则是具有一定可靠性的估计和判断。

抽样推断的作用

抽样推断应用范围很广,在社会经济统计中发挥着多方面的作用。

首先,在无法进行全面调查或进行全面调查有困难的情况下,可以应用抽样法来了解全面情况。对于无限总体就不可能进行全面调查。例如要研究某型号炮弹的平均射程,这是一个无限总体的问题,我们只能通过有限次的试验,利用样本数据来推算一般的平均射程。未来时间序列总体也不可能进行全面调查,例如研究某新工艺设计是否改善了产品质量,我们也只能按时间顺序每隔一段时间抽几个样品进行检验。具有破坏性的产品质量检验也不能进行全面调查,例如轮胎的里程试验、灯泡的寿命检查、棉纱的强力、青砖的抗压程度,都只能用抽样的方法进行试验观察。还有一些现象由于总体范围过大,单位分布很分散,实际很难或不必要进行全面调查,也可以通过抽样调查掌握全面情况,例如水库的鱼苗数、森林的木材蓄积量、居民家计调查、民意测验等。

其次,应用抽样法可对全面调查的结果加以补充和订正。许多社会经济现象虽然可以全面调查,但同时开展抽样调查,把两者结合起来应用也具有重要的意义。由于抽样调查范围小,组织简便,省时省力,所以调查项目可以多一些,或就某些问题进行更深入的研究,以补充全面调查的不足。例如许多国家的人口调查,每隔10年进行一次项目比较简单的"短表"普查,同时每隔两三年进行一次项目比较详细的"长表"抽样调查,这样无论在内容上还是时间上都得到相互补充。又如我国在人口普查的基础上,为对某些专题进行深入研究而组织专门的抽样调查,如学龄儿童抽样调查、育龄妇女生育率抽样调查,也是抽样调查和全面调查结合运用的有效形式。抽样调查还应用于订正全面调查的统计数字,例如我国人口普查中,在填报和复查完毕后,按照规定用抽样的方法抽出1‰的人数,重新进行调查,并以此为标准,计算普查的重复和遗漏的差错率,从而可订正普查数字。

再次,抽样法应用于生产过程中产品质量的检查和控制。抽样法不仅仅应用于对现象结果的核算和估计,而且在生产过程中起经常性检查和控制作用。例如工业生产的产品质量控制就是利用抽样检查来观察生产工艺过程是否正常,是否存在某些系统性的偏误,以及时提供有关信息,分析可能的原因,便于采取措施,减少损失。

最后,运用抽样法可以对总体的某种假设进行检验,以判断这种假设的真伪,决定行动的取舍。例如工厂设计的某种新工艺或新配方推广后是否有显著的效果,可以做出某种假设,并确定接受或拒绝的标准,然后运用抽样调查的方法,进行推断,加以检验,并在行动上做出抉择。这就是抽样法在决策上的应用。

抽样推断的内容

抽样推断的前提是我们对总体的数量特征不了解或了解很少,而利用抽样推断方法去解决这类问题,可以有两种途径,因此抽样推断的主要内容也有两个方面,即参数估计和假设检验。这两方面的内容虽然都是利用样本观察值所提供的信息,对总体做出估计或判断,但它们解决问题的着重点是不同的。

(一)参数估计　　由于我们不知道总体的数量特征,可以这样考虑,即依据所获得的样本观察资料,对所研究现象总体的水平、结构、规模等数量特征进行估计,这种推断方法称为总体参数的估计。例如粮食产量抽样调查、居民家计抽样调查、产品质量抽样调查、民意抽样测验等都属于参数估计的推断方法。由于社会经济统计绝大多数场合都要求对总体的各项综合指标做出客观的估计,而参数估计恰好满足了这一方面的要求,所以参数估计推断方法在实际工作中被广泛采用。参数估计包括许多内容,如确定估计值,确定估计的优良标准并加以判别;求估计值和被估计参数之间的误差范围,计算在一定误差范围内所做推断的可靠程度。

(二)假设检验　　由于我们对总体的变化情况不了解,不妨先对总体的状况做某种假设,然后再根据抽样推断的原理,根据样本观察资料对所做假设进行检验,以判断这种假设的真伪,从而决定我们行动的取舍,这种推断方法称为总体参数的假设检验。例如工厂生产某种产品,经过工艺改革,不知道产品质量是否有所提高。我们不妨假设工艺改革没有效果,产品质量和以往正常生产的产品质量没有显著差异,所有差异仅仅由随机的原因引起。我们从假设为真实的出发,考虑样本指标的实际值和假设的总体参数之间的差异是否超过了给定的显著性标准。如果已经超过这一标准,且这种差异仅由于随机因素引起的可能性很小,我们就有理由否定原来的假设,而采纳其对立的假设,即认为工艺改革是有效果的,产品质量的差异也由质量提高引起,差异是显著的,新的工艺流程值得推广。当然检验的结果也可能是样本指标的实际和假设的总体参数之间的差异没有超过给定的显著性标准,那么我们就有理由认为这种差异是由随机的原因引起的,接受工艺改革没有效果的原假设,新的工艺流程不宜推广。

在抽样检验中,要求样本指标的实际值和假设的总体参数完全一致是难以做到的,事实上两者的差异是客观存在的。现在的问题是这种差异可允许达到什么程度,总体的假设仍然算是可信的,因而就产生差异显著性水平的标准问题,并由此确定显著性水平的临界值;此外还要分析各类判断错误的可能性,这些都是假设检验应该研究的问题。

有关抽样的若干基本概念,是研究抽样推断的基础。

有关抽样的基本概念

(一)总体和样本 总体也称全及总体,指所要认识的研究对象全体,它是由所研究范围内具有某种共同性质的全体单位组成的集合体。总体的单位数通常都是很大的,甚至是无限的,这样才有必要组织抽样调查。一般用大写英文字母 N 来表示总体的单位数。在组织抽样调查时首先要弄清总体的范围、单位的含义,以及可实施的条件,以清单、名册、图表等形式,编制所谓"抽样框"作为抽样的母体。

样本又称子样,它是从总体中随机抽取出来的、作为代表这一总体的那部分单位组成的集合体。样本的单位数总是有限的,相对来说它的数目比较小。一般用小写英文字母 n 来表示样本的单位数。

作为推断对象的总体是确定的,而且是唯一的。但作为观察对象的样本就不是这样的。从一个总体可以抽取很多个样本,每次可能抽到哪个样本是不确定的,也是不唯一的,而是可变的。明白这一点对于理解抽样推断原理是很重要的。

(二)参数和统计量 根据总体各单位的标志值计算的、反映总体数量特征的综合指标称为全及指标。全及指标是总体变量的函数,其数值是由总体各单位的标志值决定的。一个全及指标的指标值是确定的、唯一的,所以称为参数。

常用的总体参数有总体平均数 $\overline{X}$ 和总体方差 σ^2(或总体标准差 σ)。

设总体变量 X 为 $X_1, X_2, \cdots, X_N$,则有:

总体平均数 $$\overline{X} = \frac{\sum X}{N} = \frac{\sum XF}{\sum F} \tag{5-1}$$

总体方差 $$\sigma^2 = \frac{\sum(X-\overline{X})^2}{N} = \frac{\sum(X-\overline{X})^2 F}{\sum F} \tag{5-2}$$

总体参数也常以成数指标 P 表示总体中具有某种性质的单位数在总体全部单位数中所占的比重,以 $1-P$ 表示总体中不具有某种性质的单位数在总体中所占的比重。这正是前面阐述过的是非标志的问题。我们把"是"的

标志表示为1,而"非"的标志表示为0。那么成数 P 就可以视为(0,1)分布的平均数,并可以求相应的方差和标准差:

总体成数 $\qquad \overline{X_p} = P \qquad$ (5-3)

总体成数方差 $\qquad \sigma_p^2 = P(1-P) \qquad$ (5-4)

在抽样调查中,总体参数的意义和计算方法是明确的,但参数的具体数值事先是未知的,需要通过抽样估计。

根据样本各单位标志值计算的综合指标称为统计量。统计量是样本变量的函数,用来估计总体参数,因此和常用的总体参数相对应,而有样本平均数、样本方差和样本成数等等,以小写字母表示。

设样本变量 x 为 $x_1, x_2, \cdots, x_n$,则有:

样本平均数 $\qquad \bar{x} = \dfrac{\sum x}{n} = \dfrac{\sum xf}{\sum f}$

样本方差 $\qquad \sigma_i^2 = \dfrac{\sum(x-\bar{x})^2}{n} = \dfrac{\sum(x-\bar{x})^2 f}{\sum f}$

样本成数 $\qquad \overline{x_p} = p \qquad$ (5-5)

样本成数方差 $\qquad \sigma_p^2 = p(1-p) \qquad$ (5-6)

样本统计量的计算方法是确定的,但它的取值随着不同样本的不同样本变量而发生变化。所以统计量本身也是随机变量,用来作为参数的估计值,有的误差大些,有的误差又小些,有的产生正误差,有的产生负误差,情况各不相同。

(三)样本容量和样本个数 样本容量和样本个数是两个有联系但又完全不同的概念。样本容量是指一个样本所包含的单位数。一个样本应该包含多少单位最合适,是抽样设计必须认真考虑的问题。必须结合调查任务的要求以及总体标志值的变异情况来考虑。样本容量的大小不但关系到抽样调查的效果,而且关系到抽样方法的应用。通常将样本单位数不少于30个的样本称为大样本,单位数不及30个的样本称为小样本。社会经济统计的抽样调查多属于大样本调查。

样本个数又称样本可能数目,是指从一个总体中可能抽取的样本个数。一个总体可能抽取多少样本,与样本容量以及抽样方法等因素都有关系,是一个比较复杂的问题。一个总体有多少样本,则样本统计量就有多少种取值,从而形成该统计量的分布。而统计量的分布又是抽样推断的基础。虽然在实践中只抽取个别或少数样本,但要判断所取样本的可能性就必须联系到全部可能样本数目所形成的分布。

(四)重复抽样和不重复抽样 从抽样的方法来看,抽样可以有重复抽样和不重复抽样两种。

重复抽样也称回置抽样。它是这样安排的:要从总体 N 个单位中随机抽取一个容量为 n 的样本,每次从总体中抽取 1 个单位,并把它看作一次试验,连续进行 n 次试验构成一个样本;每次抽出 1 个单位,把结果登记下来,又重新放回,参加下一次抽选。因而重复抽样的样本是由 n 次相互独立的连续试验构成的,每次试验是在完全相同的条件下进行的,每个单位中选的机会在各次都完全相等。

从总体 N 个单位中,用重复抽样的方法,随机抽取 n 个单位构成一个样本,则共可抽取多少个样本。

例如总体有 A、B、C、D、E 5 个单位,要从中以重复抽样的方法抽取 2 个单位构成样本。先从 5 个单位中取 1 个,共有 5 种取法,结果登记后再放回,然后再从相同的 5 个中取 1 个,也有 5 种取法,前后取两个构成一个样本,全部可能抽取的样本数目为 $5 \times 5 = 25$,它们分别是:AA,AB,AC,AD,AE,BA,BB,BC,BD,BE,CA,CB,CC,CD,CE,DA,DB,DC,DD,DE,EA,EB,ED,EC,EE。

不重复抽样也称为不回置抽样。它是这样安排的:要从总体 N 个单位中抽取一个容量为 n 的样本,每次从总体中抽取 1 个单位,连续进行 n 次抽取构成一个样本,但每次抽出 1 个单位就不再放回参加下一次的抽选。因而不重复抽样有这样的特点:样本由 n 次连续抽取的结果构成,实质上等于一次同时从总体中抽 n 个样本单位,连续 n 次抽选的结果不是相互独立的,每次抽取的结果都影响下一次抽取,每抽一次总体单位数就少 1 个,因而每个单位的中选机会在各次是不相同的。

从总体 N 个单位中,用不重复抽样的方法,抽取 n 个单位样本,全部可能抽取的样本数目为 $N(N-1)(N-2)\cdots(N-n+1)$。

例如从 A、B、C、D、E 5 个单位中用不重复抽样的方法从中抽取 2 个单位构成样本。先从 5 个单位中取 1 个,共有 5 种取法,第二次再从留下的 4 个单位中取 1 个,共有 4 种取法,前后两个构成一个样本,全部可能抽取的样本数目为 $5 \times 4 = 20$,它们分别是:AB,AC,AD,AE,BA,BC,BD,BE,CA,CB,CD,CE,DA,DB,DC,DE,EA,EB,EC,ED。

由此可见,在相同的样本容量的要求下,重复抽样的样本个数总是大于不重复抽样的样本个数。

第二节 抽样误差

抽样误差的意义

用抽样指标来估计全及指标是否可行,关键问题在于抽样误差。抽样误差大小表明抽样效果的好坏,如果误差超过了允许的限度,抽样调查也就失去了意义,所以有必要加以专门讨论。

抽样误差是指由于随机抽样的偶然因素使样本单位的结构不足以代表总体单位的结构,而使抽样指标和全及指标之间存在绝对离差。如抽样平均数与总体平均数的绝对离差、抽样成数与总体成数的绝对离差。例如班级100个同学中有60个男同学和40个女同学,现在随机抽取10个同学为样本,由于随机的原因未必都能抽到6个男同学和4个女同学,使得利用样本计算的性别比例指标不能代表班级同学的性别比例指标,而使样本指标与总体指标之间存在绝对离差,这就是抽样误差。

必须指出,抽样推断的误差来源可以有多种,抽样误差不同于登记误差。登记误差在第二章曾做过说明,它是指在调查过程中由观察、测量、登记、计算上的差错所引起的误差。登记误差是所有统计调查都可能发生的,而抽样误差不是由调查失误所引起的,它是随机抽样所特有的误差。

抽样误差虽然是一种代表性误差,但不是所有代表性误差都是抽样误差。由于违反抽样调查随机原则,有意地抽选较好或较差的单位进行调查,这种由系统性原因造成的样本代表性不足所引起的误差称为系统偏误,它不是抽样误差。系统偏误和登记误差都属于思想、作风、技术问题,可以防止或避免,而抽样误差是随机代表性误差,是不可避免、难以消灭的,只能加以控制。

影响抽样误差大小的因素主要有:

第一,总体各单位标志值的差异程度。差异程度愈大,则抽样误差也愈大;反之则小。

第二,样本的单位数。在其他条件相同的情况下,样本的单位数愈多,则抽样误差愈小。

第三,抽样方法。抽样方法不同,抽样误差也不同。一般地说,重复抽样的误差比不重复抽样的误差要大。

第四,抽样调查的组织形式。不同的抽样组织形式就有不同的抽样误差,而且同一种组织形式的合理程度也影响抽样误差。

抽样平均误差

抽样平均误差是反映抽样误差一般水平的指标。前面已经提过,从一个总体中可能抽取很多个样本,因此抽样指标如抽样平均数、抽样成数等,随着不同样本而有不同的取值,它们对全及指标,如总体平均数、总体成数等的离差就有大有小,我们有必要用一个指标来衡量抽样误差的一般水平。

通常用抽样平均数的标准差或抽样成数的标准差作为衡量其抽样误差一般水平的尺度。按照标准差的一般意义,抽样平均数(或成数)的标准差是按抽样平均数(或成数)与其平均数的离差平方和计算的,但由于抽样平均数的平均数等于总体平均数,而抽样成数的平均数等于总体成数,因而抽样指标的标准差恰好反映了抽样指标和总体指标的平均离差程度。

设 μ_x 表示抽样平均数的平均数误差,μ_p 表示抽样成数的平均误差,M 表示全部可能的样本数目。则:

$$抽样平均数的平均误差 \mu_x = \sqrt{\frac{\sum(\bar{x}-\bar{X})^2}{M}} \tag{5-7}$$

$$抽样成数的平均误差 \quad \mu_p = \sqrt{\frac{\sum(p-P)^2}{M}} \tag{5-8}$$

这些公式表明了抽样平均误差的意义。但是由于总体平均数和总体成数未知,而且也无法计算全部样本的抽样指标值,所以按上述公式计算抽样平均误差实际上是不可能的。在实践中可以通过其他方法加以推算。现在分别就抽样平均数和抽样成数的抽样平均误差的计算问题加以讨论。

(一)抽样平均数的平均误差 它又分重复抽样和不重复抽样两种情况。

1.重复抽样。在重复抽样的条件下,抽样平均数的平均误差与总体的变异程度和样本容量大小两个因素有关,它们的具体关系如下:

$$\mu_x = \frac{\sigma}{\sqrt{n}} \tag{5-9}$$

从这一公式可以看出,抽样平均误差的大小和总体标准差 σ 成正比变化,而和样本容量 n 的平方根成反比变化。现在用具体例子加以验证。

设有 4 个印刷厂装订工,其每小时装订效率分别为 70、90、130、150 件。这一总体的平均装订件数和装订件数标准差 σ 为:

$$\overline{X}=\frac{\sum X}{N}=\frac{70+90+130+150}{4}=110(件)$$

$$\sigma=\sqrt{\frac{\sum(X-\overline{X})^2}{N}}$$

$$=\sqrt{\frac{(70-110)^2+(90-110)^2+(130-110)^2+(150-110)^2}{4}}$$

$$=31.62(件)$$

现在用重复抽样的方法,从 4 人中抽 2 人构成样本,并求样本的平均装订数,用以代表 4 人总体的平均装订数水平。所有可能的样本以及各样本的平均装订数如表 5-1:

表 5-1 离差计算(一)

序号	样本变量 x		样本平均 $\overline{x}$	平均数离差 $\overline{x}-E(\overline{x})$	离差平方 $[\overline{x}-E(\overline{x})]^2$
1	70	70	70	−40	1 600
2	70	90	80	−30	900
3	70	130	100	−10	100
4	70	150	110	0	0
5	90	70	80	−30	900
6	90	90	90	−20	400
7	90	130	110	0	0
8	90	150	120	10	100
9	130	70	100	−10	100
10	130	90	110	0	0
11	130	130	130	20	400
12	130	150	140	30	900
13	150	70	110	0	0
14	150	90	120	10	100
15	150	130	140	30	900
16	150	150	150	40	1 600
合计	—		1 760	0	8 000

样本平均数的平均数为:

$$E(\overline{x})=\frac{\sum \overline{x}}{M}=\frac{1\ 760}{16}=110(件)$$

抽样平均误差为：

$$\mu_x = \sqrt{\frac{\sum(\overline{x}-\overline{X})^2}{M}} = \sqrt{\frac{8\,000}{16}} = 22.36(件)$$

现在直接按重复抽样误差公式计算抽样平均误差 μ_x：

$$\mu_x = \frac{\sigma}{\sqrt{n}} = \frac{31.62}{\sqrt{2}} = 22.36(件)$$

所得结果与由定义计算的抽样平均误差完全相同。

从以上计算过程中，我们可以看出几个基本关系：

(1)样本平均数的平均数 $E(\overline{x})$ 等于总体平均数 $\overline{x}$，因而抽样平均误差实质上就是抽样平均数的标准差，所以也称为抽样标准误差。

(2)抽样平均数的标准差（即抽样平均误差）比总体标准差小得多，仅为总体标准差的 $\frac{1}{\sqrt{n}}$。例如一个县的粮食亩产量有高有低，相差悬殊，亩产标准差 σ 达到 80 kg。如果随机取 400 亩求平均亩产，那么平均亩产的差异就显著减小了。平均亩产标准（即抽样平均误差）只及全县亩产离差的 $\frac{1}{\sqrt{400}} = \frac{1}{20}$，即 $\mu_x = \frac{80}{\sqrt{400}} = 4$ kg。这意味着以样本平均亩产代表全县粮食亩产水平，要比各亩的亩产水平更有代表性。

(3)可以通过调整样本单位数 n 来控制抽样平均误差。例如将样本单位数增加 3 倍，则平均误差就缩小一半；而抽样平均误差减少 20%，则样本单位数应为原来的 1.56 倍，即：

$$\mu = \frac{\sigma}{\sqrt{n}}, \mu' = \frac{\sigma}{\sqrt{4n}} = \frac{1}{2} \cdot \frac{\sigma}{\sqrt{n}} = \frac{1}{2}\mu$$

$$n = \frac{\sigma^2}{\mu^2}, n' = \frac{\sigma^2}{(80\% \cdot \mu)^2} = \frac{1}{0.64} \cdot \frac{\sigma^2}{\mu^2} = 1.56(倍)$$

2.不重复抽样。在不重复抽样的条件下，抽样平均数的平均误差不但和总体变异程度、样本容量有关，而且还要考虑总体单位数的多少。它们的关系如下：

$$\mu_x = \sqrt{\frac{\sigma^2}{n}\left(\frac{N-n}{N-1}\right)} \tag{5-10}$$

式中 N 为总体单位数。与重复抽样公式对比可知，不重复抽样误差等于重复抽样误差在开方内乘以修正因子 $\frac{N-n}{N-1}$。由于这个因子总是小于 1，因此不重复抽样误差总是小于重复抽样误差，但当总体单位数 N 很大时，这个因子就十分接近于 1，因而两种抽样误差相差很小。不重复抽样平均误差公式可以表示为如下近似式：

$$\mu_x = \sqrt{\frac{\sigma^2}{n}\left(1-\frac{n}{N}\right)} \tag{5-11}$$

现在仍用上述 4 个工人装订效率的例子，假设用不重复抽样的方法从总体中抽 2 人求平均装订件数加以验证（表 5-2）。

表 5-2　离差计算（二）

序号	样本变量 x		样本平均 $\bar{x}$	平均数离差 $\bar{x}-E(\bar{x})$	离差平方 $[\bar{x}-E(\bar{x})]^2$
1	70	90	80	−30	900
2	70	130	100	−10	100
3	70	150	110	0	0
4	90	70	80	−30	900
5	90	130	110	0	0
6	90	150	120	10	100
7	130	70	100	−10	100
8	130	90	110	0	0
9	130	150	140	30	900
10	150	70	110	0	0
11	150	90	120	10	100
12	150	130	140	30	900
合　计	—		1 320	0	4 000

样本平均数的平均数为：

$$E(\bar{x}) = \frac{\sum \bar{x}}{M} = \frac{1\,320}{12} = 110（件）$$

抽样平均误差为：

$$\mu_x = \sqrt{\frac{\sum(\bar{x}-\bar{X})^2}{M}} = \sqrt{\frac{4\,000}{12}} = 18.26（件）$$

根据已经计算的总体平均数 $\bar{X}=110$ 件、总体标准差 $\sigma=31.62$ 件，也可以按不重复的抽样误差公式计算：

$$\mu_x = \sqrt{\frac{\sigma^2}{n}\left(\frac{N-n}{N-1}\right)} = \sqrt{\frac{31.62^2}{2} \times \frac{4-2}{4-1}} = 18.26(\text{件})$$

两者计算结果完全相同。由此可见,在不重复抽样的条件下,抽样平均数的平均数 $E(\bar{x})$ 仍然等于总体平均数 $\bar{X}$,而它的抽样平均误差 18.26 件比重复抽样的平均误差 22.36 件小。

在计算抽样平均误差时,通常得不到总体标准差的数值,要用样本标准差 s 来代替总体标准差 σ,样本标准差计算公式是 $s = \sqrt{\dfrac{\sum(x-\bar{x})^2}{n-1}}$,式中 x 为样本变量,为样本平均数,$n-1$ 为样本变量自由度,因为 s 是在估计的基础上进行第二次估计,所以失去一个自由度。用这一公式计算 s^2,才是总体 σ^2 的无偏估计。但在大样本的情况下,一般也可以用样本的标准差一般公式即以 n 为分母计算,来代替总体标准差。

(二)抽样成数的平均误差 抽样成数的平均误差表明各样本成数和总体成数绝对离差的一般水平。由于总体成数可以表现为总体是非标志的 (0,1) 分布的平均数,而且它的标准差也可以由总体成数推算出来,前面已经论证:

$$\overline{X_p} = P$$
$$\sigma_p = \sqrt{P(1-P)}$$

因此很容易由抽样平均数的抽样平均误差和总体标准差的关系推出抽样成数平均误差的计算公式。

1.在重复抽样条件下:

$$\mu_p = \sqrt{\frac{P(1-P)}{n}} \tag{5-12}$$

式中,P 为总体成数,n 为样本单位数。

2.在不重复抽样的条件下:

$$\mu_p = \sqrt{\frac{P(1-P)}{n}\left(\frac{N-n}{N-1}\right)} \tag{5-13}$$

在总体单位数 N 很大的情况下,μ_p 的近似式为:

$$\mu_p = \sqrt{\frac{P(1-P)}{n}\left(1-\frac{n}{N}\right)} \tag{5-14}$$

抽样成数平均误差 $\mu_p = \sqrt{\dfrac{(p-P)^2}{M}} = \sqrt{\dfrac{P(1-P)}{n}}$ 照样可以用具体的例子验证。

在得不到总体成数 P 的资料时,也可以用实际样本的抽样成数 p 来代替。下面举例说明。

要估计某地区 10 000 名适龄儿童的入学率,随机从这一地区抽取 400 名儿童,检查有 320 名儿童入学,求抽样入学率的平均误差。

根据已知条件:$p = \dfrac{320}{400} = 80\%$

$$\sigma_p^2 = p(1-p) = 80\% \times 20\% = 16\%$$

在重复抽样的情况下,入学率的抽样平均误差为:

$$\mu_p = \sqrt{\dfrac{P(1-P)}{n}} = \sqrt{\dfrac{0.16}{400}} = 2\%$$

在不重复抽样的情况下,入学率的抽样平均误差为:

$$\mu_p = \sqrt{\dfrac{P(1-P)}{n}\left(1-\dfrac{n}{N}\right)} = \sqrt{\dfrac{0.16}{400} \times \left(1-\dfrac{400}{10\,000}\right)}$$
$$= 1.96\%$$

计算结果表明,用样本的入学率来估计总体的入学率,其误差的绝对值平均说来在 2% 左右。

抽样极限误差

抽样极限误差是从另一角度考虑抽样误差问题。以样本的抽样指标估计总体指标,要达到完全准确而毫无误差,这几乎是不可能的事情。所以在估计总体指标的同时就必须考虑估计误差的大小。我们不希望误差太大,误差愈大,样本的价值便愈小。但也不是误差愈小愈好,因为在一定限度之后减少抽样误差势必增加很多费用。所以在做抽样估计时,应该根据所研究对象的变异程度和分析任务的要求确定可允许的误差范围,在这个范围内的数字都算是有效的。我们把这种可允许的误差范围称为抽样极限误差。它等于样本指标可允许变动的上限或下限与总体指标之差的绝对值。

设 Δ_x 和 Δ_p 分别表示抽样平均数极限误差和抽样成数极限误差,则有:

$$\Delta_x = |\bar{x} - \bar{X}| \tag{5-15}$$

$$\Delta_p = |p - P| \tag{5-16}$$

上式中 $\bar{x}$ 和 p 都表示样本平均数和样本成数可允许的上限或下限数值。容易将上面的等式变换为下列等价的不等式关系:

$$\bar{x} - \Delta_x \leqslant \bar{X} \leqslant \bar{x} + \Delta_x \tag{5-17}$$

$$p - \Delta_p \leqslant P \leqslant p + \Delta_p \tag{5-18}$$

上面第一式表示被估计的总体平均数是以抽样平均数为中心;在 $\bar{x} - \Delta_x$

至 $\bar{x}+\Delta_x$ 之间变动,区间 $[\bar{x}-\Delta_x, \bar{x}+\Delta_x]$ 称为平均数的估计区间,或称平均数的置信区间。区间的总长度为 $2\Delta_x$,在这个区间内样本平均数和总体平均数之间的绝对离差不超过 Δ_x。同样,上面第二式表明被估计的总体成数是以抽样成数 p 为中心在 $p-\Delta_p$ 至 $p+\Delta_p$ 之间变动。在 $[p-\Delta_p, p+\Delta_p]$ 区间内,抽样成数与总体成数之间的绝对离差不超过 Δ_p。

现在分别举例说明。

例1 要估计某乡粮食亩产和总产水平,从 8 000 亩粮食作物中用不重复抽样抽取 400 亩,求得平均亩产为 450 kg。如果确定抽样极限误差为 5 kg,这就要求某乡粮食亩产为 (450 ± 5) kg,即在 445～455 kg 之间,而粮食总产量为 $8\,000\times(450\pm5)$ kg,即在 356 万～364 万千克之间。

例2 要估计某农作物秧苗的成活率,从播种这一品种的秧苗地块随机抽取秧苗 1 000 棵,其中死苗 80 棵,则样本秧苗成活率 $P=1-\dfrac{80}{1\,000}=92\%$。如果确定抽样极限误差 Δp 为 2%,这就要求该种秧苗的成活率 P 为 $92\%\pm2\%$,即在 90%～94% 之间。

抽样误差的概率度　基于概率估计的要求,抽样极限误差通常需要以抽样平均误差 μ_x 或 μ_p 为标准单位来衡量。把极限误差 Δ_x 或 Δ_p 对应除以 μ_x 或 μ_p 得相对数 Z,表示误差范围为抽样平均误差的 Z 倍。Z 是测量估计可靠程度的一个参数,称为抽样误差的概率度。

$$Z=\frac{\Delta_x}{\mu_x}=\frac{|\bar{x}-\bar{X}|}{\mu_x};\Delta_x=Z\mu_x \qquad (5\text{-}19)$$

$$Z=\frac{\Delta_p}{\mu_p}=\frac{|p-P|}{\mu_p};\Delta_p=Z\mu_p \qquad (5\text{-}20)$$

如上例1,已知某乡食粮亩产的标准差为 $\sigma=82$ kg,总体单位数 $N=8\,000$ 亩,样本单位数 $n=400$ 亩,则可求得抽样平均误差:

$$\mu_x=\sqrt{\frac{\sigma^2}{n}\left(1-\frac{n}{N}\right)}=\sqrt{\frac{82^2}{400}\times\left(1-\frac{400}{8\,000}\right)}=4(\text{kg})$$

我们就可以用概率度 $Z=\dfrac{\Delta_x}{\mu_x}=\dfrac{5}{4}=1.25$ 来表示极限误差的范围,即以 $1.25\mu_x$ 来规定误差范围。这时就要求某乡的粮食平均亩产为 $(450\pm1.25\mu_x)$ kg。

又如例2,已知秧苗成活率为 92%,则可以求得成活率抽样平均误差:

$$\mu_p=\sqrt{\frac{P(1-P)}{n}}=\sqrt{\frac{92\%\times8\%}{1\,000}}=0.86\%$$

下面我们计算概率度 $Z = \dfrac{\Delta_p}{\mu_p} = \dfrac{2\%}{0.86\%} = 2.33$。这表示极限误差范围的大小是 $2.33\mu_p$，也就是说要求该农作物秧苗成活率 P 为 $92\% \pm 2.33\mu_p$。

第三节　抽样估计的方法

抽样估计就是指利用实际调查计算的样本指标值来估计相应的总体指标的数值。由于总体指标是表明总体数量特征的参数，所以也称为参数估计。总体参数估计有点估计和区间估计两种。以下分别加以介绍。

总体参数的点估计　　参数点估计的基本特点是，根据总体指标的结构形式设计样本指标（称统计量）以作为总体参数的估计量，并以样本指标的实际值直接作为相应总体参数的估计值。例如以样本平均数的实际值作为相应总体平均数的估计值，以样本成数的实际值作为相应总体成数的估计值。我们之所以做这样的考虑乃是基于虽然我们不知道所研究的总体指标的具体指标值，但是它的指标结构形式都是清楚的。例如我们要研究某县的粮食亩产水平，虽然实际的平均亩产的数值是未知的，但平均亩产指标是由全县各农业生产单位播种面积相应的产量代数和除以播种总面积求得的，这个指标的结构形式是已知的。很自然可以认为，如果抽样调查所取得的样本数据有足够的代表性，那么根据已知的指标结构形式计算样本指标值，便可以作为相应总体指标的估计值。

设 $\hat{\overline{X}}$ 表示总体平均数 $\overline{X}$ 的估计量，$\hat{P}$ 表示总体成数的估计量，则有：

$$\hat{\overline{x}} = \hat{\overline{X}} \tag{5-21}$$

$$p = \hat{P} \tag{5-22}$$

式中：$\overline{x} = \dfrac{\sum x}{n}$，$\overline{X} = \dfrac{\sum X}{N}$ 有相同的结构形式；$p = \dfrac{n_1}{n}$，$P = \dfrac{N_1}{N}$ 也有相同的结构形式。再经过实际调查取得样本平均数 $\overline{x}$ 和样本成数 p 的实际值，便可以作为总体平均数 $\overline{X}$ 和总体成数 P 的估计值。例如我们可以样本平均亩产 350 kg 作为全乡粮食亩产的估计值，以样本秧苗成活率 92%，作为全地区秧苗成活率估计值。

对总体参数做估计的时候,总是希望估计是合理的或优良的。那么什么是优良估计的标准呢?

所谓优良估计是从总体上来评价的。其标准有三个方面:

(一)**无偏性** 即以抽样指标估计总体指标要求抽样指标值的平均数等于被估计的总体指标值本身。就是说,虽然每一次的抽样指标和总体指标值之间都可能有误差,但在多次反复的估计中,各个抽样指标值的平均数应该等于所估计的总体指标值本身,即抽样指标的估计平均说来是没有偏误的。

从上一节已经知道,抽样平均数的平均数等于总体平均数,抽样成数的平均数等于总体成数,即

$$E(\bar{x})=\bar{X}$$
$$E(p)=P$$

这说明以抽样平均数作为总体平均数的估计量,以抽样成数作为总体成数的估计量,是符合无偏性原则的。

(二)**一致性** 以抽样指标估计总体指标要求当样本的单位数充分大时,抽样指标也充分地靠近总体指标。就是说,随着样本单位数 n 的无限增加,抽样指标和未知的总体指标之差的绝对值小于任意小的数,它的可能性也趋于必然性,即实际上是几乎肯定的。

我们知道,抽样平均数和抽样成数的抽样平均误差与样本单位数的平方根成反比关系,样本单位数愈多,则平均误差便愈小;当样本单位数接近于总体单位数时,平均误差也就接近于零。也就是说,抽样平均数和抽样成数作为总体平均数和总体成数的估计量是符合一致性原则的。

(三)**有效性** 以抽样指标估计总体指标要求作为优良估计量的方差应该比其他估计量的方差小。例如用抽样平均数或总体某一变量值来估计总体平均数,虽然两者都是无偏的,而且在每一次估计中,两种估计量和总体平均数都可能有离差,但样本平均数更靠近总体平均数的周围,平均说来其离差比较小。所以对比说来,抽样平均数是更为有效的估计量。

总体参数点估计方法的优点是简便、易行,原理直观,常为实际工作所采用;但也有不足之处,即这种估计没有表明抽样估计的误差,更没有指出误差在一定范围内的概率保证程度有多大。要解决这个问题,必须采用总体参数的区间估计方法。

抽样估计的精度 根据实际调查的样本指标的具体数值估计相应的总体指标而完全没有误差是难以达到的,因此在进行抽样估计时总要提出估计精度的要求,以便作为评价

估计好坏的标准。上一节讨论了极限抽样误差即允许的抽样误差范围 Δ_x，事实上就是给定评价的标准。但是应该指出，允许的抽样误差范围 Δ_x 是指抽样平均数与总体平均数离差的绝对值，同一数值对于不同的现象可能具有完全不同的意义。例如，在粮食亩产量抽样调查中，规定允许误差范围 $\Delta_x = 10\text{ kg}$，这对于亩产水平超过 500 kg 的高产地区可能是合适的，而对于亩产水平仅为 $100\sim200$ kg 的低产地区，10 kg 的误差意味着占产量水平的 $5\%\sim 10\%$，这无论如何都超过了可接受的范围，因为在农业生产中粮食增产 5% 已属于难得的丰收年景，现在估计的误差就在 5% 以上，显然这种估计就没有意义了。

现在我们来考虑可允许的相对误差范围，即以样本平均数为基数的误差率：

$$\text{误差率} = \frac{\Delta_x}{\bar{x}} = \frac{|\bar{x}-\bar{X}|}{\bar{x}} \qquad (5\text{-}23)$$

并根据误差率计算估计精度：

$$\text{估计精度} = 1 - \text{误差率} = 1 - \frac{\Delta_x}{\bar{x}} = 1 - \frac{|\bar{x}-\bar{X}|}{\bar{x}} \qquad (5\text{-}24)$$

例如，给定估计精度不小于 90%，由以下推算可知，这意味着相对误差率不大于 10%，或总体平均数与样本平均数的比率应该保持在 90% 至 110% 之间。

$$1 - \frac{|\bar{x}-\bar{X}|}{\bar{x}} \geqslant 90\%$$

$$-10\% \leqslant \frac{\bar{x}-\bar{X}}{\bar{x}} \leqslant 10\%$$

$$90\% \leqslant \frac{\bar{X}}{\bar{x}} \leqslant 110\%$$

同时，我们可以根据样本平均数，对任何给定的精度要求，推算出可以允许的抽样误差范围。例如已知样本平均数为 500 kg，根据估计精度为 90% 的要求，即可推算出允许的抽样误差范围为：

$$\Delta_x = |\bar{x}-\bar{X}| = 10\%，即 \bar{x} = 10\% \times 500 = 50(\text{kg})$$

抽样估计的置信度　我们已经学习了确定允许的抽样误差范围，从主观方面说，当然希望抽样调查的结果、样本指标的估计值都能够落在允许的误差范围内，但这并非都能实现的事情。由于抽样指标值随着样本的变动而变动，它本身是个随机变量，因而抽样指标和总体指标的误差也是一个随机变量，并不能保证误差不超过一定范围的这件事是必然的,而只能给以一定程度的概率保证。抽样估计置信度就是表明抽样指标和总体指标的误差不超过一定范围的概率保证程度。

所谓概率就是指在随机事件进行大量试验中,某种事件出现的可能性大小,通常可以用某种事件出现的频率来表示。抽样估计的概率保证程度就是指抽样误差不超过一定范围的概率大小,可以用以下形式表示:

$$P(|\bar{x}-\bar{X}|\leqslant \Delta_x)=P_1+P_2+\cdots+P_K \tag{5-25}$$

等式左边括号内 $|\bar{x}-\bar{X}|\leqslant \Delta_x$ 表示样本平均数与总体平均数的误差范围不超过 Δ_x,$P(|\bar{x}-\bar{X}|\leqslant \Delta_x)$ 则表示误差不超过这一范围的概率;等式右边表示属于这一区间范围内各种样本平均值出现的概率之和。现在仍用第二节中工人平均装订件数的例子来说明抽样估计置信度的概念。已知 4 个工人的小时装订数分别为 70、90、130、150 件,总平均装订为 110 件,总体标准差为 31.62 件。用重复抽样的方法从中取 2 人为样本,计算样本平均装订件数并整理平均装订数的分布如表 5-3 所示。

表 5-3　工人装订样本平均数分布

样本平均数 $\bar{x}$	70	80	90	100	110	120	130	140	150
频数(f)	1	2	1	2	4	2	1	2	1
频率(概率)$\frac{f}{\sum f}$	$\frac{1}{16}$	$\frac{2}{16}$	$\frac{1}{16}$	$\frac{2}{16}$	$\frac{4}{16}$	$\frac{2}{16}$	$\frac{1}{16}$	$\frac{2}{16}$	$\frac{1}{16}$

我们可以根据以上分布写出平均装订件数落在各种区间范围内的概率 P,例如:

$$P(100\leqslant \bar{x}\leqslant 120)=\frac{2}{16}+\frac{4}{16}+\frac{2}{16}=\frac{1}{2}$$

$$P(90\leqslant \bar{x}\leqslant 130)=\frac{1}{16}+\frac{2}{16}+\frac{4}{16}+\frac{2}{16}+\frac{1}{16}=\frac{5}{8}$$

$$P(80\leqslant \bar{x}\leqslant 140)=\frac{2}{16}+\frac{1}{16}+\frac{2}{16}+\frac{4}{16}+\frac{2}{16}+\frac{1}{16}+\frac{2}{16}=\frac{7}{8}$$

容易将上述概率形式变换为抽样误差的形式,即求得抽样平均数与总体平均数误差绝对值不超过一定范围的概率。例如:

$$P(|\bar{x}-\bar{X}|\leqslant 10)=\frac{1}{2}$$

$$P(|\bar{x}-\bar{X}|\leqslant 20)=\frac{5}{8}$$

$$P(|\bar{x}-\bar{X}|\leqslant 30)=\frac{7}{8}$$

这说明在重复抽样中,抽样平均装订件数与总体平均装订件数绝对误差不超过 10 件的概率为 $\frac{1}{2}$,即有 50% 的概率保证在一次抽样中使抽样误差不超过 10 件。同理,抽样误差不超过 20 件的概率为 $\frac{5}{8}$,抽样误差不超过 30 件的概率为 $\frac{7}{8}$。由此可见,抽样误差范围和估计置信度是密不可分的,而且抽样误差范围愈小,则估计的置信度也愈小。

当总体很大时,要依靠列表来求抽样误差的置信度几乎是难以做到的。理论已经证明,在样本单位数足够多($n \geqslant 30$)的条件下,抽样平均数的分布接近于正态分布。这一分布的特点是:抽样平均数以总体平均数为中心,两边完全对称分布,就是说抽样平均数的正误差和负误差的可能性是完全相等的。另外,抽样平均数愈接近总体平均数,出现的可能性愈大,概率愈大;反之,抽样平均数愈偏离总体平均数,出现的可能性愈小,概率愈小,而趋于 0。正态概率分布如图 5-1 所示:

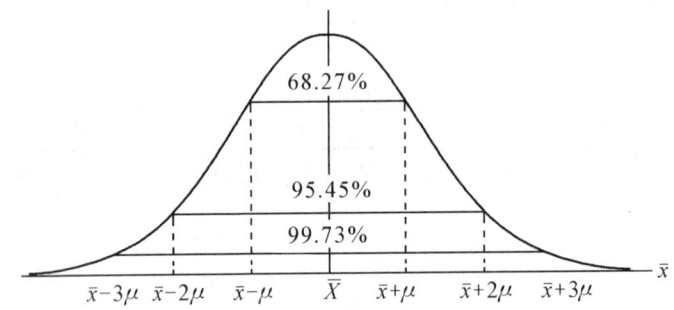

图 5-1　正态分布示意

该曲线和 $O\bar{x}$ 轴所包围的面积等于 1,则抽样平均数 $\bar{x}$ 落在某一区间的概率 P 就可以曲线在这一区间所包围的面积来表示。经计算结果如下:

$$P(\overline{X}-\mu \leqslant \bar{x} \leqslant \overline{X}+\mu) = P(|\bar{x}-\overline{X}| \leqslant \mu) = 68.27\%$$
$$P(\overline{X}-2\mu \leqslant \bar{x} \leqslant \overline{X}+2\mu) = P(|\bar{x}-\overline{X}| \leqslant 2\mu) = 95.45\%$$
$$P(\overline{X}-3\mu \leqslant \bar{x} \leqslant \overline{X}+3\mu) = P(|\bar{x}-\overline{X}| \leqslant 3\mu) = 99.73\%$$

这表明抽样平均数与总体平均数误差不超过 μ 的概率为 68.27%,抽样误差不超过 2μ 的概率为 95.45%,抽样误差不超过 3μ 的概率为 99.73%。

由于概率度 $Z = \dfrac{|\bar{x}-\overline{X}|}{\mu_x}$,所以抽样误差的概率就是概率度 Z 的函数,

即 $P(|\bar{x}-\bar{X}|\leqslant Z\mu)=F(Z)$。上述关系式便可以表达为：

当 $Z=1$ 时，
$$F(Z)=68.27\%$$
当 $Z=2$ 时，
$$F(Z)=95.45\%$$
当 $Z=3$ 时，
$$F(Z)=99.73\%$$

将这种对应函数关系编成"正态分布概率表"(见附录三)给定 Z 值，便可以直接从表上查找抽样误差的概率，即估计置信度。

现在举实例来说明估计置信度的求法。设样本粮食平均亩产量为 350 kg，又知抽样平均误差 $\mu_x=6.25$ kg，求总体粮食平均亩产量 $\bar{X}$ 在 345~355 kg 之间的估计置信度是多少？

根据公式：
$$Z=\frac{\Delta_x}{\mu_x}=\frac{|\bar{x}-\bar{X}|}{\mu_x}=\frac{5}{6.25}=0.8$$

查"正态分布概率表"，当 $Z=0.8$ 时，估计置信度 $F(Z)=0.5763$，即总体平均亩产在 345~355 kg 之间的概率保证程度为 57.63%。现在如果允许误差范围扩大至 10 kg，即总体平均亩产在 340~360 kg 之间，则概率度 Z 为：

$$Z=\frac{\Delta_x}{\mu_x}=\frac{|\bar{x}-\bar{X}|}{\mu_x}=\frac{10}{6.25}=1.6$$

查"正态分布概率表"，当 $Z=1.6$ 时，$F(Z)=0.8904$，这时概率保证程度提高到 89.04%，即基本上达到了足够可信的程度。

总体参数的区间估计

我们介绍了估计值、抽样误差范围，以及抽样误差范围的概率保证程度之后，就可以来研究总体参数的区间估计了。总体参数区间估计的基本特点是：根据给定的概率保证程度的要求，利用实际抽样资料，指出总体被估计值的上限和下限，即指出总体参数可能存在的区间范围，而不是直接给出总体数参数的估计值。换句话说，对于总体的被估计指标 X，找出样本的两个估计量 x_1 和 x_2，使被估计指标 X 落在区间 $[x_1,x_2]$ 内的概率 $1-\alpha(0<\alpha<1)$ 为已知的，即 $P(x_1\leqslant X\leqslant x_2)=1-\alpha$ 是给定的。我们称区间 $[x_1,x_2]$ 为总体指标 X 的置信区间，其估计置信度为 $1-\alpha$，称 α 为显著性水平，x_1 是置信下限，x_2 是置信上限。

如对上例中的粮食平均亩产,也可以做如下的区间估计,即以 89.04% 的概率保证总体平均亩产 $\bar{X}$ 在 340～360 kg 之间。估计置信度 $1-\alpha=89.04\%$,显著性水平 $\alpha=1-89.04\%=10.96\%$,它表示总体平均亩产落在 340～360 kg 区间内有 89.04% 的概率,而不落在这个区间内的概率有 10.96%,因此做上述区间估计就必须冒不超过 10.96% 概率的风险。显著性水平正是判别估计可信不可信的一个标准。当你不愿意冒这样大的风险时,可以缩小显著性水平,则置信区间就要扩大,估计的准确性便会降低。就如上例,当以 57.63% 的概率保证,总体平均亩产落在 345～355 kg 之间时,显著性水平为 $1-57.63\%=42.37\%$,这就要冒 42.37% 概率的风险。如果要减少风险,显著性水平降为 10% 左右,则置信区间便要扩大到 340～360 kg 之间,如此等等。

由此可见,总体参数的区间估计必须同时具备估计值、抽样误差范围和概率保证程度三个要素,抽样误差范围决定估计的准确性,而概率保证程度决定估计的可靠性。在抽样估计的时候很自然希望估计的准确性要尽量高些,而估计的可靠性也要尽量大些。但是这两个愿望是矛盾的,对于一个样本,提高了估计准确性的要求,随之必然降低估计的可靠性;提高了估计可靠性的要求,也必然降低估计的准确性。因此在抽样估计的时候,只能对其中的一个要素提出要求,而推求另一个要素的变动情况,例如对估计的准确性提出要求,即要求误差范围不超过给定的标准来推算估计的可靠性,即概率保证程度。或对估计的可靠性提出要求,即要求以给定的概率保证程度推算可能的误差范围。如果所推算的另一要素(不论是准确性还是可靠性)不能满足实际工作的需要,就应该增加样本单位,改善抽样组织,重新进行抽样,直到符合要求为止。

所以总体参数的区间估计根据所给定的条件不同而有两种估计方法。

(一)根据已经给定的抽样误差范围,求概率保证程度

具体步骤是:首先抽取样本,计算抽样指标,如计算抽样平均数或抽样成数作为相应总体指标的估计值,并计算样本标准差以推算抽样平均误差;其次,根据给定的抽样极限误差,估计总体指标的下限和上限;最后,将抽样误差除以抽样平均误差以求出概率度 Z 值,再根据 Z 值查"正态分布概率表",求出相应的置信度 $F(Z)$,并对总体参数做区间估计。

例 1 对某型号的电子元件进行耐用性检查,抽查的资料分组列表如表 5-4,要求耐用时数的允许误差范围 $\Delta_x=10.5$ h,试估计该批电子元件的平均耐用时数。

(1)计算抽样平均数和标准差:

表 5-4 某电子元件的耐用性情况

耐用时数(h)	组中值 x(h)	元件数 f(个)
900 以下	875	1
900~950	925	2
950~1 000	975	6
1 000~1 050	1 025	35
1 050~1 100	1 075	43
1 100~1 150	1 125	9
1 150~1 200	1 175	3
1 200 以上	1 225	1
合计	—	100

$$\bar{x} = \frac{\sum xf}{\sum f} = \frac{105\,550}{100} = 1\,055.5(\text{h})$$

$$\sigma = \sqrt{\frac{\sum(x-\bar{x})^2 f}{\sum f}} = 51.91(\text{h})$$

$$\mu_x = \frac{\sigma}{\sqrt{n}} = \frac{51.91}{\sqrt{100}} = 5.191(\text{h})$$

(2)根据给定的 $\Delta x = 10.5$ h,计算总体平均数的上、下限:

上限 $= \bar{x} + \Delta_x = 1\,055.5 + 10.5 = 1\,066(\text{h})$

下限 $= \bar{x} - \Delta_x = 1\,055.5 - 10.5 = 1\,045(\text{h})$

(3)根据 $Z = \frac{\Delta_x}{\mu_x} = \frac{10.5}{5.191} = 2$,查概率表得置信度 $F(Z) = 0.954\,5$。

我们可以做如下估计,即可以概率 95.45% 的保证程度,估计该批电子元件的耐用时数在 1 045~1 066 h 之间。

例 2 仍按例 1 资料,设该厂的产品质量检验标准规定,元件耐用时数达到 1 000 h 以上为合格品,要求合格率估计的误差范围不超过 5%,试估计该批电子元件的合格率。

(1)计算样本合格率 p 和方差 σ_p^2:

$$p = \frac{n_1}{n} = 1 - \frac{n_0}{n} = 1 - \frac{9}{100} = 91\%$$

$$\sigma_p^2 = p(1-p) = 0.91 \times 0.09 = 0.081\,9$$

$$\mu_p = \sqrt{\frac{p(1-p)}{n}} = \sqrt{\frac{0.081\,9}{100}} = 2.86\%$$

(2)根据给定极限误差 $\Delta p = 5\%$ 求总体合格率的上、下限:

$$上限 = p + \Delta_p = 91\% + 5\% = 96\%$$
$$下限 = p - \Delta_p = 91\% - 5\% = 86\%$$

(3)根据 $Z = \dfrac{\Delta_p}{\mu_p} = \dfrac{5\%}{2.86\%} = 1.76$,查"正态分布概率表"得置信度 $F(Z) = 0.92$。

我们可以做如下估计,即可以概率 92% 的保证程度,估计该批电子元件的合格率在 86%~96% 之间。

(二)根据给定的置信度要求推算抽样极限误差的可能范围

具体步骤是:首先,抽取样本,计算抽样指标,如计算抽样平均数或抽样成数作为总体指标的估计值,并计算样本标准差以推算抽样平均误差;其次,根据给定的置信度 $F(Z)$ 要求,查"正态分布概率表"求得概率度 Z 值;最后,根据概率度 Z 和抽样平均误差推算抽样极限误差的可能范围,再根据抽样极限误差求出被估计总体指标的上、下限,对总体参数做区间估计。

例 1 某城市进行居民家计调查,随机抽取 400 户居民,调查得年平均每户耐用品消费支出为 850 元,标准差为 200 元,要求以 95% 的概率保证程度,估计该城市居民年平均每户耐用消费品支出。

(1)根据抽样资料可求得:

$$样本每户平均开支\ \bar{x} = 850(元)$$
$$样本标准差\ \sigma = 200(元)$$
$$\mu_x = \dfrac{\sigma}{\sqrt{n}} = \dfrac{200}{\sqrt{400}} = 10(元)$$

(2)根据给定的概率置信度 $F(Z) = 0.95$,查概率表得 $Z = 1.96$。

(3)计算 $\Delta_x = Z\mu_x = 1.96 \times 10 = 19.6$,则该市居民每户年平均耐用消费品支出的上、下限分别为:

$$上限 = \bar{x} + \Delta_x = 850 + 19.6 = 869.6(元)$$
$$下限 = \bar{x} - \Delta_x = 850 - 19.6 = 830.4(元)$$

我们可以 95% 的概率保证程度,估计该市居民家庭年平均每户耐用消费品支出在 830.4~869.6 元之间。

例 2 为了研究新式时装的销路,在市场上随机对 900 名成年人进行调查,结果有 540 名喜欢该新式时装,要求以 90% 的概率保证程度,估计该市成年人喜欢该新式时装的比率。

(1)根据抽样资料计算：

$$样本喜爱人数比率\ p = \frac{n_1}{n} = \frac{540}{900} = 60\%$$

$$样本方差\ \sigma_p^2 = p(1-p) = 0.6 \times 0.4 = 0.24$$

$$\mu_p = \sqrt{\frac{p(1-p)}{n}} = \sqrt{\frac{0.24}{900}} = 1.63\%$$

(2)根据给定的置信度 $F(Z)=0.9$，查"正态分布概率表"求得概率度 $Z=1.64$。

(3)计算 $\Delta_p = Z\mu_p = 1.64 \times 1.63\% = 2.67\%$，则总体比率的上、下限分别为：

$$上限 = p + \Delta_p = 60\% + 2.67\% = 62.67\%$$
$$下限 = p - \Delta_p = 60\% - 2.67\% = 57.33\%$$

我们可以概率 90% 的保证程度，估计该市成年人对此时装的喜爱比率在 57.33%～62.67% 之间。

第四节 假设检验

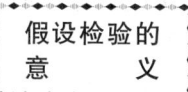
假设检验的意义

一个随机样本所提供的信息，不但可以使我们对总体的参数，如总体平均数、总体成数等做出具有一定可靠程度的估计，而且还可以使我们对总体某种数量特征的假设做出判断。假设检验就是利用样本的实际资料，来检验总体某些参数事先所做的假设是否可信的一种统计分析方法。假设检验是抽样统计推断的一项重要内容。

由于我们不知道或不完全知道所关心的总体的某种数量特征及其变化，因而需要事先做出一定的假设。例如，考虑某产品的生产情况是否正常，我们只能根据过去长期观察的平均水平和变异情况，或按照国家规定的质量标准和允许的公差等等，做出生产可能正常或不正常的假设。但是这种平均水平或标准质量毕竟只是过去的情况或正常条件下的要求，是不是也符合当前总体的实际情况还有待验证，因此它只是一种假设，一种"说法"。又如，我们进行某种技术革新，如推广一项新配方、新工艺、新方法等等，是否有显著的效果，也需要先做出假设，然后根据样本的实际资料用一定的程序来检验所做的假设是否合理，从而决定接受或推翻这个假设。总而言之，凡属于研究总体的数量变化是否按照我们预期的规律性要求的问题都属于统计假设检验的讨论范围。

统计假设检验也称为显著性检验，主要是指实际的抽样指标和假设的总体指标之间的检验。这里首先需要有一个比较标准，这个标准便是假设的总体参数，而且总体的分布也是已知的。其次，要考虑差异是不是显著。将抽样指标和总体指标加以比较，总是有差异的，要求两者完全一致的可能性是极小的。问题是差异达到多大程度才算是显著的呢？所谓显著性是就差异的程度而言的。程度不同说明引起变动的原因也有不同。因此需要对产生差异的原因做一番分析。在连续生产或试验中，其结果总是有波动、有差异的。条件不同会引起不同的结果，即使条件相同，结果也不可能完全相同。这里存在两种不同性质的差异：一种是条件差异，即由工艺或试验条件的改变所引起的结果差异；一种是随机差异，即由于生产或试验过程中受偶然因素的影响，以及测量不准确而引起的结果差异。这两种原因的共同作用导致各种各样的误差。显著性差异就是实际的抽样指标和假设的总体指标的差异超过了通常偶然因素起作用的范围。它说明所发生的差异除随机因素之外还存在条件差异的因素，因此我们就可以据此否定总体的波动纯粹是由于随机因素的假设。

显著性水平

假设检验的基本思想是：先对所研究的命题提出一种假设，称为原假设或零假设，亦即无显著差异的假设，并假定这个假设成立，然后以此推导出其必然的结果，如果又能证明这种结果的可能性很小，那么我们可以用反证法证明原假设是错误的，从而拒绝接受这个假设；否则，我们就没有理由拒绝原假设，而称原假设是可容的。必须强调的是，我们之所以拒绝原假设，并不是因为它存在的逻辑上的绝对矛盾，或实际上不可能存在这种假设，而仅仅是因为它存在的可能性很小。这里我们实际上是运用了所谓的小概率原理。小概率原理告诉我们：概率很小的事件在一次试验中几乎是不会发生的。如果根据原假设的条件正确地计算出某一结果发生的概率很小，理应在一次试验中不至于发生，然而在一次试验中事实上又发生了，则我们就可以认为原假设不正确而拒绝接受。

因此，在进行假设检验时，事先就应该确定可允许的小概率的标准作为判断的界限，这个小概率标准称为显著性水平。如果根据命题的原假设所计算的概率小于这个标准,就拒绝原假设;如果计算出来的概率大于这个标准,就接受原假设。这样,我们把概率分布分为两个区间:小于给定标准的概率分布区间称为拒绝区间,大于这个标准则为接受区间。例如给定小概率标准 $\alpha=0.05$,凡概率小于 5% 的都称为小概率事件,属于拒绝区间,如图 5-2 两端阴影部分;而 $1-\alpha=0.95$ 则是对立事件的概率,其概率在 95% 以内的,为接受区间,如图 5-2 中央部分所示。事件属于接受区间,原假设成立而无显著性差异;事件属于拒绝区间,推翻原假设而有显著性差异,其区间以小概率标准 $\alpha=0.05$ 为分界线,所以称 α 为显著性水平。α 所对应的概率度 Z 称为显著性水平 α 的临界值,记为 Z_α,例如 $\alpha=0.05$ 时,则临界值 $Z_{0.05}=1.96$。我们以概率小于 0.05 的事件作为小概率事件,也就等于说大于临界值 $Z_{0.05}=1.96$ 的事件就是小概率事件。这样我们可以直接利用"正态分布概率表"查找临界值作为判断的依据。

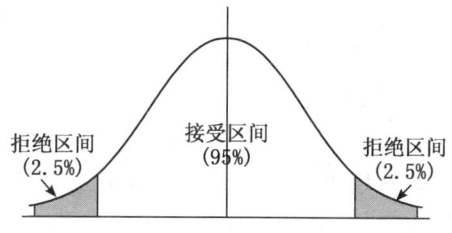

图 5-2 假设检验示意

显著性水平不是一个固定不变的数字。显著性水平不同,则拒绝区间和接受区间也不同,因而我们所做的判断也可能不同。显著性水平应该根据所研究问题的性质和我们对结论准确性所做的要求而定,通常多采用 0.1、0.05、0.01、0.001 等显著性水平。例如民意测验可采用显著性水平 $\alpha=0.1$,其他社会经济现象的检查取 $\alpha=0.05$,产品质量检验取 $\alpha=0.01$,工程技术上的检验取 $\alpha=0.001$,甚至取 $\alpha=0.0001$。显著性水平主要视拒绝区间所可能承担的风险来决定。

假设检验的步骤

归纳以上所介绍的假设检验的基本原理,统计假设检验的一般步骤可以总结为:提出假设,确定显著性水平 α 和相应临界值 Z_α,抽取样本计算统计量和相应概率区间的概率度,加以比较判断,从而做出接受或拒绝假设的决定。现在就总体平均数和总体成数假设检验的步骤加以具体说明,并假定均采用大样本。

(一)提出假设　首先提出原假设,也称零假设,记为 H_0。设立原假设的目的在于提出检验中要予以拒绝或接受的假设。再提出备择假设,也称替换假设,记为 H_1。如果原假设被拒绝了就等于接受了备择假设,所以备择假设也就是原假设的对立事件。

假设根据所研究的问题性质可以取等式或不等式。当我们所关心的问题是要检验样本平均数和总体平均数,或样本成数和总体成数有没有显著性的差异,而不是差异的方向是正差或负差时,则称双侧检验,原假设取等式,如:

$$H_0: \overline{X} = \overline{X}_0; H_1: \overline{X} \neq \overline{X}_0 \tag{5-26}$$

或
$$H_0: P = P_0; H_1: P \neq P_0 \tag{5-27}$$

当我们所关心的问题不仅仅要检验样本平均数和总体平均数,或样本成数和总体成数有没有显著的差异,而且还追究是否产生预先指定方向的差异(正差异或负差异),则称单侧检验,原假设取不等式形式,如:

$$H_0: \overline{X} \geqslant \overline{X}_0; H_1: \overline{X} < \overline{X}_0 \tag{5-28}$$

$$H_0: \overline{X} \leqslant \overline{X}_0; H_1: \overline{X} > \overline{X}_0 \tag{5-29}$$

$$\text{或 } H_0: P \geqslant P_0; H_1: P < P_0 \tag{5-30}$$

$$H_0: P \leqslant P_0; H_1: P > P_0 \tag{5-31}$$

(二)确定检验的显著性水平 α 以及相应的 Z 临界值　在双侧检验时,我们应将给定的显著性水平 α,按对称分布的原理平均分配到左右两方,每方各为 $\dfrac{\alpha}{2}$,相应得到下临界值为 $-Z_{\alpha/2}$,上临界值为 $Z_{\alpha/2}$。如图 5-3 所示。

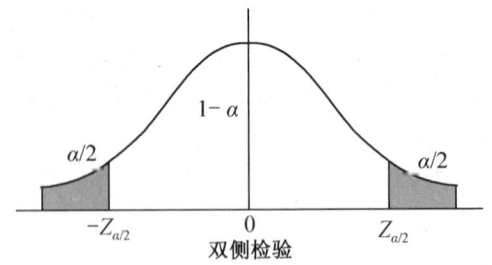

图 5-3　双侧检验示意

在单侧检验中,给定显著性水平 α,应该根据问题的要求确定是左单侧检验,还是右单侧检验,其临界值为 $-Z_\alpha$ 或 Z_α,如图 5-4 表示左单侧检验,其临界值为 $-Z_\alpha$。

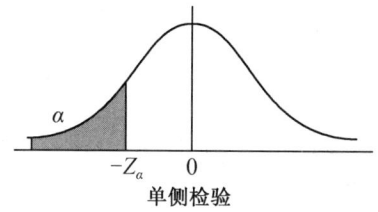

图 5-4 单侧检验示意

(三)求 Z 值 抽取一个随机样本,并从 H_0 假设为真出发,计算抽样平均数或抽样成数,再求相应概率区间的概率度 Z 值。

$$Z=\frac{\bar{x}-\bar{X}_0}{\mu_x} \tag{5-32}$$

或

$$Z=\frac{p-P_0}{\mu_p} \tag{5-33}$$

(四)将实际求得的 Z 值和事先给出的临界值做比较 在双侧检验中,如果 $Z \geqslant Z_{\alpha/2}$ 或 $Z \leqslant -Z_{\alpha/2}$,就拒绝原假设 H_0,而接受备择假设 H_1;如果 $Z \leqslant Z_{\alpha/2}$ 或 $Z \geqslant -Z_{\alpha/2}$,就不能否定原假设,而接受原假设为真。

例 1 某橡胶厂生产汽车轮胎,经过长期试验分析知其耐用里程服从正态分布。平均里程为 25 000 km,标准差为 1 900 km。今年采用新技术生产,从新生产的轮胎中随机抽取 400 个轮胎做试验,求得平均里程为 25 300 km。试问在 0.05 的显著性水平下新生产轮胎的平均耐用里程与通常的耐用里程有没有显著的差异,或者它们仍属于同一总体的假设是否成立。

本题是总体平均数双侧检验问题,解答程序如下:

(1)提出假设 $H_0: \bar{X}=25\ 000$ km。其用意是总体的平均数仍为 25 000 km,样本资料并不显示新产品的耐用里程和过去的耐用里程有什么显著的差异。所发生的差异完全是随机的。备择假设 $H_1: \bar{X} \neq 25\ 000$ km,用意与原假设相反。

(2)给定显著性水平 $\alpha=0.05$。由于是双侧检验,两边拒绝区间的概率各为 $\frac{\alpha}{2}=0.025$,即下临界值为 $-Z_{0.025}$,上临界值为 $Z_{0.025}$。由于拒绝区间的概率 $\alpha=0.05$,所以接受区间的概率 $1-\alpha=0.95$。查"正态分布概率表",当 $F(Z)=0.95$ 时,$Z=1.96$。所以下临界值 $-Z_{0.025}=-1.96$,上临界值 $Z_{0.025}=1.96$。表示下临界区域包括所有等于或小于 -1.96 的 Z 值,上临界区域包括所有等于或大于 1.96 的 Z 值。

(3)根据抽样平均数,计算实际的概率度 Z 值。

$$Z = \frac{\bar{x} - \bar{X}_0}{\mu_x} = \frac{25\ 300 - 25\ 000}{95} = 3.16$$

式中 $\mu_x = \frac{\sigma}{\sqrt{n}} = \frac{1\ 900}{\sqrt{400}} = 95$

(4)检验判断。由于实际的 Z 值大于临界值 $Z_{0.05}$,即 $3.16 > 1.96$,所以我们有理由拒绝原假设,即否定新生产轮胎的耐用里程与原产品没有显著差异的假设,而接受备择假设 H_1,认为新生产的产品质量有明显的提高,或者说,新生产的产品和原来的产品并非同一总体。

例 2 假日饭店有 500 张客床,正常时间每床位日租金为 100 元,平均订位率 70%。现在经理进行一项试验,采取优惠措施把房价降低 15%,经过 36 天,平均每天出租床位 406 张,其标准差 $\sigma = 78$ 张。试以 0.05 的显著性水平评估优惠措施是否有明显的效果。

这是对总体平均数进行单侧检验的问题,而且要求检验是否超过原总体平均数,因而属于右单侧检验。

(1)提出假设。根据题意,如果试验结果和原来水平没有显著的差异(提高),我们就拒绝原假设,所以我们以等于或小于原平均数为原假设,而以大于原平均数为备择假设,即

$$H_0 : \bar{X} \leqslant 500 \times 70\% = 350$$

$$H_1 : \bar{X} > 350$$

(2)给定显著性水平。由于要求检验订位数是否有显著提高,因此只需右侧临界值,不存在左侧临界值。给定显著性水平 $\alpha = 0.05$ 是单侧的要求,考虑到"正态分布概率表"是双侧的,如果单侧要求 $\alpha = 0.05$,则双侧就应为 $2 \times 0.05 = 0.1$,查"正态分布概率表"$F(Z_\alpha) = 1 - 2\alpha = 0.9$,$Z_\alpha = 1.645$。

(3)计算检验统计量的样本观察值。

$$Z = \frac{\bar{x} - \bar{X}_0}{\frac{\sigma}{\sqrt{n}}} = \frac{406 - 350}{\frac{78}{\sqrt{36}}} = 4.3$$

(4)做出检验决策。因为 $Z > Z_\alpha$,即 $4.3 > 1.645$,检验统计量的样本观察值落入拒绝区域,所以在 0.05 显著性水平下,拒绝原假设。就是说假日饭店的优惠措施使订位率有显著的提高。

例 3 生产某产品的公司称有 75% 以上的消费者满意其产品的质量。一家市场调查公司受托调查该公司此项声明是否属实,随机抽样调查了 625

名消费者,表示满意该公司产品质量者有 500 人。试问在显著性水平 0.05 下,该公司的声明是否属实。

由于公司的声明称 75% 以上的消费者满意其产品的质量,现在要检验该声明是否属实,属于总体成数的右单侧检验问题。

(1)原假设 $H_0:P\leqslant 75\%$,备择假设 $H_1:P>75\%$。

(2)给定显著水平 $\alpha=0.05$。由于是单侧检验,查"正态分布概率表",得临界值 $Z_{0.05}=1.65$。

(3)根据抽样资料,计算检验统计量的样本观察值。

$$p=\frac{500}{625}=0.8$$

$$Z=\frac{p-P_0}{\sqrt{P_0(1-P_0)/n}}=\frac{0.8-0.75}{\sqrt{0.75\times(1-0.75)/625}}=2.887$$

(4)做出检验决策。由于 $Z=2.887>Z_{0.05}=1.65$,所以拒绝原假设 H_0,即认为该公司的此项声明属实。

第五节 抽样组织及其误差

抽样调查的组织形式不仅仅关系到人力费用的节约程度,而且直接影响估计和检验结果的准确性。抽样组织形式不同,抽样的平均误差也不同,所以改进抽样的组织工作,是提高抽样效果的一个重要途径。以下介绍几种常用的抽样调查组织形式以及抽样平均误差的计算方法。

简单随机抽样

简单随机抽样是按随机原则直接从总体 N 个单位中抽取 n 个单位作为样本。无论是重复抽样还是不重复抽样,都要保证每个单位在抽选中都有相等的中选机会。由于这种抽样组织形式除了抽样框的名单外,不需要利用任何其他信息,所以也称为简单随机抽样。简单随机抽样是抽样中最基本也是最简单的抽样组织形式,它适用于均匀总体,即具有某种特征的单位均匀地分布于总体的各个部分,使总体的各部分都是同分布的。在抽样之前要求对总体各单位加以编号,然后用抽签的方式或根据"随机数表"来抽选必要的单位数。按简单随机抽样方式抽取的样本称为简单随机样本。以上各节所讨论的抽样方法都是就简单随机抽样而言的。

在设计的时候,可以根据所研究问题的性质确定允许的误差范围和必要的概率保证程度(或概率度),并根据历史资料或其他试点资料估计总体的标准差,通过抽样平均误差公式计算必要的样本单位数。

在重复抽样条件下,样本平均数的极限抽样误差公式为:

$$\Delta_x = Z\mu_x = \frac{Z\sigma}{\sqrt{n}} \tag{5-34}$$

则必要的样本单位数为:

$$n = \frac{Z^2\sigma^2}{\Delta_x^2} \tag{5-35}$$

在不重复抽样条件下,样本平均数的极限抽样误差公式为:

$$\Delta_x = Z\mu_x = \sqrt{\frac{Z^2\sigma^2}{n}\left(1-\frac{n}{N}\right)} \tag{5-36}$$

则必要的样本单位数为:

$$n = \frac{NZ^2\sigma^2}{N\Delta_x^2 + Z^2\sigma^2} \tag{5-37}$$

同样,重复抽样和不重复抽样的成数样本必要单位数分别为:

重复抽样:$n = \dfrac{Z^2 p(1-p)}{\Delta_p^2}$ (5-38)

不重复抽样:$n = \dfrac{NZ^2 p(1-p)}{N\Delta_p^2 + Z^2 p(1-p)}$ (5-39)

从上式可以看出,必要的样本单位数受允许的极限误差的制约,极限误差要求愈小,则样本单位数就愈多。以重复抽样来说,若其他条件不变,当误差范围缩小一半时,则样本单位数必须增至 4 倍,而当误差范围允许扩大 1 倍时,则样本单位数只需要原来的 1/4。所以在抽样组织中对抽样误差可能允许的范围要慎重考虑。

在多主题抽样中,往往一个样本要调查多项指标。例如在我国农村经济调查中,县以上的农产量和农村住户调查便合并为一套样本网点。又如城市职工家计调查中,既要调查职工家庭平均年收入,也要调查职工家庭的消费构成。一个总体不同标志值的变异程度可能不同,对抽样允许误差范围也可能有不同的要求,因此计算所得的样本必要单位数也会有所不同。为了确保抽样误差控制在允许的范围内,应该采取样本单位数比较大的设计方案。

例如某市开展职工家计调查,根据历史资料,该市职工家庭平均每人月收入的标准差为 350 元,而家庭消费的恩格尔系数(即家庭食品支出占消费总支出的比重)为 38%。现在用重复抽样的方法,要求在 95.45% 的概率保证下,平均收入的极限误差不超过 20 元,恩格尔系数的极限误差不超过 3%,求样本必要的单位数。

根据公式,在重复抽样条件下:

样本平均数的单位数 $n = \dfrac{Z^2 \sigma^2}{\Delta_{\bar{x}}^2} = \dfrac{2^2 \times 350^2}{20^2} = 1\ 225$(户)

样本成数的单位数 $n = \dfrac{Z^2 p(1-p)}{\Delta_p^2}$

$= \dfrac{2^2 \times 0.38 \times 0.62}{0.03^2} = 1\ 047$(户)

两个抽样指标所要求的单位数不同,应采取其中比较多的单位数,即抽取 1 225 户进行家计调查,以满足共同的要求。

简单随机抽样在实践中受到许多限制,当总体很大时,对每单位编号、抽签等都会遇到难以克服的困难,但这种抽样方式在理论上最符合随机原则,它的抽样误差容易得到数学上的论证,所以可以作为设计其他更复杂的抽样组织的基础,同时也是衡量其他抽样的组织形式抽样效果的比较标准。

类型抽样 类型抽样又称分层抽样。它的特点是:先对总体各单位按主要标志加以分组,然后从各组中按随机原则抽选一定单位构成样本。

设总体由 N 个单位构成,把总体划分为 k 组,使 $N = N_1 + N_2 + \cdots + N_k$,然后从每组的 N_i 个单位中抽取 n_i 个单位构成样本容量为 n 的样本,使 $n = n_1 + n_2 + \cdots + n_k$,这种抽样方法称为类型抽样。

通过分类,可以把总体中标志值比较接近的单位归为一组,减小各组的组内差异,再从各组抽取样本单位就有更大的代表性,因而抽样误差也就相对缩小了。在总体单位标志值大小悬殊的情况下,运用类型抽样可以得到比较准确的结果,在实际工作中也得到了广泛的应用。例如农产量抽样按地理条件分组,职工家计调查按国民经济部门分组,产品产量抽检按加工车床型号分组,都收到了明显的效果。

由于分类是按有关的主要标志分组的,各组的单位数一般是不同的。类型抽样通常是按各组总体单位数占全及总体单位数的一定比例来抽取样本的。单位数较多的组应该多取样,单位数少的组则少取样,以保持各组样本单位数与样本总容量之比等于各组总体单位数与全及总体单位数之比。即

$$\dfrac{n_1}{N_1} = \dfrac{n_2}{N_2} = \cdots = \dfrac{n_k}{N_k} = \dfrac{n_i}{N_i}$$

所以各组的样本单位数为:

$$n_i = \frac{nN_i}{N} \tag{5-40}$$

现在从各组中分别取样,所以可以计算各组抽样平均数 $\overline{x_i}$:

$$\overline{x_i} = \frac{\sum_{j=1}^{n} x_{ij}}{n_i} \quad (i=1,2,\cdots,k) \tag{5-41}$$

再将各组抽样平均数 $\overline{x_i}$ 以各组的总体单位数 N_i 或样本单位数 n_i 为权数计算加权平均数,得到全样本的抽样平均数

$$\overline{x} = \frac{\sum_{i=1}^{n} N_i \overline{x_i}}{N} = \frac{\sum_{i=1}^{n} n \overline{x_i}}{n} \tag{5-42}$$

类型抽样的抽样平均误差 μ_x 可以这样考虑:由于类型抽样是对每一组进行抽样,所以不存在组间误差,抽样平均误差取决于各组内方差的平均水平。首先计算各组内方差:

$$\sigma_i^2 = \frac{\sum(x_{ij}-\overline{X_i})^2}{N_i} \approx \frac{\sum(x_{ij}-\overline{x_i})^2}{n_i} \quad (i=1,2,\cdots,k) \tag{5-43}$$

再以各组样本单位数 n_i 为权数,计算各组内方差的平均数:

$$\overline{\sigma^2} = \frac{\sum n_i \sigma_i^2}{n} \tag{5-44}$$

样本平均数的抽样平均误差 μ_x 可按下列公式计算:

在重复抽样条件下:$\mu_x = \sqrt{\dfrac{\overline{\sigma_i^2}}{n}}$ (5-45)

在不重复抽样条件下:$\mu_x = \sqrt{\dfrac{\overline{\sigma_i^2}}{n}\left(1-\dfrac{n}{N}\right)}$ (5-46)

例1 某乡粮食播种面积 20 000 亩,现在按平原和山区面积比例抽取其中 2%,计算各组平均亩产 $\overline{x_i}$ 和各组标准差 σ_i 如表 5-5,求样本平均亩产 $\overline{x}$ 和抽样平均误差 μ_x。

表 5-5 样本平均数及抽样平均误差计算

	全部面积(亩) N_i	样本面积(亩) n_i	样本平均亩产 $\overline{x_i}$ (kg)	亩产标准差 σ_i (kg)
平原	14 000	280	560	80
山区	6 000	120	350	150
合计	20 000	400	497	106

$$\bar{x} = \frac{\sum n_i \overline{x_i}}{n} = \frac{280 \times 560 + 120 \times 350}{400} = 497 (\text{kg})$$

$$\overline{\sigma^2} = \frac{\sum n_i \sigma_i^2}{n} = \frac{280 \times 80^2 + 120 \times 150^2}{400}$$
$$= 11\,230 (\text{kg})$$

抽样平均误差 μ_x 计算如下：

在重复抽样条件下：

$$\mu_x = \sqrt{\frac{\overline{\sigma_i^2}}{n}} = \sqrt{\frac{11\,230}{400}} = 5.3 (\text{kg})$$

在不重复抽样条件下：

$$\mu_x = \sqrt{\frac{\overline{\sigma_i^2}}{n} \times \left(1 - \frac{n}{N}\right)} = \sqrt{\frac{11\,230}{400} \times \left(1 - \frac{11\,230}{20\,000}\right)}$$
$$= 5.25 (\text{kg})$$

从以上计算过程可以看出，类型抽样的抽样平均误差与组间的方差无关，仅取决于组内方差的平均水平。由于总体方差等于组间方差与组内平均方差之和，所以类型抽样误差一般小于简单随机抽样误差；而且在类型抽样分组时应该尽可能扩大组间方差，缩小组内方差，即各组间的差异可以大，而各组内的差异必须小，这样可以减少抽样误差，提高抽样效果。

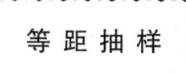

等距抽样也称机械抽样或系统抽样。它先按某一标志对总体各单位进行排序，然后依一定顺序和间隔抽取样本单位。由于这种抽样是在各单位大小排序基础上，再按某种规则依一定间隔取样的，这样可以保证所取得的样本单位比较均匀地分布在总体的各个部分，有较高的代表性。

作为总体各单位顺序排列的标志，可以是无关标志，也可以是有关标志。所谓无关标志是指和单位标志值的大小无关或不起主要影响作用的标志。例如工业产品质量抽查按时间顺序取样，农产量抽样调查按田间的地理顺序取样，居民家计调查按街道的门牌号码抽取调查户。

设总体由 N 个单位构成，现在需要抽取一个容量为 n 的样本。先将总体 N 个单位按某一无关标志排序，然后将 N 划分为 n 个单位数相等的部分，每部分包含 k 个单位，即 $k = \frac{N}{n}$。现在从第 1 部分顺序为 $1, 2, \cdots, k$ 个单位中随机抽取第 i 单位，而在第 2 部分中抽取第 $i+k$ 个单位，在第 3 部分中抽取第 $i+2k$ 个单位……在第 n 部分中抽取第 $i+(n-1)k$ 个单位，共 n

个单位构成一个样本。由此可见,等距抽样中每个样本单位的间隔均为 k,当第一个单位随机确定之后,其余各个单位的位置也就确定了。这种方法共可抽取 k 套样本。

在对总体各单位的变异情况有所了解的情况下,也可以采用有关标志进行总体单位排序。所谓有关标志是指作为排序的标志和单位标志值的大小有密切的关系。例如农产量抽样调查,利用各县或乡近三年平均亩产量或当年估计亩产量排序,抽取调查单位。又如职工家计调查,按上年职工平均工资排序,抽取调查企业或调查户。按有关标志排序实质上是运用类型抽样的一些特点,有利于提高样本的代表性。

按有关标志排序,并根据样本单位数加以 n 等分之后,对每一部分抽取 1 个样本单位有两种方法。

(1)半距中点取样。即取每一部分处于中间位置的单位。如从第 1 部分 k 个单位中取第 $\frac{k}{2}$ 个单位,第 2 部分取第 $(2-1) \times \frac{k}{2}$ 个单位,第 3 部分取第 $(3-1) \times \frac{k}{2}$ 个单位……第 n 部分取第 $(n-1)\frac{k}{2}$ 个单位,每单位的间隔都是 k,共 n 个单位构成样本。之所以要中点取样,是因为按有关标志排序,各组单位都按从大到小或从小到大排序,抽取处于中间位置的单位最能代表一般的水平。但这种取样随机性比较差,而且只能抽取一套样本,有其不足之处。

(2)对称等距取样。在有关标志按大小排序之后,第 1 部分随机取第 i 个单位,第 2 部分则取这部分倒数第 i 个单位,如此反复使两组保持对称等距。例如第 1 部分 k 个单位中随机取第 i 个单位,第 2 部分则取第 $2k-i$ 个单位,第 3 部分取第 $2k+i$ 个单位,第 4 部分取第 $4k-i$ 个单位……第 $n-1$ 部分取第 $(n-2)k+i$ 个单位,第 n 部分取第 $nk-i$ 个单位,共取 n 个单位构成样本。之所以要对称等距取样,是因为按有关标志排序后,当第一个取偏小的标志值时,第二个会取偏大的标志值,这样既满足随机原则,从总体上说又可以取得比较有代表性的样本,而且一次排序可以随机抽取 k 套样本。

在等距抽样中,不论是无关标志还是有关标志排序,都要注意避免因抽样间隔与现象本身的周期性相同而引起的系统误差。例如农产量抽样调查,样本点的抽样间隔不宜和田间的长度相等;工业产品质量抽查,产品抽样时间间隔不宜和上下班时间一致,以免产生系统偏差,影响样本的代表性。

用等距抽样的方式抽取一个样本,就可以计算样本平均数:

$$\bar{x}=\frac{\sum x}{n} \tag{5-47}$$

等距抽样的抽样平均误差和标志排列的顺序有关,情况比较复杂。如果用来排序的标志是无关标志,而且随机起点取样,那么它的抽样误差就十分接近简单随机抽样。为了简便起见,等距抽样的抽样平均误差可以采用简单随机抽样误差公式来近似反映,即

$$\mu_x = \frac{\sigma}{n} \tag{5-48}$$

或

$$\mu_x = \sqrt{\frac{\sigma^2}{n}\left(1-\frac{n}{N}\right)} \tag{5-49}$$

例如某块麦地长 360 m,宽 100 m,包括 100 条垄,这块麦地面积为 $360 \times 100 = 36\,000$ m²,等于 $360\left(\frac{36\,000}{100}\right)$ 公亩,折合 $54(360 \times 0.15)$ 市亩。现在从这块麦地按等距抽样的方式,抽取 50 个 2 m 长垄为样本单位进行实割实测。

$$样本距离 = \frac{样本总长}{样本单位数} = \frac{360 \times 100}{50} = 720(\text{m})$$

从地角一边样本距离之半处抽取第一个样本单位,即从 360 m 点前后各 1 m 为第一个样本单位,之后每隔 720 m 取一个样本点,直到抽取 50 个样本单位为止。测得各样本单位的产量如表 5-6 所示:

表 5-6 某麦地等距抽样相关指标计算

样本产量 x (kg)	单位数 n_i	$n_i x$	$x - \bar{x}$	$(x-\bar{x})^2 n_i$
0.8	6	4.8	−0.4	0.96
1.0	12	12.0	−0.2	0.48
1.2	14	16.8	0	0
1.4	12	16.8	0.2	0.48
1.6	6	9.6	0.4	0.96
合计	50	60	—	2.88

样本平均产量 $\bar{x} = \frac{\sum n_i x}{n} = \frac{60}{50} = 1.2(\text{kg})$

每平方米平均产量 $= \frac{样本产量}{样本面积} = \frac{1.2}{2 \times 1} = 0.6(\text{kg})$

每亩平均产量 $= \frac{100 \times 0.6}{0.15} = 400(\text{kg})$

样本标准差 $\sigma = \sqrt{\frac{\sum(x-\bar{x})^2 n_i}{n}}$

$$= \sqrt{\frac{2.88}{50}} = 0.24 \text{(kg)}$$

总体单位数 $N = \dfrac{360 \times 100}{2} = 18\ 000$

样本单位数 $n = 50$

样本抽样平均误差 $\mu_x = \sqrt{\dfrac{\sigma^2}{n}\left(1 - \dfrac{n}{N}\right)}$

$$= \sqrt{\frac{0.24^2}{50} \times \left(1 - \frac{50}{18\ 000}\right)}$$

$$= 0.033\ 89 \text{(kg)}$$

每亩抽样平均误差 = 每亩样本单位数 $\times \mu_x$

$$= \frac{100 \times 0.033\ 89}{0.15 \times 2} = 11.3 \text{(kg)}$$

整群抽样

整群抽样也称集团抽样。它是将总体各单位划分成许多群,然后从其中随机抽取部分群,对中选群的所有单位进行全面调查的抽样组织形式。

在抽样调查中没有总体单位的原始记录可资利用时,常常采用整群抽样。例如要调查某市去年底育龄妇女的生育人数,但又没有去年的育龄妇女的档案资料,无法对育龄妇女抽样,可以采用整群抽样的方式,将全市按户籍派出所的管辖范围分成许多区域,随机抽选其中若干区域,并对抽中的派出所辖区内按户籍册全面调查育龄妇女的生育人数。整群抽样因为是对中选群的全面调查,所以调查单位很集中,大大简化了抽样工作,节省了经费开支。例如要调查家庭副业的发展情况,不是直接抽居民户,而是以村为单位,从中抽取若干村,然后对中选村的全体居民户进行调查,这样就方便多了。

设将总体的全部单位 N 划分为 R 个群,每个群包括 M 单位,则有 $N = RM$。现在从总体 R 个群中随机抽取 r 个群组成样本,并对中选 r 个群的所有 M 单位进行调查。由于各群全面调查,所以

第 i 个群样本平均数 $\qquad \bar{x}_i = \dfrac{\sum\limits_{i=1}^{M} x_{ij}}{M} (i = 1, 2, \cdots, r)$ \hfill (5-50)

全样本平均数 $\qquad \bar{x} = \dfrac{\sum\limits_{i=1}^{r} \overline{x_i}}{r}$ \hfill (5-51)

由于假设各群的单位数相等,所以只用简单算术平均求全样本的平均数。从上式可以看出,整群抽样实质上是以群代替单位标志值之后的简单随机抽样。因此样本平均数的抽样平均误差 μ_x 可以根据群间方差来推算。

设 δ^2 为群平均数的群间方差。

$$\delta^2 = \frac{\sum(X_i - \overline{X})^2}{R} \tag{5-52}$$

或

$$\delta^2 = \frac{\sum(x_i - \overline{x})^2}{r} \tag{5-53}$$

整群抽样都采用不重复抽样的方法,所以抽样平均误差为:

$$\mu_x = \sqrt{\frac{\delta^2}{r}\left(\frac{R-r}{R-1}\right)} \tag{5-54}$$

例如,某化肥厂日夜连续生产,每分钟产量为 100 袋。现在采用整群抽样来检验一昼夜生产的化肥每袋的重量和包装的一等品率。每次抽 1 min 的产量,以 144 min 为间隔,共抽取 10 min 的产量进行分批检验,其平均袋重为 49.5 kg,群间方差为 2.65 kg,一等品包装的比重为 85%,其群间方差为 0.5%。

试以 95.45% 的置信度:(1) 估计该厂 24 h 化肥产量每袋平均袋重的范围;(2) 估计一等品包装比重的范围。

像这样的整群抽样题目,首先要掌握 R 和 r 的确定方法。这里以"1 min 的产量"为一个群,一昼夜可以划分的群数是:

$$R = \frac{60 \times 24}{1} = 1\ 440$$

以 144 min 的间隔抽 1 min 的产量,共抽 10 min,即:

$$r = \frac{1\ 440}{144} = 10$$

$$(1) \Delta_x = Z\sqrt{\frac{\delta^2}{r}\left(\frac{R-r}{R-1}\right)} = 2 \times \sqrt{\frac{2.65}{10} \times \frac{1\ 440 - 10}{1\ 440 - 1}} = 1.03$$

$$\overline{X} = \overline{x} \pm \Delta_x = 49.5 \pm 1.03$$

即以 95.45% 的置信度估计该昼夜 24 h 的化肥产量的平均每袋重量在 48.47 kg 到 50.53 kg 之间。

$$(2) \Delta_p = Z\sqrt{\frac{\delta^2}{r}\left(\frac{R-r}{R-1}\right)} = 2 \times \sqrt{\frac{0.5\%}{10} \times \frac{1\ 440 - 10}{1\ 440 - 1}} = 4.51\%$$

$$P = p \pm \Delta_p = 85\% \pm 4.51\%$$

即以95.45%的置信度估计该昼夜24 h所生产的化肥一等品包装袋比重在80.49%至89.51%之间。

整群抽样是对中选群进行全面调查,所以只存在群间抽样误差,不存在群内抽样误差。这一点和类型抽样只存在组内抽样误差,不存在组间抽样误差恰好相反。因此,整群抽样和类型抽样虽然都要对总体各单位进行分组,但分组所起的作用则是完全不同的。类型抽样分组的作用在于尽量缩小组内的差异程度,达到扩大组间方差、提高估计准确性的目的;而整群抽样分组的作用则在于扩大群内的差异程度,以达到缩小群间方差、提高估计准确性的目的。

整群抽样的好处是组织工作方便,确定一个群便可以调查许多单位。但是抽样单位比较集中,限制了样本在总体分配上的均匀性,所以代表性较低,抽样误差较大。在实际工作中,采用整群抽样方法通常都要增加一些样本单位,以减少抽样误差,提高估计准确性。

抽样方案的检查 设计的抽样方案,或由于实际情况有变化,所采用的历史资料已过时,不宜使用,或由于考虑不周而在设计时发生失误并未被发现等,不能保证从抽样结果中获得有充分代表性的数据,因此在设计方案实施之前必须经过检查,用试点的结果来验证设计方案的准确性和可行性,然后才能正式推广使用。方案的检查主要有准确性检查和代表性检查两方面。

(一)准确性检查 所谓准确性检查,就是以方案所要求的允许误差范围为标准。用已掌握的资料检查其在一定概率保证下,实际的极限误差是否超过方案所允许的误差范围,即要求Δ_x或Δ_p小于或等于所允许的误差范围。如果检查结果实际的Δ_x或Δ_p没有超过规定范围,便认为方案的设计符合准确性的要求,可以付诸实施。反之,如果实际的Δ_x或Δ_p超过规定的标准,说明方案的准确性不符合要求,就应该对抽样方案进行认真的分析,逐步检查。若不存在技术性的差错,就要增加样本容量,对方案做必要的修正,然后再进行检查,直到符合准确性方面的要求为止。

例如,某县设计的农产量抽样调查方案,样本容量为15个村,用对称等距抽样方法,要求抽样误差范围不超过10 kg,其置信度为95%。检查时,先对该县用对称等距的方法抽15个村登记各村的预计产量,并计算其单位面积产量及其抽样平均误差。求得$\mu_x=4.5$ kg,实测$\Delta_x=Z\mu_x=1.96\times4.5=8.82$ kg。将实测的极限误差8.82 kg与方案规定的允许误差范围10比较,8.82 kg<10 kg,说明方案符合准确性的要求,可以用15个村的平均单位面

积产量来推断全县的平均单位面积产量水平。

(二)代表性检查 所谓代表性检查是方案中的样本指标与过去已掌握的总体同一指标 $\overline{X}$ 或 P 进行对比,视其比率是否符合规定的要求。按我国制度规定即：

对于农产量有：$98\% \leqslant \dfrac{\text{样本平均单产}\ \overline{x}}{\text{总体平均单产}\ \overline{X}} \leqslant 102\%$

对于居民收入有：$97\% \leqslant \dfrac{\text{样本平均收入}\ \overline{x}}{\text{总体平均收入}\ \overline{X}} \leqslant 103\%$

只要符合这样的规定,就认为该方案所具有的代表性是令人满意的,可以实施。否则,表示代表性不足,需要对方案进行多方面的检查,做出修正。如果修正后代表性仍不符合要求,就必须增加样本容量以获得满意的代表性。

例如,假定某县所抽的 15 个村计算的平均单位面积产量为 355 kg,而全县的平均单位面积产量为 350 kg。那么用 15 个村的平均单位面积产量来代表全县的平均单位面积产量是否具有代表性呢？我们可以计算平均单位面积产量代表性检查指标。

$$\dfrac{\text{样本平均单产}\ \overline{x}}{\text{总体平均单产}\ \overline{X}} = \dfrac{355}{350} = 101.4\%$$

由于 $101.42\% < 102\%$,没有超过国家制度规定的范围,就可以认为该方案在代表性方面是符合要求的。

我国农产量和居民家计抽样都是定点调查,在选定调查点之后,连续几年调查。由于总体的情况不断变化,因此样本的准确性和代表性连续各年都要进行检查,以保证抽样资料的准确、可靠。

思考与练习

1.什么是抽样推断？它有哪些基本的特点？怎样运用？

2.什么是参数估计？什么是假设检验？它们的基本思路有什么不同？

3.参数和统计量有哪些区别和联系？试举例说明。

4.什么是重复抽样和不重复抽样？不同的抽样方法怎样影响着抽样推断的结果？

5.什么是抽样误差？为什么它不同于登记误差和系统误差？抽样误差

的大小受哪些因素影响？

6.怎样理解抽样平均误差就是抽样平均数（或抽样成数）的标准差？它和总体平均数（或总体成数）可以怎样联系起来，从而反映抽样误差的一般水平？

7.为什么说不重复抽样误差总是小于而又接近于重复抽样的误差？

8.假定10亿人口大国和100万人口小国的居民年龄变异程度相同。现在各自用重复抽样的方法抽取本国的1%人口计算平均年龄，则两国平均年龄抽样平均误差哪国比较大？

9.参数估计的优良标准是什么？抽样平均数和抽样成数估计是否符合优良估计标准？试加以说明。

10.什么是概率度？什么是置信度？这两者有什么关系？

11.类型抽样中的分组和整群抽样中的分群有什么不同意义和不同要求？

12.试比较等距抽样中按无关标志和按有关标志排序的优缺点，以及有关标志排序中半距起点固定间隔取样和随机起点对称等距取样的优缺点。

13.什么是假设检验？假设检验的基本思路是什么？

14.说明假设检验和区间估计的联系与区别。

15.什么是显著性水平？

16.什么是原假设？什么叫备择假设？

17.假设检验的一般步骤是什么？

18.什么是双侧检验？什么是单侧检验？它们各自适用于何种情况？

19.某小组5个工人的月计件产量分别为520、540、560、580、600件，现在用重复抽样的方法从中随机抽2个工人月计件产量构成样本。要求：

(1)计算总体平均月计件产量的标准差。

(2)列出全部可能的样本平均月计件产量。

(3)计算样本平均月计件产量的平均数，并检验是否等于总体平均月计件产量。

(4)计算样本平均月计件产量的标准差。

(5)用抽样平均误差的公式计算，并验证是否等于(4)的结果。

20.同上题资料和要求，但用不重复抽样的方法，并比较两种抽样平均误差的结果，检验是否符合公式的要求。

21.进行简单随机重复抽样，假定抽样单位增加2倍，则抽样平均误差将发生什么变化？如果要求抽样误差减少20%，其样本单位数应如何调整？

22.某工厂生产某种零件，按简单随机方法抽取35件测量外径尺寸（单

位:mm)如下:

50.016	50.017	50.029	50.021	50.006	50.020	50.016
50.008	50.020	50.000	50.016	50.005	50.018	50.013
50.021	50.016	50.017	50.026	50.013	50.001	50.016
50.006	50.005	50.016	50.020	50.020	50.022	50.017
50.020	50.018	50.013	50.022	50.014	50.019	50.019

根据以上资料,计算该零件平均外径尺寸、外径尺寸均方差和外径尺寸抽样平均误差。假定合格外径尺寸定于 50～50.025 mm 的范围内,合格率抽样平均误差是多少?

23.某地互联网用户 20 万户,随机采访 200 户,得到如下数据:

每周上网时数(h)	户数(户)
11	22
12	25
13	56
15	50
18	30
20	17
合计	200

要求:

(1)计算样本平均数和抽样平均误差,以 68.27% 的可靠性估计该地区互联网用户平均每周上网时数。

(2)计算每日上网时间 15 h 以上的户数成数和抽样平均误差。也以 68.27% 的置信度对该地区互联网用户每周上网 15 h 以上的户数做区间估计。

24.采用简单随机重复抽样的方法,在 2 000 件产品中抽查 200 件,其中合格品 190 件,要求:

(1)计算合格品率及抽样平均误差。

(2)以 90% 概率保证程度对合格品率和合格品数量进行区间估计。

(3)如果极限误差为 2.31%,则其概率保证程度是多少?

25.某电子产品使用寿命在 3 000 h 以下为不合格品,现在用简单随机抽样方法,从 5 000 个产品中抽取 100 个对其使用寿命进行调查。其结果如下:

使用寿命(h)	产品数量(个)
3 000 以下	2
3 000～4 000	30
4 000～5 000	50
5 000 以上	18
合计	100

根据以上资料,要求:

(1)按重复抽样和不重复抽样计算该产品平均寿命的抽样平均误差。

(2)按重复抽样和不重复抽样计算该产品合格率的抽样平均误差。

(3)根据重复抽样计算的抽样平均误差,以 68.27% 的概率保证程度对该产品的平均使用寿命和合格率进行区间估计。

26.某外贸公司出口一种茶叶,规定每包规格不小于 150 g,现在用不重复抽样的方法抽取其中 1% 进行检验,其结果如下:

每包重量(g)	包数(包)
148～149	10
149～150	20
150～151	50
151～152	20

要求:

(1)以 99.73% 的概率估计这批茶叶平均每包重量的范围,以便确定平均重量是否达到规格要求。

(2)以同样的概率保证估计这批茶叶的合格率范围。

27.某工厂生产一种新型灯泡 5 000 只,随机抽取 100 只做耐用时间试验。测试结果为:平均寿命为 4 500 h,标准差 300 h,试在 90% 概率保证下,估计该新型灯泡平均寿命区间。假定概率保证程度提高到 95%,允许误差缩小一半,试问应抽取多少只灯泡进行测试?

28.调查一批机械零件合格率。根据过去的资料,合格品率曾有过 99%、97% 和 95% 三种情况,现在要求误差不超过 1%,估计的把握程度为 95%,问需要抽查多少个零件?

(提示:总体方差取最大值。)

29.利用第二章第 13 题数据:

(1)计算月收入和金融资产的抽样平均数和抽样平均误差;

(2)以 68.27% 的置信度对两指标进行区间估计;

(3) 极限误差平均月收入不超过 200 元、平均金融资产不超过 10 000 元，分别确定其概率保证程度；

(4) 如果允许误差缩小 25%，置信度提高到 95.45%，两指标的抽样估计分别应抽取多少户做调查？

30. 某地电信宽带个人用户包月套餐 5 万户，其中，套餐 1~3 类型 3 万户；套餐 4~6 类型 2 万户，现进行包月套餐月租抽样调查。事先在这两类套餐中抽查 60 户和 40 户结果如下：

套餐 1~3		套餐 4~6	
平均每户月租(元)	户数(户)	平均每户月租(元)	户数(户)
70	20	90	10
80	30	100	20
90	10	110	10

要求这次调查的极限误差不超过 20 元，概率保证程度为 95.45%，试按类型抽样组织计算必要的抽样数目。

如果按简单随机抽样组织，试问：

(1) 同样的抽样极限误差和概率保证程度，需要抽取多少样本单位？

(2) 同样的样本单位数和概率保证程度，则会有多大的极限抽样误差？

(3) 同样的样本单位数和极限误差，应有多大的概率保证程度？

31. 对 100 亩水稻田来用等距抽样方式，抽取 100 个样本单位构成抽样总体。每个样本单位为 10 平方市尺。测定结果，每 10 平方市尺的平均收获量为 0.4 kg，平均收获量均方差为 0.125 kg。根据以上资料：假定用 68.3% 可靠性来推断，则这 100 亩水稻每 10 平方市尺平均产量为多少千克？如果把估计的可靠程度提高到 95.45%，则其平均产量应是多少？

32. 某学院调查学生每人每周参加文体活动的时间，首先把学生按学习成绩分组，各抽选 10% 进行调查。结果如下：

按学生成绩分组	学生人数(人)	样本资料		
		抽样人数(人)	每人每周平均文体活动时间(h)	每人每周活动时间的方差
甲	300	30	12.0	15.0
乙	400	40	17.0	8.8
丙	200	20	13.0	27.2
合计	900	90	14.4	—

(1)试计算每人每周总平均文体活动时间的抽样平均误差。

(2)试以90%的概率保证程度,估计该学院学生每人每周参加文体活动的时间。

33.某地区有10 000户,按城市和农村比例,用重复抽样方法抽取1 000户进行家庭汽车拥有量的调查,资料如下表:

家庭户分类	分类代码	抽样户数(户)	家庭汽车拥有户比重(%)
城市	1	300	80
农村	2	700	15

试计算家庭汽车拥有户比重抽样平均误差。

34.从某县的100个村中抽出10个村,进行各村的全面调查,得知平均每户饲养家禽35只,各村平均数的方差为16,要求:

(1)以90%的概率估计全县平均每户饲养的家禽数。

(2)如果极限误差$\Delta_x=2.412$,则其概率保证程度如何?

35.某食品公司销售一种果酱,按标准规格每罐净重为250 g,标准差是3 g。现该公司从生产该果酱的工厂进了一批货,抽取其中的100罐,测得平均净重为251 g。问该批果酱是否符合标准?($\alpha=0.05$)

36.根据统计资料平板电视机的无故障工作时间服从正态分布,平均无故障工作时间为10 000 h。为了提高平板电视机的质量水平,延长无故障工作时间,生产厂家采取了改进措施。现抽取100台改进后生产的平板电视机,得出平均无故障工作时间为10 900 h,标准差为500 h。能否据此认为平板电视机的平均无故障工作时间有显著增加?($\alpha=0.01$)

37.已知某市青年的初婚年龄服从正态分布。现抽取1 000对新婚青年,发现平均年龄24.5岁,样本标准差为3岁,问是否可以据此认为该地区平均初婚年龄没有达到晚婚年龄(25岁)的标准。($\alpha=0.05$)

38.某质量管理部门从一企业抽查了准备出厂的产品180件作为样本进行检查,发现其中有168件为合格品。问该企业全部产品的合格率是否达到95%?($\alpha=0.05$)

39.根据原有资料,某城市居民家庭汽车的拥有率为60%。现根据最新100户的抽样调查,发现家庭汽车的拥有率为62%。能否认为家庭汽车的拥有率有新增长?($\alpha=0.05$)

40.某生物技术有限公司生产丰年虫卵,厂家声称孵化率稳定在80%以上,可以推向市场。为支持厂家的说法,进行抽样检验。随机抽取30批,每批同为200个卵,经孵化培养出以下虫体数据(条):

159	178	146	132	132	160	160	180	148	135
131	154	134	153	156	161	149	151	134	131
158	181	154	172	171	166	159	164	148	165
176	180	154	144	160	164

试问该公司的丰年虫卵孵化率达到80%以上的说法可信吗(显著性水平 $\alpha=0.05$)?

41.某城市2014年居民月人均纯收入2 800元。根据抽样调查,2016年该城市50户居民月人均纯收入如下：

3 670	3 220	2 940	2 730	2 370	3 980	3 270	2 980	2 760	2 460
3 550	2 400	2 750	3 680	2 960	3 520	3 240	3 820	2 290	2 640
2 880	2 710	2 910	3 190	3 600	2 260	3 690	2 620	2 860	3 290
2 120	2 570	2 810	3 030	3 320	3 090	2 220	2 600	3 430	3 700
2 170	2 590	2 830	3 030	2 530	2 810	3 010	2 840	3 040	4 000

试问该城市居民月人均纯收入2016年与2014年比较是否明显提高(显著性水平 $\alpha=0.05$))?

第六章 相关与回归分析

本章的目的在于提供从数量上研究现象之间相互联系的分析方法。通过本章的学习,要求理解:(1)相关的意义,现象相关的主要形式以及相关分析的基本内容;(2)相关系数的设计原理,怎样利用相关系数来判断现象相关的密切程度;(3)回归和相关的区别和联系,建立回归方程的根据,回归方程的参数的意义;(4)估计标准误差的分析;等等。

第一节 相关的意义和种类

相关分析的意义

根据辩证唯物主义和历史唯物主义关于事物普遍联系和相互作用的原理来进行社会经济现象相互联系的分析研究,是统计分析的一个重要课题。

可以列举许许多多关于社会经济生活相互依存、相互制约、相互影响的例子。例如,商品流转的规模和流通费用的关系、工资增长和 GDP 增长的关系、家庭收入水平和恩格尔系数的关系、劳动机械化水平与劳动生产率的关系。无疑,从数量上研究这些现象相互依存的关系,分析现象变动的影响因素和作用强度,对于加强经济的科学管理、发挥统计工作的职能都有其现实意义。

对于社会经济现象相互联系的分析研究仍然离不开对现象总体特点的剖析。

我们知道,现象总体包含许多单位,表明单位特征的数量标志可能有一个、两个、三个或者很多个,只要我们留意观察就会发现总体中往往有两个有关系的数量标志——变量,它们的变量值是一一对应的。例如,居民家庭既有收入的标志,也有消费支出的标志,从而每一家庭有年收入金额的数量,相应也有年消费金额的数量;播种面积有收获量的标志,也有施肥量的标志,对每亩播种面积来说这两个数量也是对应的;工厂有原材料投入的标志,就有产品产出标志,对同类工厂来说,投入与产出的数量是对应的;每个人有身高标志,也有体重标志,它们的数量表现也是成对的。一般地说,在总体中,如果对变量 x 的每一个数值,相应还有第二个变量 y 的数值,则各对变量的变量值所组成的总体称为二元总体。如果是由两个以上相互对应的变量组成的总体,便是多元总体。

对于这样的总体,我们关心的问题是:

(1)两变量是不是存在关系,关系的密切程度如何。例如家庭的消费支出是否和它的收入水平有关,商品销售量是不是和它的价格有关,关系密切到什么程度。

(2)如果存在关系,那么关系的具体形式是什么,比如是线性关系,还是曲线关系;怎样找出一个合适的方程来表示这种关系。

(3)怎样根据一个变量的变动来估计另一变量的变动。例如从居民收入的变化估计商品营业额的变化,从投资额的变化估计社会总产值的变化。

相关分析就是研究两个或两个以上变量之间相互关系的统计分析方法,它是研究二元总体和多元总体的重要方法。其中二元总体分析方法提供了一般的模式,本章就是对这种总体进行相关关系分析的。

相关关系的概念

进行相关分析,首先必须明确什么是相关关系。对社会生活中各种现象所做的统计研究,要做到数量上反映现象间复杂的相互联系,首先要凭借研究者所掌握的科学知识、工作能力和判断能力做定性分析,以免把不相关或虚假相关现象拿来进行相关分析。定性分析能在总体的一系列标志中找到其中有联系的成对标志,并且能够确定哪个是因素标志,哪个是结果标志,即所谓自变量和因变量。因果关系是客观世界普遍联系、相互依存、相关制约的重要表现形式。相关分析就是对总体中确实具有联系的标志进行分析,其主体是对总体中具有因果关系标志的分析。

因素标志是决定结果标志发展的条件,根据结果标志对因素标志的不同反应,可以把现象总体数量上所存在的依存关系划分为两种不同的类型:一种是函数关系,一种是相关关系。所谓函数关系,是指当因素标志的数量确定之后,结果标志的数量也随之完全确定。例如,在播种水稻时,如禾苗的株行距确定了,那么每亩禾苗株数可以由禾苗的株行距加以确定;圆周的长度总是它半径的6.28倍;正方形的面积完全由它的边长所决定。函数关系在自然科学如数学、物理学、天文学中经常遇到。社会经济现象中也有函数关系,例如,在计件工资制的情况下,工资总额与工人加工零件数量成函数关系;在价格不变的条件下,商品销售额与销售量成函数关系。函数关系以$y=f(x)$的方程来表现,它是表明数量之间联系的一种形式。

相关关系是不完全确定的随机关系。在相关关系的情况下,因素标志的每个数值都可能有若干个结果标志的数值。所以,相关关系是一种不完全的依存关系。例如,工人的技术水平提高,使得劳动生产率提高,但并不意味着做同样工作的几个同级工人都有同样高的劳动生产率。又如,水稻播种的株行距确定了,但每亩的产量有多有少,并不随株行距完全确定。其他如劳动生产率与工资水平的关系,商品流转规模与流通费用水平的关系,投资额和国民收入增长的关系等都是如此。究其原因,现象在数量上受各种各样因素的影响,其中错综复杂的关系有些属于人们暂时还没有认识的,有些虽已被认识但还无法控制,而计量上可能存在的误差,都会造成现象之间变量关系的不确定。但是不确定的变量关系还是有规律可循的,经过大量观察,人们会发现许多现象变量之间确实存在着某种规律性,这是由于大数法则的作用,影响结果标志数值的其他一些次要、偶然因素都被抵消、抽象化了,使相关关系通过平均值明显地表现出来。

函数关系与相关关系的联系表现在:对具有相关关系的现象进行分析时,必须利用相应的函数关系数学表达式来表明现象之间的相关方程式;相关关系是相关分析的研究对象,函数关系是相关分析的工具。

现象的相关关系可以按不同的标志加以区分。

相关的种类

(一)按相关的程度分为完全相关、不相关和不完全相关 两种依存关系的标志,当其中一个标志的数量变化由另一个标志的数量变化所确定时,则称这两种标志间的关系为完全相关。在这种情况下,相关关系即成为函数关系,可以用一定的方程来准确地表示。例如圆的面积取决于它的半径,即$A=\pi R^2$。两个标志彼此互不影响,其数量变化各自独立,称为不相关。例如,股票价格的高低与气温的高低分属于不同总体的现象,一般认为是不相关的。两个现象之间的关系介于完全相关和不相关之间,则称为不完全相关,这是统计分析的主要研究对象。

(二)按相关的方向分为正相关和负相关 如果相关关系表现为因素标志和结果标志的数量变动方向一致,就称为正相关。例如工人的平均劳动生产率随着他们技术水平的提高而提高;家庭收入减少,储蓄存款也减少。如果相关关系表现为因素标志和结果标志的数量变动方向是相反的,那就是现象之间存在负相关。例如商品流转的规模愈大,流通费用水平则愈低。必须指出,许多现象正负相关的关系仅在一定范围内存在。比如,在其他条件不变的情况下,运动员的成绩随着训练的运动量增加而提高,即存在着正相关;但是如果训练运动量连续增加就会使运动成绩因训练过度而下降。施肥量在一定的限度内影响收获率的提高,为正相关,但施放的肥料超过生物学上所允许的定额数量,收获率反而下降,这又是负相关。

(三)按相关的形式分为线性相关和非线性相关 对于两个具有相关关系的现象进行实际调查,获得一系列成对的数据。一种现象的一个数值和另一现象相应的数值,在平面直角坐标系中确定为一个点。如果这些点大致散布在一条直线的周围,则这两种现象就构成线性相关形式。如果现象相关点的分布并不表现为直线的关系,而近似于某种曲线方程的关系,则这种关系就称为非线性相关。上面关于施肥量和收获率关系的例子:施肥量在一定的界限内,亩产量相应增加,一旦施肥量超过一定数量,收获率反而出现下降情况,就是一种非线性相关。现象相关究竟取什么形式,必须根据实际经验,对事物的性质做理论分析才能恰当地解决。

(四)按影响因素的多少分为单相关和复相关 这是按影响结果标志的因素标志数目多少对相关进行的分类。如果研究的是一个结果标志同某一因素标志相关,就称为单相关或简相关。例如,在计件工资的条件下,工人一天的工资只与其完成产量成相关关系。这时所研究的只是两个标志的相关关系,所以称为单相关。

统计实践中,经常分析若干个因素标志对结果标志的影响,这种关系即为复相关,又称多元相关。例如,矿工工作班采煤量同岩层厚度和采煤工作面长度之间的相关;每吨水泥成本同水泥磨小时生产率、水泥磨日历时间之间的相关。在实际工作中,如果存在多个因素标志对结果标志的有影响时,应该加以筛选,抓住其中最主要的因素,研究其相关关系。

相关分析的主要内容 对现象之间变量关系的分析研究的目的在于探讨相互关系的密切程度及其变化规律,以便做出判断,进行必要的预测和控制。上面我们对于二元总体的阐述,已经提到相关分析的内容,这里再把它具体化:

(1)确定相关关系的存在、相关关系呈现的形态和方向、相关关系的密切程度。其主要方法是绘制相关图表和计算相关系数。

(2)确定相关关系的数学表达式。为了测定现象之间数量变化上的一般关系,必须使用函数关系的数学公式作为相关关系的数学表达式。如果现象之间表现为直线相关,采用配合直线方程的方法;如果表现为曲线相关,就采用配合曲线方程的方法。这是进行判断、推算和预测的依据。

(3)确定因变量估计值误差的程度。使用配合直线或曲线的方法可以找到现象之间一般的变化关系,即自变量变化时,因变量一般会发生多大的变化。根据得出的直线方程或曲线方程可以给出自变量的若干数值,求得因变量相应的若干个估计值。估计值和实际值是有出入的,确定因变量估计值误差程度大小的指标是估计标准误。估计标准误大,表明估计较不精确;估计标准误小,表明估计较精确。

第二节 相关表、相关图及相关系数

相关表的编制

在统计中,制作相关表或相关图,可以直观地判断现象之间大致上呈现何种关系。相关表或相关图是相关分析的重要方法。

对现象总体两种相关标志做相关分析,研究其相互依存关系,首先要通过实际调查取得一系列成对的标志值资料,作为相关分析的原始数据。根据资料是否分组,相关表可分为简单相关表和分组相关表。相关表仍然是统计表的一种。

简单相关表是资料未经分组的相关表,它是把因素标志值按照从小到大的顺序并配合结果标志值一一对应而平行排列起来的统计表。简单相关表是现象标志之间相关研究初步结果的表现,表中 x 与 y 两标志的标志值(变量值)如表6-1所示:

表6-1 简单相关表表式

x	x_1	x_2	x_3	…	x_n
y	y_1	y_2	y_3	…	y_n

说明:n 为总体单位数。

例如,为研究分析产量(件)和单位成本(元)的关系,设对30个同类企业调查得到的原始资料如表6-2所示:

第六章 相关与回归分析

表 6-2 产量和单位成本的原始资料

产量(件)	20	30	20	20	40	30	40	80	80	50	40	30	20	80	50
单位成本(元)	18	16	16	15	16	15	15	14	14	15	15	16	18	14	14
产量(件)	20	50	20	30	50	20	50	40	20	80	40	20	50	20	30
单位成本(元)	16	16	18	16	15	18	15	15	14	16	14	15	16	14	15	15

根据上述资料,编成简单相关表,如表 6-3 所示:

表 6-3 产量和单位成本的相关表

产量(件)	20	20	20	20	20	20	20	20	20	30	30	30	30	30	40
单位成本(元)	15	16	16	16	16	18	18	18	18	15	15	15	16	16	14
产量(件)	40	40	40	40	50	50	50	50	50	50	80	80	80	80	80
单位成本(元)	15	15	15	16	14	14	15	15	16	14	14	14	14	14	15

从表中可以直观地发现,随着产量的增加,单位成本有降低的趋势,尽管在同样产量的情况下,单位成本存在差异,但是两者仍然存在一定的依存关系。

在得到的观察资料数量很大的情况下,按简单相关表来研究相关关系是很困难的,此时应该编制分组相关表。分组相关表是在简单相关表的基础上,将原始数据进行分组而编成的统计表。由于相关表中有两个变量,因此,分组相关表可分为单变量分组相关表和双变量分组相关表两种。

(一)单变量分组相关表 自变量分组并计算次数,而对应的因变量不分组,只计算其平均值。根据资料的具体情况,自变量分组可以是单项式,也可以是组距式。根据上例,按产量分组而形成的单变量分组表如表 6-4:

表 6-4 按产量单变量分组的分组表

产量 x(件)	企业数 n(家)	平均单位成本 $\overline{y_i}$(元)
20	9	16.8
30	5	15.6
40	5	15.0
50	6	14.8
80	5	14.2

现象依存关系分析,通常使用单变量分组相关表形式,本课程前面介绍分组和平均指标的作用时已经提过这个问题。

若将这种单变量分组相关表和简单相关表加以比较,不难发现单变量分组相关表使得冗长的资料简化,能够更清晰地反映出两变量之间的相关关系。从表6-4中可以看出产量和单位成本之间存在着负相关的趋势。

(二)双变量分组相关表　　这是自变量和因变量都进行分组而制成的相关表。这种表形似棋盘,故又称棋盘式相关表。其编制程序是:首先,分别确定自变量和因变量的组数;其次,按两个变量的组数设计棋盘式表格;最后,计算各组次数置于对应方格之中。根据上例,产量和单位成本均采取单项式分组,分别有5个和4个变量值,就设置5组和4组,因此,要设计一个5×4的棋盘方格表。编制结果如表6-5所示。

表6-5　按产量和单位成本双变量分组的分组表

单位成本 y	产量 x(件)					合计(件)
(元/件)	20	30	40	50	80	
18	4	—	—	—	—	4
16	4	3	1	1	—	9
15	1	2	3	3	1	10
14	—	—	1	2	4	7
合　计	9	5	5	6	5	30

从表6-5中可以看出,单位成本集中在左上角到右下角的斜线上,表示产量与单位成本是负相关关系。

双变量分组相关表设置两个合计栏,分别表明各个变量分组的次数分布状况。表中交叉格中的次数表明两个变量相关点的次数。制作双变量分组相关表,要把自变量置于横行,其变量值从小到大、自左至右排列;因变量置于纵栏,其变量值从大到小、自上而下排列,之所以这样安排,是为了使相关表和相关图取得一致形式,能直观地看出变量之间相关的方向。

在分组相关表中,自变量的每一个变量值都相应有一个因变量的统计分配数列,因变量的每一个变量值也必有一个相应的自变量统计分配数列。例如,$x_1=20$ 和 $y_4=14$,相应的统计分配数列如表6-6和表6-7所示:

表6-6　$x_1=20$ 的统计分配数列

y_{x_1}	f_{x_1}
18	4
16	4
15	1

表6-7　$y_4=14$ 的统计分配数列

x_{y_4}	f_{y_4}
40	1
50	2
80	4

这种分配数列表示当产量较低(20)时,相应有较多企业单位成本较高

(单位成本 18 的占有 4 个,单位成本 16 的占有 4 个),而单位成本最小时(14),其产量多是比较大的企业(产量 80 的占 4 个,50 的占 2 个)。我们就是要从这一系列分配数列中观察相关的方向:单位成本随着产量增加而减少。

相关图的编制

利用直角坐标系第一象限,把自变量置于横轴上,因变量置于纵轴上,而将两变量相对应的变量值用坐标点形式描绘出来,用以表明相关点分布状况的图形,就是相关图。

相关图可以按未经分组的原始资料来编制,也可以按分组的资料,包括按单变量分组相关表和双变量分组相关表来编制。通过相关图将会发现,当 y 对 x 是函数关系时,所有的相关点都会分布在某一条线上;在相关关系的情况下,由于其他因素的影响,这些相关点并非处在一条线上,但所有相关点的分布都会显示出某种趋势。所以相关图会很直观地显示现象之间相关的方向和密切程度。就上例,产量与单位成本的关系见图 6-1。

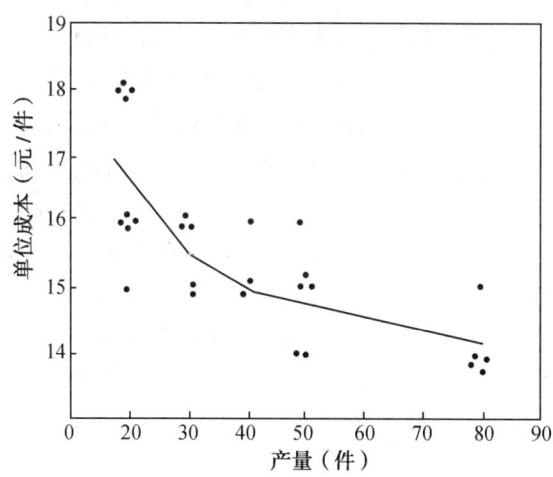

图 6-1　产量和单位成本的相关图

这种相关图被形象地称为相关散点图。为了进一步研究相关关系,我们可以根据表 6-5 的资料计算按产量大小所划分的 5 个组的每一个组的平均单位成本 x。例如,对于 $x_1=20$ 和 $x_2=30$ 这两组,平均单位成本 $\overline{y_{x_1}}$ 和 $\overline{y_{x_2}}$ 计算如下:

$$\overline{y_{x_1}}=\frac{15\times1+16\times4+18\times4}{9}=16.8(元)$$

$$\overline{y_{x_2}}=\frac{15\times2+16\times3}{5}=15.6(元)$$

用同样的方法,计算 $\overline{y_{x_3}}$、$\overline{y_{x_4}}$、$\overline{y_{x_5}}$。结果如下:

x(件)	20	30	40	50	80
$\overline{y_x}$(元/件)	16.8	15.6	15.0	14.8	14.2

可见,按双变量分组相关表与按单变量分组相关表计算的因变量各组平均值是一样的,仅在计算方法上分别采取简单平均与加权平均。

因变量各组平均值 x 称为条件平均数,如 $\overline{y_{x_1}}=16.8$,表示在产量 20 件的条件下,平均单位成本为 16.8 元;$\overline{y_{x_2}}$ 表示在达到 30 件的条件下,平均单位成本为 15.6 元;等等。

就上面的资料来看,因素标志分了组,结果标志表现为组平均数,所绘制的相关图就是一条折线。这种折线又叫相关曲线,如图 6-1 所示。从相关曲线图看出,如果一个标志变动,另一个标志条件平均数也相应地变动,就证实相关关系的存在。这里,各组单位成本虽然有差别,但就平均数来说,单位成本变动主要是由产量变动所决定,它们的关系是线性、负相关关系。

相关曲线能检验标志之间的因果关系与理论上假设的某种因果关系是否一致。但应注意,在总体单位数即观察值个数相对较少的情况下,相关曲线的形状会随组数和组限的改变而改变。因此,在观察值个数不多的条件下,不能过于相信相关曲线的形状,图示法在这种场合不太可靠。

下面将会说明,相关图可帮助我们从图上的分布趋势来判断要采用的最优拟合线,从而考查分布图上所有围绕这一拟合线的各值变动的范围。

相关表和相关图只能大体上反映标志之间的相关关系,还应该进一步用统计分析指标来表明相关的密切程度。

测定变量之间相关密切程度的比较完善的指标是相关系数。

相关系数的计算

在各种相关中,单相关是基本的相关关系,它是复相关和偏相关的基础。单相关有线性相关和非线性相关两种表现形式。测定线性相关系数的方法是最基本的相关分析,是测定其他相关系数方法的基础。下面我们着重研究线性的单相关系数。

相关系数是按积差方法计算的。它以两变量与各自平均值的离差为基础,通过两个离差相乘反映两变量之间相关程度。相关系数基本公式:

$$r = \frac{\sigma_{xy}^2}{\sigma_x \sigma_y} \tag{6-1}$$

式中：$\sigma_{xy}^2 = \dfrac{\sum(x-\bar{x})(y-\bar{y})}{n}$，称为协方差； (6-2)

$\sigma_x = \sqrt{\dfrac{\sum(x-\bar{x})^2}{n}}$，是 x 的标准差； (6-3)

$\sigma_y = \sqrt{\dfrac{\sum(y-\bar{y})^2}{n}}$，是 y 的标准差。 (6-4)

所以相关系数可表现为如下形式：

$$r = \frac{\sum(x-\bar{x})(y-\bar{y})}{n\sigma_x \sigma_y} \tag{6-5}$$

或

$$r = \frac{\sum(x-\bar{x})(y-\bar{y})}{\sqrt{\sum(x-\bar{x})^2 \sum(y-\bar{y})^2}} \tag{6-6}$$

对于相关系数 r 要理解其中协方差的意义和变量标准差的作用。

(一)协方差 σ_{xy}^2 的意义　它是积差平均数，是度量 x、y 关系的一个重要指标，其作用在于：

(1)显示 x 与 y 是正相关还是负相关。在平面坐标上，以两个变量的平均值为原点，划分为 4 个象限。当相关点分布在第一象限时，$x-\bar{x}$ 为正数，$y-\bar{y}$ 也为正数，所以积差 $(x-\bar{x})(y-\bar{y})$ 为正数；当相关点分布在第三象限时，则 $x-\bar{x}$ 为负数，$y-\bar{y}$ 也为负数，所以积差 $(x-\bar{x})(y-\bar{y})$ 仍为正数，从而协方差也表现为正数。就是说协方差 σ_{xy}^2 为正数时表示 x 与 y 分布在第一、三象限，是正相关。当相关点分布在第二象限时，则 $x-\bar{x}$ 为负数，而 $y-\bar{y}$ 为正数，所以积差 $(x-\bar{x})(y-\bar{y})$ 为负数；相关点分布在第四象限时，则 $x-\bar{x}$ 为正数，而 $y-\bar{y}$ 为负数，所以积差 $(x-\bar{x})(y-\bar{y})$ 仍为负数，从而协方差也表现为负数。即协方差为负数时表示 x 与 y 分布在第二、四象限，是负相关。相关系数的正负号完全取决于协方差的正负号，因此当相关系数为正数时，为正相关；相关系数为负数时，为负相关。请看图 6-2。

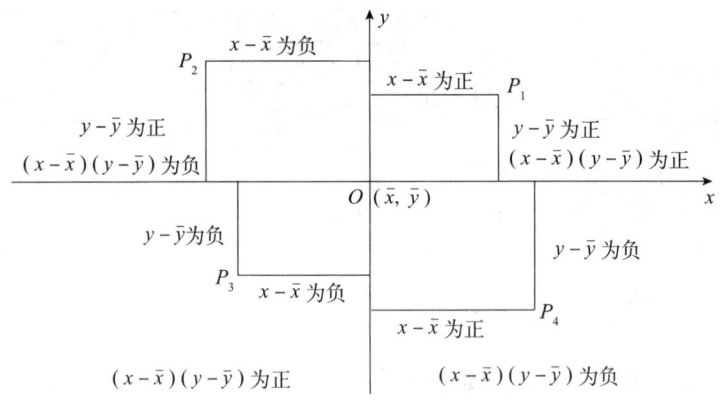

图 6-2 协方差意义示意

图 6-2 中只设 P_1、P_2、P_3 和 P_4 四个相关点,应用时可扩大至 n 点。

(2)协方差显示 x 与 y 相关程度的大小。当相关点在 4 个象限中呈散乱分布的状态时,表示 x 与 y 相关程度很低,这时的 $\sum(x-\bar{x})(y-\bar{y})$ 因正负项相互抵消,所得绝对值很小,即协方差的绝对值很小,从而相关系数的绝对值很小,表示相关程度很低。若相关点分布在 $y=\bar{Y}$ 线上,表示 y 与 x 的变化无关;若相关点分布在 $x=\bar{X}$ 线上,表示 x 与 y 变化无关。这时 $(x-\bar{x})(y-\bar{y})$ 都等于 0,即协方差为 0,从而相关系数等于 0,表示 x 与 y 不相关。若相关点分布十分靠近于一直线上,表示 x 与 y 相关关系密切,这时 $(x-\bar{x})(y-\bar{y})$ 少有正负项抵消或不存在正负项抵消,则绝对值比较大,表示 x 与 y 的相关关系密切。若相关点全部落在直线上,表示 x 与 y 完全相关。

(二)标准差 σ_x 和 σ_y 的作用 协方差本已足够揭示两个变量间的关系。那么为什么在相关系数中将协方差除以标准差 $\sigma_x\sigma_y$?请看下面公式的变换:

$$r=\frac{\sum(x-\bar{x})(y-\bar{y})}{n\sigma_x\sigma_y} \tag{6-7}$$

$$=\frac{\sum\left(\dfrac{x-\bar{x}}{\sigma_x}\right)\left(\dfrac{y-\bar{y}}{\sigma_y}\right)}{n} \tag{6-8}$$

这意味着 x,y 与各自平均值的离差,分别用各自标准差为尺度加以标准化,然后求标准数量的协方差。

经过离差标准化再求其协方差,有两方面作用:

(1)x,y 协方差是名数,不同现象的变异情况不同,相关程度不能直接以协方差大小加以比较。标准化结果协方差化为不名数,就可以比较不同现象相关程度的高低。我们用表 6-8 两份资料来说明。

表 6-8　原始资料一和资料二列表

资料一		资料二	
x	y	x	y
1	1.0	1	1.25
2	1.5	2	1.00
3	2.0	3	2.00
4	2.5	4	3.00
5	3.0	5	2.75

通过计算,这两份资料协方差都等于 1,但是相关程度是不相同的。对于资料一,所有相关点 (x,y) 都落在直线 $y=0.5+0.5x$ 上,具有完全线性相关的关系。而资料二的相关点 (x,y) 只在直线 $y=0.5+0.5x$ 周围波动,它们的相关关系并不那么密切。这说明两份资料的变异情况不同,不能用协方差来比较它们相关密切程度。如果对协方差分别除以各自标准差,求得相关系数,就可以进行相互比较。通过计算,资料一的相关系数等于 1,表示 x 与 y 是完全相关的;资料二的相关系数等于 0.89,表明变量的相关密切程度比资料一低。这个结论是符合实际情况的。

（2）x、y 协方差数值可无限增多或减少,将变量离差标准化的结果使相关系数的绝对值不超过 1,即相关系数在 -1 与 1 之间变动,就便于说明问题了:当相关系数为 ± 1 时,表明 x 与 y 完全线性相关;当相关系数为 0 时,表示 x 与 y 不相关;相关系数的绝对值越接近于 1,表明 x、y 的相关程度越高。证明如下:

$$2r = \frac{2\sum\left(\dfrac{x-\bar{x}}{\sigma_x}\right)\left(\dfrac{y-\bar{y}}{\sigma_y}\right)}{n}$$

$$= \frac{1}{n}\sum\left(\frac{x-\bar{x}}{\sigma_x}+\frac{y-\bar{y}}{\sigma_y}\right)^2 - \frac{1}{n}\sum\left(\frac{x-\bar{x}}{\sigma_x}\right)^2 - \frac{1}{n}\sum\left(\frac{y-\bar{y}}{\sigma_y}\right)^2$$

由于　$\dfrac{1}{n}\sum\left(\dfrac{x-\bar{x}}{\sigma_x}+\dfrac{y-\bar{y}}{\sigma_y}\right)^2 \geqslant 0$

$\dfrac{1}{n}\sum\left(\dfrac{x-\bar{x}}{\sigma_x}\right)^2 = \dfrac{\sigma_x^2}{\sigma_x^2} = 1$

$\dfrac{1}{n}\sum\left(\dfrac{y-\bar{y}}{\sigma_y}\right)^2 = \dfrac{\sigma_y^2}{\sigma_y^2} = 1$

所以 $2r+2 \geqslant 0, r \geqslant -1$

另外 $-2r = \dfrac{-2\sum\left(\dfrac{x-\bar{x}}{\sigma_x}\right)\left(\dfrac{y-\bar{y}}{\sigma_y}\right)}{n}$

$\qquad = \dfrac{1}{n}\sum\left(\dfrac{x-\bar{x}}{\sigma_x}-\dfrac{y-\bar{y}}{\sigma_y}\right)^2 - \dfrac{1}{n}\sum\left(\dfrac{x-\bar{x}}{\sigma_x}\right)^2 - \dfrac{1}{n}\sum\left(\dfrac{y-\bar{y}}{\sigma_y}\right)^2$

所以 $-2r+2 \geqslant 0$，即 $r \leqslant 1$

可见 $-1 \leqslant r \leqslant 1$ 或 $|r| \leqslant 1$

当 x 与 y 完全线性相关时，$|r|=1$。因为这时有 $y=a+bx$，且 $\bar{y}=a+b\bar{x}$

$$r = \dfrac{\sum(x-\bar{x})(y-\bar{y})}{n\sigma_x\sigma_y}$$

$$= \dfrac{\sum(x-\bar{x})(a+bx-a-b\bar{x})}{\sqrt{\sum(x-\bar{x})^2}\sqrt{\sum(a+bx-a-b\bar{x})^2}}$$

$$= \dfrac{\sum(x-\bar{x})b(x-\bar{x})}{\sqrt{\sum(x-\bar{x})^2}\sqrt{b^2\sum(x-\bar{x})^2}}$$

$$= \dfrac{b\sum(x-\bar{x})^2}{\pm b\sum(x-\bar{x})^2} = \pm 1$$

现在将相关系数 r 的性质总结如下：

(1) 当 $|r|=1$ 时，x 与 y 变量为完全线性相关，x 与 y 之间存在着确定的函数关系。

(2) 当 $0<|r|<1$ 时，表示 x 与 y 存在着一定的线性相关性。$|r|$ 的数值愈大，即愈接近于 1，表示 x 与 y 直线相关程度愈高；反之，$|r|$ 的数值愈小，即愈接近于 0，表示 x 与 y 直线相关程度愈低。通常判断的标准是：$|r|<0.3$ 称为微弱相关，$0.3<|r|<0.5$ 称为低度相关，$0.5<|r|<0.8$ 称为显著相关，$0.8<|r|<1$ 称为高度相关。

(3) 当 $r>0$ 时，表示 x 与 y 为正相关；当 $r<0$ 时，表示 x 与 y 为负相关。

(4) 当 $|r|=0$ 时，表示 y 的变化与 x 无关，即 x 与 y 完全没有直线相关。

利用相关系数的基本公式计算，相当烦琐，我们可以利用代数推演的方法得到许多计算相关系数的简化式。如：

$$r = \dfrac{\sum xy - \dfrac{1}{n}\sum x \sum y}{\sqrt{\left[\sum x^2 - \dfrac{1}{n}(\sum x)^2\right]\left[\sum y^2 - \dfrac{1}{n}(\sum y)^2\right]}}$$

$$= \frac{n\sum xy - \sum x \sum y}{\sqrt{[n\sum x^2 - (\sum x)^2][n\sum y^2 - (\sum y)^2]}}$$

$$= \frac{\sum xy - n\bar{x}\bar{y}}{\sqrt{(\sum x^2 - n\bar{x}^2)(\sum y^2 - n\bar{y}^2)}}$$

$$= \frac{\overline{xy} - \bar{x}\bar{y}}{\sigma_x \sigma_y} \tag{6-9}$$

表 6-9 是 10 家百货商店每人月平均销售额(千元)和利润率(%)的资料,我们利用简化公式计算相关系数。

表 6-9 10 家百货商店人均销售额与利润率相关系数计算

人均销售额 x（千元）	利润率 y(%)	x^2	y^2	xy
6	12.6	36	158.76	75.6
5	10.4	25	108.16	52.0
8	18.5	64	342.25	148.0
1	3.0	1	9.00	3.0
4	8.1	16	65.61	32.4
7	16.3	49	265.69	114.1
6	12.3	36	151.29	73.8
3	6.2	9	38.44	18.6
3	6.6	9	43.56	19.8
7	16.8	49	282.24	117.6
50	110.8	294	1 465.00	654.9

$$r = \frac{n\sum xy - \sum x \sum y}{\sqrt{[n\sum x^2 - (\sum x)^2][n\sum y^2 - (\sum y)^2]}}$$

$$= \frac{10 \times 654.9 - 50 \times 110.8}{\sqrt{(10 \times 294 - 50^2) \times (10 \times 1\,465 - 110.8^2)}}$$

$$= 0.987$$

或 $r = \frac{\sum xy - n\bar{x}\bar{y}}{\sqrt{(\sum x^2 - n\bar{x}^2)(\sum y^2 - n\bar{y}^2)}}$

$$= \frac{654.9 - 10 \times 5 \times 11.08}{\sqrt{(294 - 10 \times 5^2) \times (1\,465 - 10 \times 11.08^2)}}$$

$$= 0.987$$

所得结果相同。$r=0.987$ 表明利润率和人均销售额之间存在高度的正相关关系。

当成对变量还存在次数不同的情况时,应计算加权相关系数。

我们对表 6-5 的资料进行计算。计算前要把棋盘式表中各分配数列按产量多少顺序排列,编制成表 6-10 计算。

表 6-10 某企业产品产量和单位成本相关系数计算

x	y	f	xf	yf	xy	xyf	x^2	x^2f	y^2	y^2f	y_c
20	18	4	80	72	360	1 440	400	1 600	324	1 296	16.36
20	16	4	80	64	320	1 280	400	1 600	256	1 024	16.36
20	15	1	20	15	300	300	400	400	225	225	16.36
30	16	3	90	48	480	1 440	900	2 700	256	768	15.94
30	15	2	60	30	450	900	900	1 800	225	450	15.94
40	16	1	40	16	640	640	1 600	1 600	256	256	15.94
40	15	3	120	45	600	1 800	1 600	4 800	225	675	15.51
40	14	1	40	14	560	1 560	1 600	1 600	196	196	15.51
50	16	1	50	16	800	800	2 500	2 500	256	256	15.09
50	15	3	150	45	750	2 250	2 500	7 500	225	675	15.09
50	14	2	100	28	700	1 400	2 500	5 000	196	392	15.09
80	15	1	80	15	1 200	1 200	6 400	6 400	225	225	13.81
80	14	4	320	56	1 120	4 480	6 400	25 600	196	784	13.81
Σ		30	1 230	464		18 490		63 100		7 222	—

可按以下简化公式计算:

$$r = \frac{\overline{xy} - \overline{x}\,\overline{y}}{\sigma_x \sigma_y} = \frac{\overline{xy} - \overline{x}\,\overline{y}}{\sqrt{(\overline{x^2} - \overline{x}^2)(\overline{y^2} - \overline{y}^2)}}$$

式中

$$\overline{x} = \frac{\Sigma xf}{\Sigma f} = \frac{1\,230}{30} = 41$$

$$\overline{y} = \frac{\Sigma yf}{\Sigma f} = \frac{464}{30} = 15.47$$

$$\overline{xy} = \frac{\Sigma xyf}{\Sigma f} = \frac{18\,490}{30} = 616.33$$

$$\overline{x^2} = \frac{\Sigma x^2 f}{\Sigma f} = \frac{63\,100}{30} = 2\,103.33$$

$$\overline{y^2} = \frac{\Sigma y^2 f}{\Sigma f} = \frac{7\,222}{30} = 240.73$$

$$r = \frac{\overline{xy} - \overline{x}\,\overline{y}}{\sqrt{(\overline{x^2} - \overline{x}^2)(\overline{y^2} - \overline{y}^2)}}$$

$$= \frac{616.33 - 41 \times 15.47}{\sqrt{(2\,103.33 - 41^2)(240.73 - 15.47^2)}}$$
$$= -0.735$$

$r = -0.735$ 表明产量与单位成本有显著的相关关系。

在棋盘式相关表中,若变量采取组距式分组,相关系数应取各分组的组中值来计算。但要认识到,以组中值代替组内各个变量值,会使组内的变异抽象化,所计算的相关系数准确性会受到一定的影响。

相关系数的显著性检验

计算相关系数(r)的两个随机变量,相对于现象总体而言,可以把它看成现象总体中的一组对应的样本数据,所以 r 实质上只是这组样本的相关系数,而不是现象总体的相关系数 ρ,因而提出这样的问题:样本相关系数是否具有代表性,是否能够用来估计总体相关系数? 如果样本的相关系数较高,能否认为总体的相关系数也较高? 这些问题涉及样本相关系数的假设检验问题,即所谓相关系数显著性检验。检验,首先要确定以样本相关系数 r 估计总体相关系数 ρ 所存在的抽样误差($\mu_r = \sqrt{\frac{1-r^2}{n-2}}$)。

按照统计检验理论,相关系数显著性检验步骤如下:

(1)提出假设。$H_0: \rho = 0$;$H_1: \rho \neq 0$。

(2)选择显著性水平。给定显著性水平 α,并通过"t 分布临界值表"查临界值 $t_{\alpha/2}$。

(3)计算检验统计量 $t = \dfrac{r}{\sqrt{\dfrac{1-r^2}{n-2}}}$,$t$ 服从自由度为 $n-2$ 的 t 分布。

(4)做出决策判断。当 $|t| > t_{\alpha/2}$ 时,拒绝原假设;当 $|t| \leqslant t_{\alpha/2}$ 时,接受原假设。

请问表 6-10 中关于某工厂产品产量和单位成本之间的相关系数 $r = -0.735$ 是显著的吗? 它对总体相关系数有代表性吗?

做如下检验:

$$H_0: \rho = 0 \quad H_1: \rho \neq 0$$

$$t = \frac{r}{\sqrt{\dfrac{1-r^2}{n-2}}} = \frac{-0.735}{\sqrt{\dfrac{1-0.735^2}{30-2}}} = -5.736$$

显著性水平为 5% 时,对自由度 $n-2 = 30-2 = 28$,查附录四"t 分布临界值表",其检验临界值 $t_{0.025}=2.048$。

现 $|t|>2.048$,表示相关系数显著性检验获得通过,故拒绝原假设。或者说,此样本并非来自 $\rho=0$ 的总体。我们有 95% 的把握说产量和单位成本在总体上的相关是显著的。

为了简化检验过程,人们根据 t 分布,把 5% 和 1% 的临界值求出,编成"相关系数临界值表"(见附录五)。相关系数检验可直接查表进行。具体方法是:根据样本的自由度 $n-2$ 和给定的显著性水平 α,查"相关系数临界值表"中的临界值 r_α。若样本的相关系数绝对值小于临界值,即 $|r|<r_\alpha$,则认为变量 x 与 y 之间不存在线性相关关系。若样本相关系数绝对值不小于临界值,即 $|r|\geqslant r_\alpha$,则认为变量 x 与 y 之间存在线性相关关系。

仍采用上例某工厂产品产量和单位成本之间的相关关系来说明。样本的自由度 $n-2=28$,给定显著性水平 $\alpha=5\%$。查"相关系数临界值表"得到 $r_{0.05}=0.361$,并已计算得 $r=0.735$,由于 $r=0.735>0.361=r_{0.05}$,所以我们认为产品产量与单位成本的总体相关系数不为零,它们之间的相关关系是显著的。

第三节 回归分析

回归分析的意义 就一般意义而言,相关分析包括回归和相关两方面内容,因为回归与相关都是研究两个变量相互关系的分析方法。但就具体方法所解决的问题而言,回归分析和相关分析是有明显差别的。相关系数能确定两个变量之间的相关方向和相关的密切程度。但不能指出两变量相互关系的具体形式,也无法从一个变量的变化,推测另一个变量的变化情况。回归分析就是对具有相关关系的两个或两个以上变量之间数量变化的一般关系进行测定,确定一个相应的数学表达式,以便从一个已知量推测另一个未知量,为估算预测提供一种重要的方法。

回归分析和相关分析是互相补充、密切联系的。相关分析需要回归分析来表明现象数量关系的具体形式,而回归分析则应该建立在相关分析的基础上。依靠相关分析表明现象的数量变化具有密切相关,进行回归分析求其相关的具体形式才有意义。在现象相关程度很低的情况下,即使求得变量之内的回归函数也没有现实意义。

回归有不同的种类。按自变量的个数分,有一元回归和多元回归。只有一个自变量的称为一元回归,又称简单回归;有两个或两个以上自变量的称为多元回归,或称复回归。按照回归线的形状分,有线性回归(直线回归)和非线性回归(曲线回归)。其中,线性回归是其基本形式,本章只介绍一元线性回归,即简单线性回归分析方法。

简单线性回归方程

我们知道,当两个变量的增量按一定比例变化,或者两变量的增长比率为常数时,就说两变量是完全线性相关,其方程式为:$y=a+bx$。这是简单线性方程式的一般形式,确定了式中 a,b 两参数就能唯一地确定一个直线方程。

在自然界及社会经济现象中,许多变量之间的关系可以近似用线性关系来表达,其中简单线性回归更是整个回归分析的基础。

通常情况下,变量 y 的数值不但受 x 的影响,还受其他随机因素的影响。比如家庭的消费支出不但受收入水平影响,还受其他因素如风俗习惯、气候等影响,因而 x 与 y 的关系也不表现为完全线性相关。通过相关图,就可以直观地发现,各个相关点并不都落在一条直线上,而是在直线上下变动,只呈现线性相关的趋势。简单线性回归分析的任务就是设法在这些分散的具有线性关系的相关点之间配合一条最优的直线,以表明两变量之间具体的变动关系。

现在,我们试图在相关图的散点中引出一条模拟的回归直线,以表明两变量 x 与 y 的关系,我们称它为估计回归线。配合回归线相应方程式称为回归方程,即:$y_c=a+bx$。

这是简单的线性回方程。式中,y_c 表示 y 的估计值;a 代表直线的起点值,数学上称为直线的纵轴截距;b 代表自变量增加一个单位时因变量的平均增加值,数学上称为斜率,也称回归系数。a 和 b 都叫作待定参数,这是需要根据实际资料求解的数值。一旦解出 a 和 b,表明变量之间一般关系的回归直线就确定下来。

这条回归线,若依据目测随手画出,确实简单方便。一旦描绘出来,即可根据 x 的某一数值来估计 y 的可能值。但是,这种随手描绘的回归线终将因人因时而异,可信度很差。而借助数学上的最小平方法来描述 x 与 y 的线性关系,将是最优的方法。

我们知道估计值(y_c)与实际值(y)难免有离差,其离差可正可负。它们的代数和,就绝对值来说,可以很小,甚至正负离差可能相互抵消而为零。因此,应该立足于离差的平方和上。

用最小平方法计算的直线参数a,b能得到这样一个直线方程:逐次地给每个总体单位以实际值x,并计算相应的结果标志值(y_c),则实际值(y)与估计值(y_c)的离差平方即$\sum(y-y_c)^2$为最小。就是说,这条直线与相关点的距离比任何其他直线与相关点的距离都小,所以说是最优的理想直线。

现在我们来讨论$y_c=a+bx$中的参数a,b的计算问题。y对于y_c的离差平方和(以Q表示):

$$Q=\sum(y-y_c)^2=\sum(y-a-bx)^2 \tag{6-10}$$

要使Q值达到最小,其必要条件是它对a和b的一阶偏导数等于零:

$$\frac{\partial Q}{\partial a}=-2\sum(y-a-bx)=0$$

$$\frac{\partial Q}{\partial b}=-2\sum x(y-a-bx)=0$$

由此可以整理写成以下标准方程式:

$$\begin{cases}\sum y=na+b\sum x \\ \sum xy=a\sum x+b\sum x^2\end{cases} \tag{6-11}$$

对上述两方程两边都除以n,便得到:

$$\begin{cases}\bar{y}=a+b\bar{x} & (1)\\ \overline{xy}=a\bar{x}+b\overline{x^2} & (2)\end{cases}$$

再对(1)两边均乘上$-\bar{x}$,得到:

$$\begin{cases}-\bar{x}\bar{y}=-a\bar{x}-b(\bar{x})^2 \\ \overline{xy}=a\bar{x}+b\overline{x^2}\end{cases}$$

两方程相加,则得到:

$$b=\frac{\overline{xy}-\bar{x}\bar{y}}{\overline{x^2}-(\bar{x})^2}=\frac{\sum xy-\frac{1}{n}\sum x\sum y}{\sum x^2-\frac{1}{n}(\sum x)^2}=\frac{\sum(x-\bar{x})(y-\bar{y})}{\sum(x-\bar{x})^2} \tag{6-12}$$

并可解得$a=\bar{y}-b\bar{x}$。

现以某工厂某产品产量与单位成本的资料进行回归分析。资料与有关计算如表6-11。

表 6-11　某企业产品产量与单位成本回归分析计算

月份(月)	产量 x(千件)	单位成本 y(元/件)	x^2	xy
1	2	73	4	146
2	3	72	9	216
3	4	71	16	284
4	3	73	9	219
5	4	69	16	276
6	5	68	25	340
合计	21	426	79	1 481

$$b = \frac{\sum xy - \frac{1}{n}\sum x \sum y}{\sum x^2 - \frac{1}{n}(\sum x)^2}$$

$$= \frac{1\,481 - \frac{1}{6} \times 21 \times 426}{79 - \frac{1}{6} \times 21^2} = -1.82$$

$$a = \bar{y} - b\bar{x} = \frac{426}{6} + 1.82 \times \frac{21}{6} = 77.37$$

$$y_c = a + bx = 77.37 - 1.82x$$

应该注意方程参数 b 所代表的意义。b 称为回归系数,它表示当 x 每变动 1 个单位时,y 平均来说变动多少。这里表示产量每增加 1 000 件,单位成本平均下降 1.82 元。此外,当 b 的符号为正时,自变量和因变量按相同方向变动;当 b 的符号为负时,自变量和因变量按相反方向变动。

我们可以根据所拟合的回归方程,给出自变量的某一个值来估计或预测因变量的平均可能值。例如若产品产量为 6 000 件,产品的单位成本 $y_c = -1.82 \times 6 + 77.37 = 66.45$(元)。

回归系数(b)在宏观经济中称为边际效用系数,它与所谓的弹性系数(η)有直接的关系。

弹性系数是因变量增长率与自变量增长率之比率。它表明自变量增加 1% 时,因变量增加的百分比。

$$\eta = \frac{\Delta y}{y} : \frac{\Delta x}{x} = \frac{\Delta y}{\Delta x} \cdot \frac{x}{y}$$

直线回归方程中 $\frac{\Delta y}{\Delta x}$ 就是斜率,即回归系数,所以 η 可写成:

$$\eta = b\frac{x}{y} = \frac{bx}{a+bx} = \frac{1}{1+\frac{a}{bx}}$$

这说明弹性系数是可变的,它依 x 的改变而改变,所以应考虑到它的平均值:

$$\eta = b\frac{\bar{x}}{\bar{y}} = \frac{b\bar{x}}{a+b\bar{x}} = \frac{1}{1+\frac{a}{b\bar{x}}}$$

对于我们这里所研究的问题,弹性系数:

$$\eta = \frac{-1.82 \times \frac{21}{6}}{77.37+(-1.82)\times\frac{21}{6}} = -0.089\ 7$$

即产量每增加 1%,单位成本平均来说降低约 9%。

给分组相关表拟合回归直线,其原理是一样的。不同的是,在分组表中各组都有相应的不同次数,确定回归方程需要加权处理。即求解 a,b 两参数时所使用的两个方程必须做加权调整:

$$\begin{cases} a\sum f + b\sum xf = \sum yf \\ a\sum xf + b\sum x^2 f = \sum xyf \end{cases}$$

我们根据表 6-10 和计算过程已有资料,来配合简单线性回归方程:

$$b = \frac{\overline{xy} - \bar{x}\bar{y}}{\overline{x^2} - (\bar{x})^2}$$

$$= \frac{616.33 - 41 \times 15.47}{2\ 103.33 - 41^2} = -0.042\ 5$$

$$a = \bar{y} - b\bar{x} = 15.47 - (-0.042\ 5 \times 41) = 17.21$$

则 $y_c = a + bx = 17.21 - 0.042\ 5x$

在得出简单线性回归方程之后,再将 x 各值代入方程,即可求得相应的 y_c 值。如:

当 $x=20$ 时,$y_c = 17.21 - 0.042\ 5 \times 20 = 16.36$;$x=50$ 时,$y_c = 17.21 - 0.042\ 5 \times 50 = 15.09$。

以此类推,将计算结果填入表 6-10 最后一栏中。由此,可以得出一个重要的结论:若将按最小平方法拟合的估计回归线绘入两个相关变量的散点图中,则 y_c 各值全落在这一条直线上,而实际的 y 各个值分布在该直线的上下,见图6-3。

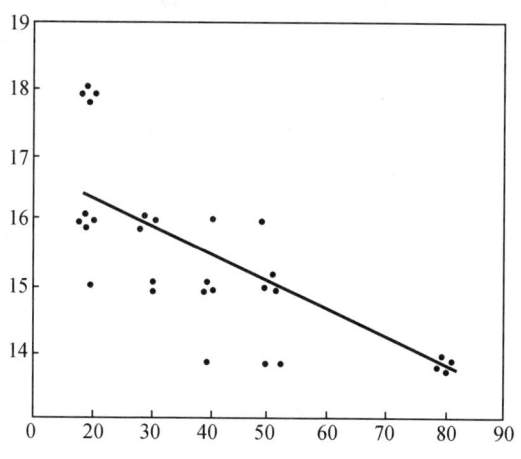

图6-3 散点图及其线性回归线

不难看出,直线回归方程中的回归系数与相关系数的关系:

因为 $$r=\frac{\overline{xy}-\overline{x}\,\overline{y}}{\sigma_x\sigma_y}, b=\frac{\overline{xy}-\overline{x}\,\overline{y}}{\sigma_x^2}$$

故 $r=b\cdot\dfrac{\sigma_x}{\sigma_y}, b=r\cdot\dfrac{\sigma_y}{\sigma_x}$

根据前面例子,$b=-0.042\,5$。

$$\sigma_x=\sqrt{\overline{x^2}-(\overline{x})^2}=\sqrt{2\,103.33-41^2}=20.550\,6$$

$$\sigma_y=\sqrt{\overline{y^2}-(\overline{y})^2}=\sqrt{240.73-15.47^2}=1.187\,1$$

所以 $r=b\cdot\dfrac{\sigma_x}{\sigma_y}=-0.042\,5\times\dfrac{20.550\,6}{1.187\,1}$

$\qquad\quad =-0.735$

计算结果与按积差法相关系数公式计算一致。

在阐述了相关系数和回归方程后,我们进一步比较回归分析和相关分析的特点则是比较容易理解的。

(1)回归分析是研究两变量之间的因果关系,所以必须通过定性分析确定哪个是自变量,哪个是因变量。相关分析要求两变量之间存在相关关系,但不问是什么关系。一般来说回归分析中两变量一定呈相关关系,而相关的两变量就不一定呈回归关系。

(2)回归分析是研究两变量具有因果关系的数学形式。相关分析中两变量可以都是随机变量,各自受随机因素的影响。而在回归分析中,因变量是随机的,给定自变量来观察对应的因变量数值变化情况,所以自变量不是随机变量。

(3)对于因果关系不甚明确或可以互为自变量的两变量,通过回归分析可以求出 y 依 x 的回归方程(y 在 x 上的回归):$y_c=a+bx$,还可求出 x 依 y 的回归方程(x 在 y 上的回归):$x_c=c+dy$。对于前者,如上所述,回归系数 $b=\dfrac{\sum xy-\dfrac{1}{n}\sum x\sum y}{\sum x^2-\dfrac{1}{n}(\sum x)^2}$;对于后者,标准方程式为:

$$\begin{cases}\sum x=nc+d\sum y\\ \sum yx=c\sum y+d\sum y^2\end{cases}。$$

回归系数 $$d=\frac{\sum xy-\dfrac{1}{n}\sum x\sum y}{\sum y^2-\dfrac{1}{n}(\sum y)^2} \tag{6-13}$$

这时,相关系数是两个回归系数的几何平均数:

$$r=\sqrt{\frac{\sum xy-\dfrac{1}{n}\sum x\sum y}{\sum x^2-\dfrac{1}{n}(\sum x)^2}\cdot\frac{\sum xy-\dfrac{1}{n}\sum x\sum y}{\sum y^2-\dfrac{1}{n}(\sum y)^2}}$$

$$=\frac{\sum xy-\dfrac{1}{n}\sum x\sum y}{\sqrt{\left[\sum x^2-\dfrac{1}{n}(\sum x)^2\right]\left[\sum y^2-\dfrac{1}{n}(\sum y)^2\right]}} \tag{6-14}$$

而相关分析两变量是对等的,两变量 (x,y) 的相关系数与互换两变量 (y,x) 的相关系数是一样的,就是说相关系数只有一个。

(4)在进行预测估计时,回归方程只能给出自变量的数值来估计因变量的可能值。即对于 $y_c=a+bx$,只能由已知 x 来推算 y 的估计值 y_c,而不能给定 y_c 逆推 x。尽管在数学形式上逆运算是可行的,但对于回归方程,确定了具体自变量后便只能进行单向推算。

应该指出,利用最小二乘法求出的回归方程,只是对给定资料范围所拟合的最优方程,若超出此范围,就不一定是最优的了。因此,借此方程进行内插与外推时要充分注意其有效性。内插在给定资料的范围内进行。例如,前述某工厂某产品产量与单位成本资料的回归方程 $y_c=77.37-1.82x$,产量最低的1月份为2 000件,最多的6月份5 000件,进行内插推算,给定的 x 值在2 000~5 000之间时,计算得出的单位成本的估计值 y_c 才是有效的。外推预测更要慎重,给出 x 值应紧挨给定资料区间的上下限,否则所进行的外推预测的有效性就明显削弱。若 x 值远离给出的区间,直线回归也许变为某种曲线回归,外推预测就没有意义了。

顺便指出,"回归"(regression)一词是英国生物学家葛尔登首先提出的。他在研究遗传学时发现,具有高个双亲的子女和具有矮个双亲的子女,其身高均表现向他们平均身高退回(回归)的趋势。他在这一研究中所建立的数学公式被称为回归方程式。基于历史原因,至今仍沿用"回归方程式"这一提法。其实,真实的含义应是关系方程式或估计方程式。

估计标准误 S_{yx} 是表明回归方程理论值 y_c 与实际值 y 之间离差的平均水平指标。我们知道,对一组具有线性趋势的实际数据,用回归分析的方法拟合线性方程,得到一条回归直线,它只是反映变量 x 与 y 关系的一般水平或平均水平。由自变量 x 推算的理论值 y_c 与实际值 y 之间可能存在一定的离差。如果这种离差很小,说明所拟合的回归方程能很好地反映 x、y 变动的一般趋势,因而利用这个方程进行推断或估计就比较准确;如果离差很大,那么回归方程的代表性就差,用来推断或估计就可能不准确。所以计算回归方程理论值 y_c 与 y 的离差指标很有必要。

我们注意到,实际值各点是围绕着回归直线上下波动的,因此实际值 y 和对应的回归直线上的理论值 y_c 的离差可能很不相同,有的离差小,有的离差大,有的是正离差,有的又是负离差。此外,回归方程 y_c 反映实际 y 值变动的一般或平均趋势,因而 y_c 与 y 的总离差也就大小、正负相互抵消等于0。因此要求 y_c 与 y 的平均离差就应该第一步求离差 $y-y_c$;第二步将所得的离差加以平方,以消去正负号;第三步求离差平方和 $\sum(y-y_c)^2$,第四步将离差平方和除以项数 n,以求离差平方的平均数;第五步求其平方根,以恢复原有的计量单位。这就是我们所要求的估计标准误。计算公式为:

$$S_{yx}=\sqrt{\frac{\sum(y-y_c)^2}{n-2}} \qquad (6-15)$$

式中,S_{yx} 表示估计标准误,其下标 yx 表示 y 依 x 而回归的方程;y 是因变量实际值;y_c 是根据回归方程推算出来的因变量估计值;分母 $n-2$ 称为回归估计自由度。因为模型 $y_c=a+bx$ 中包括估计量 a 和 b,因此失去了2

个自由度。

由于 S_{yx} 反映 y 与 y_c 离差的一般或平均水平,我们把 y_c 看作具有特定意义的平均数,那么公式设计原理与标准差基本相同,所以称之为估计标准误。

现在,仍用前面用过的某工厂某产品产量和单位成本资料来说明估计标准误的计算方法。具体如表 6-12 所示:

表 6-12　某产品产量和单位成本的回归估计标准误计算

月份	x	y	$y_c=77.37-1.82x$	$(y-y_c)$	$(y-y_c)^2$
1	2	73	73.73	−0.73	0.532 9
2	3	72	71.91	0.09	0.008 1
3	4	71	70.09	0.91	0.828 1
4	3	73	71.91	1.09	1.188 1
5	4	69	70.09	−1.09	1.188 1
6	5	68	68.27	−0.27	0.072 9
∑	21	426			3.818 2

把计算结果代入公式即得:

$$S_{yx}=\sqrt{\frac{\sum(y-y_c)^2}{n-2}}=\sqrt{\frac{3.818\ 2}{6-2}}=0.98(元)$$

结果表明估计标准误是 0.98 元,这是就平均来说的,单位成本实际值与理论值的离差有正有负,平均起来等于 0.98 元。只有在估计标准误小的情况下,用回归方程进行估计或预测才具有实际价值。

当实际观察值甚多且数值较大时,根据上述公式计算估计标准误十分麻烦,若改用以下简化式则省事得多。

$$S_{yx}=\sqrt{\frac{\sum y^2-a\sum y-b\sum xy}{n-2}} \qquad (6-16)$$

兹证明如下:

已知回归直线方程及其标准方程组为:

$y_c=a+bx$

$\begin{cases}\sum y=na+b\sum x \\ \sum xy=a\sum x+b\sum x^2\end{cases}$

$\sum(y-y_c)^2=\sum(y-a-bx)^2$

$\qquad =\sum y^2+na^2+b^2\sum x^2+2ab\sum x-2a\sum y-2b\sum xy$

$\qquad =\sum y^2+a(na+b\sum x)+b(a\sum x+b\sum x^2)-2a\sum y-2b\sum xy$

$$= \sum y^2 + a\sum y + b\sum xy - 2a\sum y - 2b\sum xy$$
$$= \sum y^2 - a\sum y - b\sum xy$$

所以 $S_{xy} = \sqrt{\dfrac{\sum y^2 - a\sum y - b\sum xy}{n-2}}$

仍用上面的例子,已知 $\sum y = 426, \sum xy = 1\,481, a = 77.37, b = -1.82, n = 6$,另计算 $\sum y^2 = 73^2 + 72^2 + 71^2 + 73^2 + 69^2 + 68^2 = 30\,268$,则

$$S_{yx} = \sqrt{\dfrac{\sum y^2 - a\sum y - b\sum xy}{n-2}}$$
$$= \sqrt{\dfrac{30\,268 - 77.37 \times 426 + 1.82 \times 1\,481}{6-2}} = 0.98(元)$$

估计标准误和相关系数的关系

估计标准误还是分析回归误差的重要尺度,它和相关系数也有密切联系。

首先,我们来认识一个基本的关系:变量值 y 与其平均值 $\bar{y}$ 的总离差,等于 y 与回归线上相应 y_c 的离差以及 y_c 与 $\bar{y}$ 离差的总和,如图 6-4 所示。

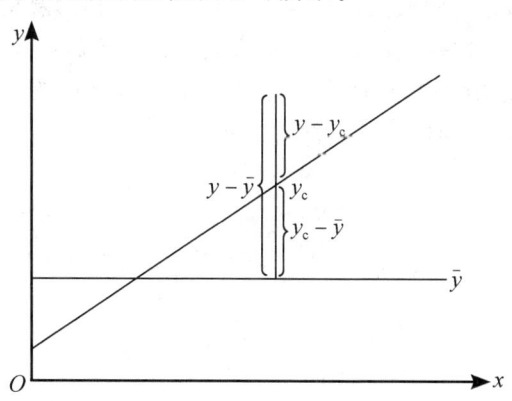

图 6-4 总离差、估计误差和回归误差三者关系示意

很容易写出如下关系式:

$$y - \bar{y} = (y - y_c) + (y_c - \bar{y}) \tag{6-17}$$

  总误差 估计误差 回归误差

式中,$y - \bar{y}$ 称为总误差,可以认为是每个具体的 y 值与平均值 $\bar{y}$ 之间的误差。$y_c - \bar{y}$ 称为回归误差,表明这一部分的误差和 x 有关,是可以由 x 得到解释和说明的,也就是说,它可以认为是扣除了回归直线拟合观察值时产生的误差量,所以它也称为可解释误差。$y - y_c$ 称为估计误差,它是拟合回

归直线后残留的误差量,所以属于不被解释的误差,也称剩余误差,即它是由 x 以外的许多不能控制或掌握的内外因素所引起的偶然性差异。

对于 y 的每一个具体值均可照上述方法分解。这里估计误差最小值为 0,即 $y-y_c=0$,所有 y 点都落在 y_c 线上。意味着 $y_c=y$,则 $y-\bar{y}=y_c-\bar{y}$,即总误差等于回归误差,整个误差量都可以由 x 解释,无疑这就是 x 与 y 完全的相关关系,即函数关系。估计误差最大等于总误差,这时 y_c 与 $\bar{y}$ 重叠,$y-\bar{y}_c=y-\bar{y}$。不难发现,这是 x 与 y 无关的表现。在这种场合,整个误差量都与 x 无关,不能由 x 得到任何解释或说明。

因此,以 $y-\bar{y}$ 为基准来评价 $y-y_c$ 是合适的,这一评价可用下列关系式表示:

$$\sum(y-\bar{y})^2 = (y-y_c)^2 + \sum(y_c-\bar{y})^2 \qquad (6-18)$$

<small>总误差平方和　　估计误差平方和　　回归误差平方和</small>

两边同时除以总平方和 $\sum(y-\bar{y})^2$,得:

$$\frac{\sum(y-y_c)^2}{\sum(y-\bar{y})^2} + \frac{\sum(y_c-\bar{y})^2}{\sum(y-\bar{y})^2} = 1 \qquad (6-19)$$

左边第一项为估计误差占总误差的百分比,第二项为回归误差占总误差的百分比,后一部分比例愈大则总误差中由回归方程解释的部分也愈大,估计误差也就相对小,这一比例称为决定系数。决定系数和相关系数具有相同的意义。决定系数接近 1,说明所有相关点都接近回归直线,相关程度就很高;当决定系数等于 1 时,相关点都落在回归直线上,即为完全线性相关。

可以证明

$$\frac{\sum(y_c-\bar{y})^2}{\sum(y-\bar{y})^2} = r^2$$

由于

$$b = \frac{\sum(x-\bar{x})(y-\bar{y})}{\sum(x-\bar{x})^2}$$

所以有

$$\frac{\sum(y_c-\bar{y})^2}{\sum(y-\bar{y})^2} = \frac{b^2 \sum(x-\bar{x})^2}{\sum(y-\bar{y})^2}$$

$$= \left[\frac{\sum(x-\bar{x})(y-\bar{y})}{\sum(x-\bar{x})^2}\right]^2 \frac{\sum(x-\bar{x})^2}{\sum(y-\bar{y})^2}$$

$$= \frac{\sum(x-\bar{x})(y-\bar{y})}{\sqrt{\sum(x-\bar{x})^2 \sum(y-\bar{y})^2}} = r^2$$

仍以表 6-12 关于产量和成本之间的关系为例来说明。

实际单位成本平均数 $\bar{y} = \frac{426}{6} = 71$。计算所需各项资料有的前面已有,一并列入表 6-13。

表 6-13　某企业产品产量与单位成本相关分析计算

x	y	y_c	$y-\bar{y}$	$(y-\bar{y})^2$	$y-y_c$	$(y-y_c)^2$	$y_c-\bar{y}$	$(y_c-\bar{y})^2$
2	73	73.73	2	4	−0.73	0.532 9	2.73	7.452 9
3	72	71.91	1	1	0.09	0.008 1	0.91	0.828 1
4	71	70.09	0	0	0.91	0.828 1	−0.91	0.828 1
3	73	71.91	2	4	1.09	1.188 1	0.91	0.828 1
4	69	70.09	−2	4	−1.09	1.188 1	−0.91	0.828 1
5	68	68.27	−3	9	−0.27	0.072 9	−2.72	7.452 9
21	426			22		3.818 2		18.218 2

可以得出：$\sum(y-\bar{y})^2=22$

$\sum(y-y_c)^2+\sum(y_c-\bar{y})^2=3.8182+18.2182\approx 22$（不保留小数位）

所以有：$\sum(y-\bar{y})^2=\sum(y-y_c)^2+\sum(y_c-\bar{y})^2$

$$r^2=\frac{\sum(y_c-\bar{y})^2}{\sum(y-\bar{y})^2}=\frac{18.218\ 2}{22}=0.828\ 1$$

说明总误差平方和中有 82.81% 可以由回归方程来解释，产量 x 与单位成本高度相关。

总体 Y 值的推断

根据样本资料建立回归模型 $y_c=a+bx$，不同的样本就有不同的 y_c，所以 y_c 仍是随机变量。用 y_c 作为总体 Y 的估计量就存在抽样误差。更进一步说，当给定自变量 $x=x_0$，从回归模型中就相应确定 y_0 值。现在再以 y_0 值估计总体的 Y 值究竟有多大的抽样误差，这在回归模型的应用中，不论是长期趋势预测，还是历史资料的估计，都是一个需要解决的问题。

由于 y_c 是总体 Y 的无偏估计量，即 y_c 的期望值等于 Y 值。

$$E(y_c)=Y$$

当 $x=x_0$ 时，y_0 的抽样平均误差 μ_y 可以表示如下：

$$\mu_y=S_{yx}\sqrt{1+\frac{1}{n}+\frac{(x_0-\bar{x})^2}{\sum(x-\bar{x})^2}}$$

式中：$S_{yx}=\sqrt{\dfrac{\sum(y-y_c)^2}{n-2}}$ 是估计标准误，x_0 是给定的自变量值，n 为样本单位数。

计算检验统计量（概率度）t：

$$t = \frac{y_0 - Y_0}{\mu_y} = \frac{y_0 - Y_0}{S_{yx}\sqrt{1 + \frac{1}{n} + \frac{(x_0 - \overline{x})^2}{\sum(x - \overline{x})^2}}}$$

t 服从自由度为 $n-2$、显著性水平为 α 的 t 分布。所以我们可以写出 Y_0 的置信区间：

$$-t_{\alpha/2}\mu_y \leqslant y_0 - Y_0 \leqslant t_{\alpha/2}\mu_y \quad \text{或} \quad y_0 - t_{\alpha/2}\mu_y \leqslant Y_0 \leqslant y_0 + t_{\alpha/2}\mu_y$$

现在继续以表 6-12 的资料为例来说明。试根据模型 $y_c = a + bx = 77.37 - 1.82x$，估计当产量 $x_0 = 7\,000$ 件时，在显著性水平 $\alpha = 10\%$ 下总体单位成本的置信区间。

根据资料计算：$\overline{x} = 3.5, (x_0 - \overline{x})^2 = (7 - 3.5)^2 = 12.25$

$$\sum(x - \overline{x})^2 = 5.5, S_{yx} = 0.977$$

$$y_0 = a + bx_0 = 77.37 - 1.82 \times 7 = 64.63$$

y_0 的抽样误差 μ_y 为：

$$\mu_y = S_{yx}\sqrt{1 + \frac{1}{n} + \frac{(x_0 - \overline{x})^2}{\sum(x - \overline{x})^2}} = 0.977 \times \sqrt{1 + \frac{1}{6} + \frac{12.25}{5.5}}$$

$$= 0.977 \times 1.842 = 1.8$$

查"t 分布临界值表"，当自由度 $n - 2 = 4$、显著性水平 $\alpha = 10\%$ 时，临界值 $t_{\alpha/2} = 2.132$。则总体 Y_0 的置信区间为 $y_0 - t_{\alpha/2}\mu_y \leqslant Y_0 \leqslant y_0 + t_{\alpha/2}\mu_y$，即

$$64.63 - 2.132 \times 1.8 \leqslant Y_0 \leqslant 64.63 + 2.132 \times 1.8, 60.79 \leqslant Y_0 \leqslant 68.47$$

总体单位成本 $Y_0 = (64.63 \pm 3.84)$ 元，即置信区间为 $[60.79, 68.47]$。这就是说，我们有 90% 的把握判断总体单位成本将在 60.79 元至 68.47 元之间。

思考与练习

1. 什么是相关关系？它与函数关系有什么不同？

2. 区分下列现象为相关关系还是函数关系。

(1) 物体体积随着温度升高而膨胀，随着压力加大而收缩。

(2) 测量次数愈多，其平均长度愈接近实际长度。

(3) 家庭收入愈多，其恩格尔系数也有下降的趋势。

(4) 物价愈上涨，商品的需求量愈小。

(5) 文化程度愈高，人口的平均寿命也愈长。

(6)圆的半径愈长,圆周也愈长。

(7)农作物收获量和雨量、气温、施肥量有密切的关系。

(8)电信宽带套餐超过限时部分按小时固定价格收取。

3.什么是正相关、负相关、零相关?试举例说明。

4.相关系数 r 的意义是什么?怎样利用相关系数 r 来判别现象的相关关系?如何检验相关系数的显著性?

5.拟合回归方程 $y_c=a+bx$ 有什么要求?回归方程中参数 a,b 的经济含义是什么?如何进行总体 Y 值的推断?

6.工人工资(元)依劳动生产率(万元)变化的回归方程为 $y_c=10+70x$。下列判断是否正确?

(1)劳动生产率为 10 000 元时,工资必须是 70 元。

(2)劳动生产率提高 10 000 元,则工资提高 80 元。

(3)劳动生产率提高 10 000 元,则工资提高 70 元。

(4)劳动生产率没有变化,那么工资为 80 元。

7.简述回归系数与相关系数的关系。

8.试比较回归分析与相关分析。

9.什么叫估计标准误?它与相关系数的关系如何?

10.对 32 炉合金钢的含碳量(%)和抗拉强度(kg/mm)性能进行了测定:

含碳量(%)	抗拉强度(kg/mm)	含碳量(%)	抗拉强度(kg/mm)	含碳量(%)	抗拉强度(kg/mm)	含碳量(%)	抗拉强度(kg/mm)
0.04	41.5	0.10	44.0	0.13	47.5	0.18	50.0
0.05	40.0	0.10	41.5	0.14	47.5	0.20	52.5
0.06	43.0	0.11	42.5	0.14	49.0	0.25	56.0
0.07	42.5	0.11	46.0	0.15	49.0	0.21	52.5
0.08	42.0	0.12	46.5	0.15	46.0	0.23	60.0
0.08	41.5	0.12	44.0	0.16	48.0	0.24	56.0
0.09	43.0	0.13	44.0	0.16	51.0	0.24	53.0
0.09	44.5	0.13	49.5	0.17	53.0	0.25	54.5

根据上面资料:

(1)计算含碳量和抗拉强度间的线性相关系数。

(2)拟合回归方程。这个方程显示合金钢的含碳量每增加百分之几,则抗拉强度平均增加多少?

11.试根据下列工业生产性固定资产和平均每昼夜原料加工量资料确立回归方程,计算相关系数,并检验总体工业生产性固定资产价值与平均每昼夜原料加工量是否显著相关(给定 $\alpha=1\%$)。

序号	固定资产价值 (万元)	平均每昼夜加工量 (千吨)	企业数(家)
1	300	0.25	2
2	400	0.25	6
3	400	0.35	3
4	500	0.25	2
5	500	0.35	5
6	500	0.45	7
7	600	0.35	2
8	600	0.45	2
9	600	0.55	3
10	700	0.45	1
11	700	0.55	7

12.试根据下列资料:

单位:万元

企业序号	固定资金	总产值	企业序号	固定资金	总产值
1	318	524	6	502	938
2	910	1 019	7	314	605
3	200	638	8	1 210	1 516
4	409	815	9	1 022	1 219
5	415	913	10	1 225	1 624

(1)编制简单相关表;

(2)说明两变量之间的相关方向;

(3)编制直线回归方程;

(4)指出方程参数的经济意义;

(5)计算估计标准误;

(6)估计固定资金(自变量)为 1 100 万元时总产值(因变量)的可能值。

13.假定工业生产投入和产出的资料如下:

单位:千件

投入	18	22	13	20	15	14
产出	17.2	20.9	11.6	18.7	14.1	12.9

(1)计算相关系数,指出投入和产出指标之间联系的密切程度和相关方向;

(2)为检查产出对投入的依存关系,拟合一个线性回归方程,指出回归系数的经济意义;

(3)计算估计标准误以说明回归方程的代表性。

14. 根据某地区家计调查资料,每户平均月收入 6 800 元,均方差 800 元,每户平均月消费支出 5 200 元,方差为 40 000,支出对于收入的回归系数为 0.2。

(1)计算收入与支出的相关系数。

(2)拟合支出对于收入的回归方程。

(3)估计年收入在 7 300 元时的消费支出额。

(4)收入每增加 1 元,支出平均增加多少元?

(5)以 95% 的把握断定该地区月收入为 6 000 元的家庭消费支出的置信区间。

15. 检查 5 名同学统计学的学习时间与成绩分数如下表:

学习时数 x(h)	学习成绩 y(分)
4	40
6	60
7	50
10	70
13	90

要求:

(1)编制直线回归方程;

(2)计算估计标准误;

(3)对学习成绩的方差进行分解分析,指出总误差平方和中有多少比重可由回归方程解释;

(4)由此计算出学习时数与学习成绩之间的相关系数。

16. 根据上题资料,估计该班级学习时数 12 h 的成绩置信区间(显著性水平 $\alpha = 5\%$)。

17. 试根据下列资料编制直线回归方程 $y_c = a + bx$,并计算相关系数 r。

$\overline{xy} = 146.5$ $\overline{x} = 12.6$ $\overline{y} = 11.3$

$\overline{x^2} = 164.2$ $\overline{y^2} = 134.1$ $a = 1.757\ 5$

18. 对第二章第 13 题的 64 户家庭月收入 x(元)和金融资产 y(万元)的原始数据做以下的求和：

$\sum x = 128\,094$ $\sum x^2 = 314\,219\,262$

$\sum y = 394.16$ $\sum y^2 = 3\,733.93$ $\sum xy = 1\,037\,961$

要求：

(1) 计算相关系数；

(2) 建立 y 依 x 的回归方程；

(3) 计算估计标准误；

(4) 计算弹性系数；

(5) 以 90% 的可靠性，对月收入 2 000 元家庭的金融资产进行总体估计。

第七章　统计指数

本章对指数编制的一般方法与现实意义、指数体系和指数数列等一系列问题进行阐述。学习本章,要求:(1)认识编制指数的意义及分类;(2)掌握总指数两种形式的编制方法及其在现实中的应用;(3)能运用指数体系进行因素分析;(4)学会指数数列的编制与运用。

第一节　指数的意义和种类

指数的意义

统计指数,简称指数,由于广泛用于社会经济现象数量变动的分析,故常被称为"经济指数"。为了阐明指数的概念,我们把所要研究的现象总体区分为简单现象总体和复杂现象总体。前者指总体中的单位数或标志值可以直接加以总计,如某产品产量、成本、产值、利税,某农作物的播种面积及收获量,工人及其工资。后者指构成现象总体的单位及其标志值不能直接加总,如不同使用价值的产品产量、成本和价格。从广义上说,以上两类现象总体数量的变动都是指数。因此,上面讨论过的动态相对数、比较相对数、计划完成程度相对数都可以叫指数。但是通常所说的指数是狭义的指数,仅仅反映复杂现象总体数量上的变动。本章就是讨论狭义指数的编制,并且只对动态指数做详细说明。

指数的作用有如下几个方面:

第一,综合反映复杂现象总体数量上的变动状态。它以相对数的形式,表明多种产品或商品的数量指标或质量指标的综合变动方向和程度。编制统计指数的根本目的就在于使具有多种不同使用价值的产品或商品可以综合比较,从而计算出诸如工业产品产量、商品零售价格等的总指数,以反映它们的总变动状态。

第二,分析现象总体变动中受各个因素变动的影响程度。包括现象总体总量指标和平均指标的变动受各个因素变动的影响程度分析。

第三,分析复杂现象总体动态变化。这主要利用编制和推算的指数数列,对复杂现象总体在一段较长时期的发展变化趋势进行动态分析。

统计指数的这三方面作用将在下面各节做详细的阐述。

指数的分类

(一)按其所反映的对象范围的不同,指数分为个体指数和总指数 个体指数是反映个别现象变动的相对数,如个别产品的产量指数、个别商品的价格指数。显然,个体指数是在简单现象总体的条件下存在的。总指数则是综合表明全部现象总体数量变动的相对数,如工业产品总产值指数、商品零售物价总指数。总指数是在复杂现象总体的条件下进行编制的,它的计算形式有综合指数和平均指数。指数法要与科学分组法相结合,因而在编制总指数的同时,往往还要编制组指数或类指数,借以反映总体内部各部分现象数量上的变动程度,如工业总产量指数分为重工业产量指数和轻工业产量指数;零售物价指数分为食品类物价指数、衣着类物价指数、日用品类物价指数等。组指数或类指数是相对于总指数而言的,它实质上还是总指数,也是用以反映复杂现象总体的总动态。组指数同总指数结合起来,可以更深入、更全面地反映现象发展的动态。

(二)按其所表明的指标性质的不同,指数分为数量指标指数和质量指标指数 数量指标指数如工业产品产量指数、商品销售量指数等,反映研究现象总体总规模的变动程度;质量指标指数如产品成本指数、商品价格指数、劳动生产率指数等,可以说明生产经营所取得效益状态,或说明生产工作质量的提高程度。在统计指数的应用中,必须重视数量指标指数和质量指标指数的区分,通过不同的编制方法,对不同情况进行动态分析。

(三)按照采用基期的不同,指数可分为定基指数和环比指数 定基指数指各个时期指数都是采用同一固定时期为基期计算的。环比指数是依次以前一时期为基期计算的指数。定基指数和环比指数是各个时期的指数按时间顺序排列的,也称指数数列。

第二节 综合指数和平均指数

我们在指数的分类中提到综合指数和平均指数是总指数的两种计算形式。这一节我们对这两种指数的编制方法做详细阐明。

综合指数编制的方法

通常所说的指数实际上就是总指数。计算总指数的任务,在于综合测定由具有不同度量单位的许多商品或产品所组成的复杂现象总体数量方面的总动态。综合指数的编制方法是"先综合后对比"。就是说,首先要解决不同度量单位的问题,使不能直接加总的具有不同使用价值的各种商品或产品的总体,转化成能够进行对比的两个时期的现象的总量。进行这种转化是可能的。马克思在《资本论》中曾经说过:"作为使用价值,商品首先有质的差别;作为交换价值,商品只能有量的差别,因而不包含任何一个使用价值的原子。"由此可见,为了使不同度量单位的现象转化为可以加总的总体,需要将各种产品或商品由使用价值形态还原为价值形态。综合指数编制的第一个特点就是从现象联系关系分析中确定与我们所要研究的现象——指数化指标——相联系的因素,从而加入这个因素——同度量因素,使各种商品或产品的不同使用价值量转化为价值量。如在分析各种产品产量总动态中,可把各种产品产量分别乘出厂价格或单位成本来计算生产总值和总成本。在分析各种产品的单位成本和价格的总变动中,要将它们分别乘相应的产量,求得生产总值和总成本。这样,就可以从两个时期的生产总值或总成本的对比中进行分析。

指数编制的这一特点表明指数化指标不是孤立地而是在同其他指标相互联系中被观察研究的。而指数化指标乘同它有关的指标,即所谓同度量因素,使得不同度量单位的现象总体转化为数量上可以加总、客观上体现它在实际经济现象或过程中的份额或比重。所以同指数化指标相联系的同度量因素又可以称为指数权数,而权数乘指数化指标的过程也称为加权。

但是指数化指标乘同度量因素还没有完成指数的编制问题,即还没有完成上面所提出的分析各种产品产量或单位成本的综合动态的任务。因为解决了同度量和加权问题后所得的生产总值,其变动包括产量与出厂价格两个因素的变动;总成本的变动,包括单位成本与产量两个因素的变化。综合指数编制的另一个特点是,对复杂现象总体所包括的两个因素中的一个,即同度量因素或权数加以固定，以便消除其变动，从而测定我们所要研究的那个因素即指数化指标的变动。这就是说，采用同一时期的价格或单位成本作为同度量因素来计算两个时期生产总值或总成本，并进行对比，以测定各种产品的产量动态；采用同一时期的产量作为同度量因素来计算两个时期的生产总值、总成本，并进行对比，以反映各种产品价格、单位成本的综合变动。这样，我们分析各种产品产量和单位成本等指标动态的目的也就达到了。

下面我们以某工厂生产三种产品的两期产量和基期出厂价格资料，说明产量综合指数的编制方法，详见表7-1。

表7-1 产品产量综合指数编制表

产品	计量单位	产量		基期出厂价格 p_0（元）	基期生产总值 $q_0 p_0$（万元）	按基期价格计算的计算期生产总值 $q_1 p_0$（万元）
		基期 q_0	计算期 q_1			
(甲)	(乙)	(1)	(2)	(3)	(4)=(1)×(3)	(5)=(2)×(3)
Ⅰ	件	4 500	5 000	700	315	350
Ⅱ	件	5 000	5 200	350	175	182
Ⅲ	吨	9 600	12 000	50	48	60
合计	—				538	592

根据上述资料，该工厂所生产的三种产品产量的增长速度是很不一致的。为了表明三种产品产量的总变动情况，以基期出厂价格为同度量因素来计算两期生产总值，并加以对比，编制出综合产量指数，这样我们就可以测定出产量的综合增长程度。列出综合指数算式如下：

$$I=\frac{\sum q_1 p_0}{\sum q_0 p_0} \tag{7-1}$$

式中：I 为产品产量综合指数，q 为产量，p 为出厂价格，"0"和"1"分别表示基期和计算期。

依据表7-1资料计算出三种产品产量综合指数为：

$$I_q=\frac{\sum q_1 p_0}{\sum q_0 p_0}=\frac{592}{538}=1.1004 \text{ 或 } 110.04\%$$

计算表明，该企业生产三种产品计算期产量比基期增长了10.04%，由于产量提高所增加的生产总值为 $\sum q_1 p_0 - \sum q_0 p_0 = 592-538=54$ 万元。

综合指数中权数的所属时期

从以上关于综合指数的计算过程中我们可以看到,把现象总体所包括的两个变动因素中的一个固定下来,以测定另一个因素的变动影响时,这个被固定的因素究竟要固定在哪个时期上,即同度量因素(权数)所属时期的选择是一个重要问题。

一般认为,编制综合指数必须注意指数式组成内容的现实经济意义。下面以价格指数为例,说明质量指标指数的同度量因素所属时期的选择问题。假定某商场销售两种商品的销售量和价格资料如表7-2所示。

表7-2　商品销售价格综合指数编制计算表

产品	计量单位	销售量		销售价格		商品销售额(元)			
		基期 q_0	计算期 q_1	基期 p_0	计算期 p_1	基期 $q_0 p_0$	计算期 $q_1 p_1$	按基期价格计算的计算期销售额 $q_1 p_0$	按计算期价格计算的基期销售额 $q_0 p_1$
(甲)	(乙)	(1)	(2)	(3)	(4)	(5)=(1)×(3)	(6)=(2)×(3)	(7)=(2)×(3)	(8)=(1)×(4)
Ⅰ	件	650	400	100	105	65 000	42 000	40 000	68 250
Ⅱ	件	550	880	50	45	27 500	36 000	40 000	24 750
合计	—	—	—	—	—	92 500	78 000	80 000	93 000

下面分别以基期和计算期销售量为同度量因素计算两种价格综合指数。

以基期产量为同度量因素计算:

$$I_p = \frac{\sum q_0 p_1}{\sum q_0 p_0} = \frac{93\ 000}{92\ 500} = 1.005\ 4 \text{ 或 } 100.54\%$$

由于价格提高影响总销售额的绝对额:

$$\sum q_0 p_1 - \sum q_0 p_0 = 93\ 000 - 92\ 500 = 500(\text{元})$$

以计算期产量为同度量因素计算:

$$I_p = \frac{\sum q_1 p_1}{\sum q_1 p_0} = \frac{78\ 000}{80\ 000} = 0.975 \text{ 或 } 97.5\%$$

由于销售价格降低影响销售额的绝对额:

$$\sum q_1 p_1 - \sum q_1 p_0 = 78\ 000 - 80\ 000 = -2\ 000(\text{元})$$

质量指标综合指数根据不同时期同度量因素计算的结果是有差别的。当各商品价格升降不同,而商品品种构成又有明显变化时,计算结果还会出现不同结论。上例就是这种情况,前者以基期销售量为同度量因素计算的价格指数提高了 0.54%,销售额增加 500 元;后者以计算期销售量为同度量因素计算的价格指数下降了 2.5%,销售额减少 2 000 元。

那么,应该怎样确定同度量因素来编制像价格这样的质量指标指数呢?通常编制质量指标指数的任务,不仅要测定指数化指标的相对变动,而且要测定由于这个指数化指标在本期内变化而取得的绝对数额。上面例子就说明了这一点。这样提出任务实际上导致质量指标指数要用计算期权数的结论,因为我们关心的是现在而不是以往销售的商品质量指标(如价格、成本)的变动情况;而经济效果也应该同当前的、计算期的实际成果相联系,而不是同以往时期(基期)的实际成果相联系。请看后者价格指数的综合算式,分子指标 $\sum q_1 p_1$ 表示该商场计算期销售这两种产品的实际销售额,分母指标 $\sum q_1 p_0$ 表示销售这两种商品按基期价格计算的计算期销售额。它们之间的对比关系和绝对差额,可以说明在计算期实际销售条件下价格的降低程度和销售额减少的后果。这无疑是我们编制价格指数所追求的、合乎逻辑的目的。而前者价格指数的分母指标 $\sum q_0 p_0$ 表示基期销售总额,分子指标 $\sum q_0 p_1$ 表示按计算期价格计算的基期销售总额,两者的对比关系和绝对差额只是说明按照过去时期商品构成状态下的价格变动程度和影响绝对额。这等于说过去销售的商品的价格在现在和过去之间的变动情况。这显然是我们不感兴趣并难以理解的问题。所以,两相比较,可以说明编制价格综合指数时,要采用后者的算式,即以计算期产量为同度量因素比较合理。

综上所述,编制质量指标综合指数,一般情况下不采用基期数量指标为同度量因素。比如成本指数、劳动生产率指数、收获率指数等也都要重视指数式组成内容的经济意义,把作为同度量因素的数量指标固定在报告期上。

下面来说明数量指标指数的同度量因素所属时期的问题。以产量综合指数为例,对于表 7-1 中的资料,若再提供报告期出厂价格并以它为同度量因素,肯定又是另外一种结果。那么同度量因素应该怎样加以选择运用呢?从 $\dfrac{\sum p_0 q_1}{\sum p_0 q_0}$ 和 $\dfrac{\sum p_1 q_1}{\sum p_1 q_0}$ 两指数式的经济内容分析,两者都是可行的。但在实际应用上,一般是采用基期质量指标作为同度量因素来编制产量指数的。这主要是考虑到必须要借助指数体系来反映现象因素之间的客观联系。价格综合指数既然把作为同度量因素的销售量因素固定在报告期的规模上,那么产量综合指数就必须把作为同度量因素的价格固定在基期水平上,才能保持指数体系的严谨,借以进行因素分析。这个问题后面将有详细阐述。同时,把价格固定在基期水平上,这意味着在原有价格水平的基础上测定销售量的综合变动,也是比较恰当的。就是根据这个道理,编制数量指标指数时,一般把作为度量因素的质量指标固定在基期水平上。

应该指出,立足于现实经济意义的分析来确定综合指数中的同度量因素所属时期,具有普遍的应用意义,但不是固定不变的原则,因而不能机械地加以应用。上面阐述的价格指数,把同度量因素(销售量)固定在基期上,以表示商品购买者在报告期购买了与基期同样数量的商品,由于价格上升(或降低),使他们多支出(或少支出)了多少金额,何尝没有现实的经济意义?因而编制综合指数,往往要注意研究现象总体的不同情况以及分析任务的不同要求,从而具体确定同度量因素所属时期。

综合指数公式的演化

我们来回顾一下指数的历史。100多年前的1864年和1874年,德国统计学家拉斯佩雷斯(Etienne Laspeyres,1834—1913)和帕舍(Hermann Paasche,1851—1925)分别主张以基期数量和以计算期数量为权数来编制物价指数,即所谓拉氏公式和帕氏公式:

物价指数拉氏公式:$L_p = \dfrac{\sum p_1 q_0}{\sum p_0 q_0}$ （7-2）

物价指数帕氏公式:$P_p = \dfrac{\sum p_1 q_1}{\sum p_0 q_1}$ （7-3）

后人对于任何指数,只要是权数固定在基期,就称拉氏公式;权数固定在计算期,就称帕氏公式。如物量指数的拉氏公式和帕氏公式分别为:

物量指数拉氏公式:$L_q = \dfrac{\sum q_1 p_0}{\sum q_0 p_0}$ （7-4）

物量指数帕氏公式:$P_q = \dfrac{\sum q_1 p_1}{\sum q_0 p_1}$ （7-5）

实践证明拉氏指数和帕氏指数有明显差异,前者指数值偏高,后者指数值偏低,于是就产生了折中的综合形式,例如:

(1)马埃指数。由英国经济学家马歇尔(A.Marshall)和埃奇沃斯(F.Y.Edgeworth)等人于1887—1890年间提出。该指数对拉氏指数和帕氏指数的同度量因素进行简单平均。公式如下:

物价马埃指数：$E_p = \dfrac{\sum p_1 \left(\dfrac{q_0+q_1}{2}\right)}{\sum p_0 \left(\dfrac{q_0+q_1}{2}\right)} = \dfrac{\sum p_1(q_0+q_1)}{\sum p_0(q_0+q_1)} = \dfrac{\sum p_1 q_0 + \sum p_1 q_1}{\sum p_0 q_0 + \sum p_0 q_1}$

(7-6)

物量马埃指数：$E_q = \dfrac{\sum q_1 \left(\dfrac{p_0+p_1}{2}\right)}{\sum q_0 \left(\dfrac{p_0+p_1}{2}\right)} = \dfrac{\sum q_1(p_0+p_1)}{\sum q_0(p_0+p_1)} = \dfrac{\sum q_1 p_0 + \sum q_1 p_1}{\sum q_0 p_0 + \sum q_0 p_1}$

(7-7)

(2)理想指数。由美国经济学家沃尔什(G. M. Walsh)和庇古(P. C. Pigou)等人于1901—1902年间提出，后来美国经济学家费歇尔(Irving Fisher)比较验证了其优良性后，将它命名为理想指数。也有人称其为费歇尔指数。理想指数是对拉氏指数和帕氏指数的几何平均。公式如下：

物价理想指数：$F_p = \sqrt{\dfrac{\sum p_1 q_1}{\sum p_0 q_1} \cdot \dfrac{\sum p_1 q_0}{\sum p_0 q_0}}$ (7-8)

物量理想指数：$F_q = \sqrt{\dfrac{\sum q_1 p_1}{\sum q_0 p_1} \cdot \dfrac{\sum q_1 p_0}{\sum q_0 p_0}}$ (7-9)

(3)杨格指数。英国经济学家杨格(A. Young)提出固定权数综合指数，因此也称杨格指数。在固定加权综合指数中，同度量因素所属时期既不固定在报告期也不固定在基期上，而是固定在一个特定的水平上。公式如下：

物价杨格指数：$I_p = \dfrac{\sum p_1 q_n}{\sum p_0 q_n}$ (7-10)

物量杨格指数：$I_q = \dfrac{\sum q_1 p_n}{\sum q_0 p_n}$ (7-11)

式中：q_n 和 p_n 分别表示特定的物量和价格水平。

由于固定权数综合指数的同度量因素不因比较时期(报告期或基期)的改变而改变，因此采用固定权数综合指数不但方便指数的编制，而且便于观察现象长期发展变化的趋势。

平均指数编制方法　综合反映许多产品或商品所组成的复杂现象总体的动态，也可以采用平均指数方法，它是从个体指数出发来编制总指数的。平均指数编制方法是"先对比后平均"，也就是先计算出各产品或商品的数量指标或质量指标的个体指数，而后进行加权平均计算，以测定现象的总变动程度。平均指数也是编制总指数的一种重要形式,有它的独立应用意义。平均指数的计算形式为算术平均指数和调和平均指数。

算术平均指数就是形式上像算术平均数的总指数,它是对各种产品或商品的数量指标或质量指标的个体指数按加权算术平均法加以计算。例如,我们以 K 表示各产品或商品数量或质量指标的个体指数,即 $K=q_1/q_0$ 或 $K=p_1/p_0$,则有:

算术平均指数:$I = \dfrac{\sum K q_0 p_0}{\sum q_0 p_0}$ （7-13）

式中,$q_0 p_0$ 表示基期总值指标,以它为权数计算的算术平均指数是比较常用的形式。我们仍用上面所举某工厂生产三种产品的产量和出厂价格资料,用算术平均指数方法来计算产量指数。原有资料和计算过程见表 7-3。

表 7-3　产品产量算术平均指数计算

产品	计量单位	产量		个体指数 K (%)	基期生产总值 $q_0 p_0$ (万元)	个体指数和基期总值的乘积 $Kq_0 p_0$ (万元)
		基期 q_0	计算期 q_1			
(甲)	(乙)	(1)	(2)	(3)=$\dfrac{(2)}{(1)}$	(4)	(5)=(3)×(4)
Ⅰ	件	4 500	5 000	111.11	315	350
Ⅱ	件	5 000	5 200	104.00	175	182
Ⅲ	吨	9 600	12 000	125.00	48	60
合计	—	—	—	—	538	592

产量算术平均指数 $= I_q = \dfrac{\sum K q_0 p_0}{\sum q_0 p_0} = \dfrac{592}{538} = 1.100\ 4$ 或 110.04%

计算结果表明这三种产品产量计算期与基期比较综合提高了 10.04%。

调和平均指数则是形式上如调和平均数的总指数,它是在计算各种产品或商品数量指标或质量指标的个体指数的基础上,用加权调和平均法进行平均计算的。调和平均指数多以计算期总值指标为权数,也有以基期总值指标为权数的。以计算期总值为权数的调和平均指数算式如下:

调和平均指数 $= \dfrac{\sum q_1 p_1}{\sum \dfrac{1}{K} q_1 p_1}$ （7-14）

我们也用上面计算商品价格指数的资料,改用加权调和平均指数算式计算如表 7-4 所示（$q_1 p_1$ 表示计算销售额）。

表 7-4 产品产量调和平均指数计算

产品	销售价格(元/件)			计算期销售额 q_1p_1(元)	计算期销售额除以个体指数 $\dfrac{q_1p_1}{K}$
	基期 p_0	计算期 p_1	个体指数 K (%)		
(甲)	(1)	(2)	(3)=$\dfrac{(2)}{(1)}$	(4)	(5)=$\dfrac{(4)}{(3)}$
Ⅰ	100	105	105	42 000	40 000
Ⅱ	50	45	90	36 000	40 000
合计	—	—	—	78 000	80 000

$$I_p = \frac{\sum q_1 p_1}{\sum \dfrac{1}{K} q_1 p_1} = \frac{78\,000}{80\,000} = 0.975 \text{ 或 } 97.5\%$$

计算表明计算期两种商品价格比基期综合下降了 2.5%。

平均指数是综合指数的变形

从上面算术平均指数和调和平均指数的来看,其结果与综合指数方法所计算的结论都是相同的,即产量指数为 110.04%,价格指数为 97.5%。但是,这是有条件的:数量指标的算术平均指数在采用基期总值 $\sum q_0 p_0$ 为权数的特定情况下,和一般综合指数的计算结果相同;而质量指标的调和平均指数在采用计算期总值 $\sum q_1 p_1$ 为权数的特定情况下,计算结果和综合指数一致。

简单证明如下:由于数量指标的个体指数 $K=\dfrac{q_1}{q_0}$,$Kq_0p_0=q_1p_0$;同时质量指标的个体指数的倒数 $\dfrac{1}{K}=\dfrac{p_0}{p_1}$,$\dfrac{1}{K}=q_1p_1=q_1p_0$,所以平均指数等于综合指数:

算术平均指数 $I = \dfrac{\sum K q_0 p_0}{\sum q_0 p_0} = \dfrac{\sum q_1 p_0}{\sum q_0 p_0}$ (7-15)

调和平均指数 $I = \dfrac{\sum q_1 p_1}{\sum \dfrac{1}{K} q_1 p_1} = \dfrac{\sum q_1 p_1}{\sum q_1 p_0}$ (7-16)

因此可以说,以基期总值指标加权计算的数量指标的算术平均指数和以计算期总值指标加权计算的质量指标的调和平均指数都是综合指数的变形。

我们说过综合指数是常用的总指数计算方法,是由于它的组成内容具有明确的经济意义。而作为综合指数变形的这两种平均指数也成为比较常用的算式,即编制数量指标指数多用以基期总值加权计算的算术平均指数,编制质量指标指数多用以计算期总值加权计算的调和平均指数。

平均指数又是总指数的独立形式

这里必须强调:上述两种平均指数的计算公式虽是常用算式,但不能否定其他形式和权数的平均指数的应用。就是说平均指数又是计算总指数的一种独立形式。例如,在编制质量指标指数时,采用以计算期总值指标加权计算的调和平均指数还是以基期总值指标加权计算的算术平均指数,是值得具体考虑的。前者依据当年实际数量构成状态编制指数,较有优势,但取得当年资料难度较大;后者在应用资料条件上较为有利,如果两期数量指标没有明显变化,也能取得比较正确的结论,所以,平均指数形式及其权数的应用,可以根据研究现象的实际情况以及资料条件来具体决定。

与综合指数比较,平均指数在形式及其权数的应用上,有两个重要特点:

第一,综合指数主要适用于全面资料编制,而平均指数既可以依据全面资料编制,也可以运用非全面资料编制。有些社会经济现象的研究还非得运用非全面资料按平均指数形式来计算不可。以社会商品零售物价指数为例,市场上零售商品成千上万,不可能取得所有商品的全部资料来编制物价指数,以反映零售商品价格的变动。即使假定选用 200 种代表规格品调查零售物价变动来编制总指数,用综合指数方法也只能包括这 200 种规格品价格及相对应的零售量资料,这样编成的指数虽然基本上可以代表商品集团价格动态,但各规格品的零售量并不等于商品集团的全面销售规模,难免会影响指数的计算结果。而采用平均指数,除了选用代表规格品计算个体物价指数外,可以采用商品集团零售额为权数进行平均计算,这就可以比较完整地反映出市场上的零售物价动态了。

第二,综合指数一般采用实际资料作为权数来编制,以社会零售物价指数为例,要计算综合指数,需要用 200 种代表规格品价格相对应的实际零售量资料,这既有困难,也不恰当。用平均指数编制,除了可以实际零售额为权数外,也可以在实际零售资料的基础上推算确定零售比重进行加权平均计算。因此编制质量指标指数可以节省不少调查工作量,又能够保证指数计算结果的准确性,是经济指数编制工作中值得重视的实际问题。关于平均指数是总指数的独立形式问题,下一节将继续讨论。

第三节 几种经济指数的编制

对于总指数编制原理的讨论,可以认为一般使用的指数公式:其一,数量指标指数,按拉氏公式编制;其二,质量指标指指数,按帕氏公式编制。

但还需强调两点:第一,决不排除综合指数运用其他时期的权数;第二,平均指数可能独立于综合指数。

我们可以从现实生活中几个重要的经济指数的编制证实以上的结论。

居民消费价格指数 居民消费价格指数(consumer price index,CPI)在国外称为消费者价格指数或生活费用指数,是度量一组代表性消费品及服务项目价格水平随时间变动的相对数,反映居民家庭所购买的生活消费品和服务的价格水平变动情况。居民消费价格指数可以用来观察和分析价格水平变动对职工货币工资的影响,并作为研究居民生活、宏观经济分析和决策、价格总水平监测和调控的依据。它按年度计算的变动率通常被用来作为反映通货膨胀或通货紧缩程度的指标。

编制居民消费价格指数,首先必须了解消费品的分类。我国现行统计制度将居民消费的商品按用途分为食品、烟酒及用品、衣着、家庭设备用品及维修服务、医疗保健及个人用品、交通和通信、娱乐教育文化用品及服务、居住8个大类,其下又设251个基本分类。例如衣着这一大类下面分为服装、衣着材料、鞋帽袜及其他衣着4个中类;在鞋帽袜中类下又分为鞋类、袜子、帽子3个小类。

可以想象,社会商品的种类是极其繁多的,如衣着有男女、规格、牌号、质量等之分,不一而足。在编制指数时,需要在商品集团中选取一种或数种代表规格品。代表规格品选择的原则是:消费量较大、价格变动趋势和变动程度有较强的代表性、选中的规格品之间性质差异大的合格产品。

编制居民消费价格指数时,代表规格品的选择以及商品各分类权数的确定,要科学运用抽样调查。基层单位价格调查点的抽选方法是:首先将各种类型的商店、农贸市场、服务网点分别以人均销售额、成交额和经营规模为标志,从高到低排序;其次分别按销售额和经营规模累计起来,然后依据调查点的数量进行等距抽样。

居民消费价格指数的计算方法如下：

第一，计算基本分类平均指数。根据所属代表规格品价格环比指数，采用几何平均法计算基本分类价格环比指数，计算公式为：

$$K_t = \sqrt[n]{x_{t_1} x_{t_2} \cdots x_{t_n}} \times 100\% \tag{7-17}$$

其中，$x_{t_1}, x_{t_2}, \cdots, x_{t_n}$ 分别为第 1 个至第 n 个代表规格品的环比价格指数（p_1/p_0）。

第二，类别指数及总指数的计算。类别及总指数逐级算术平均加权计算，公式表达为：

$$I_{类} = \frac{\sum w_{t-1} K_t}{\sum w_{t-1}} \tag{7-18}$$

$$I_{总} = \frac{\sum w_{t-1} I_{1类}}{\sum w_{t-1}} \tag{7-19}$$

式中，w_{t-1} 表示上期各类商品的消费比重。

举例说明消费价格指数的编制过程。下面是某地区居民各类消费品价格的资料。不同层次的分类权数以相应的括号表示。

(1) 根据某基本分类所属各规格品的报告期和基期综合平均价格，计算环比价格指数，如精粉价格指数为：2.4/2.3＝104.4%

表 7-5　居民消费价格指数计算

商品类别及品名	规格等级	计量单位	平均价格（元）		权数	以基年 12 月为基期	
			基年 12 月	报告年 1 月		指数（%）	指数×权数
（甲）	（乙）	（丙）	(1)	(2)	(3)	(4)	(5)=(4)×(3)
一、食品					{45}	100.3	4 513.5
（一）粮食类					[25]	102.1	2 552.5
1.大米基本分类					(60)	102.4	6 144.0
早米（散装）		kg	2.2	2.2	40	100.0	4 000.0
东北米（真空包装）		kg	2.93	3.00	40	102.4	4 096.0
月牙米（袋装）		kg	2.29	2.40	20	104.8	2 096.0

续表

商品类别及品名	规格等级	计量单位	平均价格（元）		权数	以基年12月为基期	
			基年12月	报告年1月		指数（%）	指数×权数
2.面粉基本分类	精粉	kg	2.3	2.4	(10) 20	104.4 104.4	1 044.0 2 088.0
3.粮食制品基本分类					(20)	101.8	2 036.0
4.其他					(10)	98.2	982
（二）副食品类					[48]	98.5	4 728.0
（三）烟酒茶					[13]	103.5	1 345.5
（四）其他食品					[14]	100.0	1 400.0
二、衣着					{8}	98.7	789.6
三、家庭设备用品					{6}	97.8	586.8
四、交通和通信工具					{7}	118.6	830.2
五、娱乐教育文化用品					{2}	100.8	201.6
六、医疗保健用品					{10}	99.6	996.0
七、居住					{12}	100.1	1 201.2
八、服务项目					{10}	110.5	1 105.0

(2) 计算各规格品环比价格指数的几何平均数（K_t）：

如大米基本分类指数为

$$K_t = \sqrt[3]{100 \times 102.4 \times 104.8} = 102.4(\%)$$

(3) 计算中类指数，如粮食中类指数 $I_中$ 为：

$$I_中 = \frac{102.4 \times 60 + 104.4 + 10 + 101.8 \times 20 + 98.2 \times 10}{100} = 102.1(\%)$$

(4)计算大类指数,如食品类指数 $I_{大}$ 为:
$$I_{大} = \frac{102.1 \times 25 + 98.5 \times 48 + 103.5 \times 13 + 100 \times 4}{25 + 48 + 13 + 14} = 100.3(\%)$$

(5)根据大类指数和相应权数,计算全社会消费价格指数 $I_{总}$ 为:
$$I_{总} = \frac{\begin{array}{c}100.3 \times 45 + 98.7 \times 8 + 97.8 \times 6 + 118.6 \times 7 + \\ 100.8 \times 2 + 99.6 \times 10 + 100.1 \times 12 + 110.5 \times 10\end{array}}{45 + 8 + 6 + 7 + 2 + 10 + 12 + 10} = 102.24(\%)$$

这表明某市报告年 1 月消费价格指数为 102.24%,消费品价格综合上升 2.24%。权数每年确定一次。年内各月的权数不变,所以这种指数也叫固定加权算术平均指数。中华人民共和国成立后 50 年以来一直按帕氏公式编制居民消费价格指数,2001 年开始改为按拉氏公式编制。我们把公式 $I = \frac{\sum K_t w_{t-1}}{\sum w_{t-1}}$ 进行分解,即可证明:设 t 为本期,$t-1$ 为上期(基期),则权数 $w_{t-1} = \frac{p_0 q_0}{\sum p_0 q_0}$,使得 $I = \frac{\sum k_t w_{t-1}}{\sum w_{t-1}} = \frac{\sum \frac{p_1}{p_0} \times \frac{p_0 q_0}{\sum p_0 q_0}}{\sum \frac{p_0 q_0}{\sum p_0 q_0}} = \frac{\sum p_1 q_0}{\sum p_0 q_0} = L_p$。这就是我们所熟知的拉氏公式。我们知道,消费价格指数是月月编制、月月公布的,它是环比指数。由于权数固定在基期上,给指数的计算带来了很大的方便。这一问题将在本章最后一节进一步阐明。

工业生产指数

工业生产指数(industrial production index, IPI)是相对指标,用来衡量制造业、矿业与公共事业的实质产出,衡量的基础是数量,而非金额。该指数反映的是某一时期工业经济的景气状况和发展趋势。

我国的工业生产指数是固定加权综合指数,它以不变价格为同度量因素,即以不同时期的按不变价格计算的总产值对比反映工业生产发展动态。工业生产指数用公式表示为

$$I = \frac{\sum q_1 p_n}{\sum q_0 p_n} \tag{7-20}$$

式中 p_n 为不变价格。

为使不变价格总产值接近实际情况,不变价格经过一段时间就要更换,例如我国曾使用 1952 年、1970 年、1980 年和 1990 年的不变价格,自 90 年代起采用直接规定不变价格的方式。当编制较长时期工业生产指数遇到不变价格更换时,要采用价格换算系数,即更替年份——宣布改用新不变价格的

年份按新旧两种不变价格计算总产值对比指标,以消除价格变动的影响。例如某工厂 2015 年总产值按 2010 年不变价格计算为 954 万元,2008 年总产值按 2000 年不变价格计算为 500 万元,两年总产值对比所计算的产量指数算式及其计算过程为：

$$I_{pq} = \frac{\sum q_{2015} p_{2010}}{\sum q_{2008} p_{2000}} = \frac{954}{500} = 1.908 \text{ 或 } 190.8\%$$

这不仅反映了产量增长情况,而且包含了不变价格的变动影响。为了消除不变价格变动的影响,要计算价格换算系数。假定更替年份(2011 年)总产值按 2010 年不变价格计算为 795 万元,按 2000 年不变价格计算为 750 万元,价格换算系数算式及其计算过程为：

$$I_q = \frac{\sum q_{2011} p_{2010}}{\sum q_{2011} p_{2000}} = \frac{795}{750} = 1.06 \text{ 或 } 106\%$$

$$I_p = \frac{\sum q_{2015} p_{2010}}{\sum q_{2008} p_{2000} \times \frac{\sum q_{2011} p_{2010}}{\sum q_{2011} p_{2000}}} = \frac{\sum q_{2015} p_{2010}}{\sum q_{2008} p_{2000}} : \frac{\sum q_{2011} p_{2010}}{\sum q_{2011} p_{2000}}$$

$$I_p = \frac{954}{500 \times 106\%} = 190.8\% : 106\% = 180\%$$

用左边算式计算,应该把 2008 年总产值乘价格换算系数,改算成按 2010 年不变价格计算的总产值,即 $500 \times 106\% = 530$ 万元,而后计算产量指数为 $954 : 530 = 180\%$。用右边算式计算,则直接用价格换算系数对包括有价格变动影响的产量进行调整,即 $190.8\% : 106\% = 180\%$。两者计算结果相同。

国外大多数国家都十分重视编制工业生产指数。它是按算术平均指数

$$I = \frac{\sum k q_0 p_0}{\sum q_0 p_0} = \frac{\sum \frac{q_1}{q_0} \times q_0 p_0}{\sum q_0 p_0} = \sum \frac{q_1}{q_0} \left(\frac{q_0 p_0}{\sum q_0 p_0} \right)$$ 的公式计算的。其在应用上的特点是:只要计算部门的重点产品或代表产品的个体指数,而后用部门或分类产品的基期增加值进行加权平均计算。同时基期权数也可以用工业部门或分类产品增加值在全部增加值中所占的比重。其所编制的工业生产指数,多采用这种比重为权数。如美国工业生产指数曾用的比重资料:矿业 6.36%,制造业 87.95%,电、煤气和水 5.69%,合计 100%。日本用的比重资料:矿业 0.66%,制造业 99.34%,合计 100%。表 7-6 是日本工业生产指数的计算。

表 7-6　日本工业生产指数计算

（甲）	代表性产品数 （乙）	报告年部门指数（基年为100） $K=\dfrac{q_1}{q_0}$ (1)	部门权数（基年部门增加值所占比重） $W=\dfrac{q_0 p_0}{\sum q_0 p_0}$ (2)	各部门指数乘权数 $\dfrac{q_1}{q_0}\cdot\dfrac{q_0 p_0}{\sum q_0 p_0}$ (3)=(1)×(2)
矿业	9	97.5	65.5	6 386.25
制造业	523	122.3	9 934.5	1 214 989.35
合计	532	—	10 000.0	1 221 375.60

工业生产指数 $I=\sum\dfrac{q_1}{q_0}\left(\dfrac{q_0 p_0}{\sum q_0 p_0}\right)=\dfrac{1\ 221\ 375.60}{10\ 000}=122.1(\%)$

股票价格指数

股票价格指数（stock index）是用来反映股票市场价格变动的一种专用经济指标，简称股价指数。

股价指数可以按年、季、月编制，但因股价涨跌迅速，一般要求编制当日指数。它以某年某月某日的股价作为基期股价，这一日称为基日，基日指数通常定为 100，以后各日的股价同基日股价相比计算出百分数，即为各日股价指数。

股价指数通常采用综合指数形式，一般以股票发行量为权数，也有的以成交量为权数。举一个简单的例子来说明它的编制原理。设有 3 种股票，其股价和发行股数资料如表 7-7 所示：

表 7-7　股价指数计算

股票名称	发行量（股）	股价（元/股）				
		基日 p_0	计算日			
			p_1	p_2	p_3	p_4
甲	12 000	13	15	14	14	16
乙	20 000	6	6	7	8	8
丙	25 000	5	7	8	8	9

根据表 7-7 中资料，计算 4 个计算日的股价指数 $I_i(i=1,2,3,4)$ 如下：

第 1 日：$I_1=\dfrac{\sum p_1 q}{\sum p_0 q}=\dfrac{15\times12\ 000+6\times20\ 000+7\times25\ 000}{13\times12\ 000+6\times20\ 000+5\times25\ 000}$

$=\dfrac{475\ 000}{401\ 000}=118.45\%$

$$第2日: I_2 = \frac{\sum p_2 q}{\sum p_0 q} = \frac{14 \times 12\,000 + 7 \times 20\,000 + 8 \times 25\,000}{13 \times 12\,000 + 6 \times 20\,000 + 5 \times 25\,000}$$

$$= \frac{508\,000}{401\,000} = 126.68\%$$

$$第3日: I_3 = \frac{\sum p_3 q}{\sum p_0 q} = \frac{14 \times 12\,000 + 8 \times 20\,000 + 8 \times 25\,000}{13 \times 12\,000 + 6 \times 20\,000 + 5 \times 25\,000}$$

$$= \frac{528\,000}{401\,000} = 131.67\%$$

$$第4日: I_4 = \frac{\sum p_4 q}{\sum p_0 q} = \frac{16 \times 12\,000 + 8 \times 20\,000 + 9 \times 25\,000}{13 \times 12\,000 + 6 \times 20\,000 + 5 \times 25\,000}$$

$$= \frac{577\,000}{401\,000} = 143.89\%$$

这说明到第4日股价上扬43.89点。

编制股价指数,一是可以记录股市每日的变动,二是反映大市的整体情况。还可以利用指数的资料绘制指数图,让股票投资者直观地分析股价的走势和股市的发展情况。

上面例子表明,股价指数是计算日、基日股价发行数分别和相应市价相乘所得的总市值之比。它实际上是基日总市值($\sum p_0 q$)当成100所计算的定基指数。国内外所见的股价指数多是采用这种方法。

股价指数还采用下面的公式来推算:

$$当日指数 = \frac{当日发行股票总市值}{昨日发行股票总市值} \times 昨日指数$$

我们将在第五节对这一公式的运用做进一步说明。

但是,股票指数不一定要对所有上市的股票进行编制。通过选择具有代表性的股票来编制股份指数倒是普遍的方法,比如美国著名的普尔指数、我国上证综合指数、香港恒生指数。以恒生指数为例,它是在所有上市的股份公司中,选取最活跃的33家具有代表性的公司作为计算指数的成分股。这33家成分股包含香港经济四大类别:金融类、地产类、工商业类和公用事业类。在1985年以前,恒生指数只是计算33家公司的股价总指数,1985年1月份增加了这四类的类指数,分别反映各类股价的走势,帮助投资者了解整个股市的情况。恒生指数成分股的股票约占股票市场总值的75%,成交额也占股票市场总数的八成。成分股的选择是十分严格的。

股价指数若以成交量为权数来编制,一般采用帕氏公式,也用拉氏公式,这里不再阐述。

第四节 指数体系与因素分析

指数体系　这里讨论的指数体系是指指数之间存在的相互联系所构成的体系。一般来说,三个或三个以上在性质上相互联系、在数量上存在一定关系的指数便构成指数体系。利用指数体系可以分析社会经济现象的各种因素变动,以及它们对总体发生作用的影响程度。

社会经济现象所存在的普遍联系,在统计中可通过相应的指标体系表现出来。许多指标体系能表达为经济方程式,即以结果指标为原因指标的函数,例如:

生产总值＝产量×出厂价格

总成本＝产量×单位成本

销售额＝销售量×销售价格

利税额＝销售量×销售价格×利税率

上述这些指标体系,按指数形式表现时,乘积关系仍然成立,如生产总值指数＝产量指数×出厂价格指数;总成本指数＝产量指数×单位成本指数。

利用指数体系可以从数量方面研究分析社会经济现象总体变动中各个因素变动的影响程度和绝对额,进行因素分析,也可以利用指数之间的联系进行必要的推算。

利用指数体系进行因素分析,主要分析以下两方面的问题:

(一)分析现象总体总量指标的变动受各种因素变动的影响程度　即利用综合指数体系,从数量指标指数和质量指标指数的相互联系中,分析这种现象因素的变动影响关系。例如,编制多种产品的产量指数和成本指数,分析产量和成本的变动对总成本变动的影响;编制商品销售量和销售价格指数,分析销售量的增减和物价的升降对商品流转规模的影响程度。

(二)分析现象总体平均指标变动受各种因素变动的影响程度　即利用综合指数编制的方法原理,通过平均指标指数体系进行分析。这里的"各种因素"是指简单现象总体分为各个部分或局部的条件下各部分标志值的平均水平和总体中各部分单位数的结构。例如,全厂工人平均工资的变动,不仅取决于各技术级别工人工资水平的变动,而且受工资水平不同的各级别工人数比重变化的影响。因此,在分析平均工资变动时,要分析有多大程度取决于各级别工人工资的平均水平变动,又有多大程度受各级别工人数比重变化的影响。又如,工业部门产品平均成本的变动,不仅取决于生产同种产品的各企业产品成本的变动,而且随着成本水平不同的各企业产量比重变动而变动,因此也要分析各企业产品成本的平均变动和产量结构变化在成本总平均变动中的影响程度。

因素分析的内容 因素分析包括相对数分析和绝对数分析。相对数分析,就是上面说过的把互相联系的指数组成乘积关系的体系,从指数计算结果本身指出现象总体总量指标或平均指标的变动是由哪些因素变动作用的结果。指数分析一般就是指这种分析。绝对数分析,是由指数体系中各个指数分子与分母指标之差所形成绝对值上的因果关系,即原因指标指数中分子与分母之差的总和等于结果指标指数分子和分母之差。绝对数分析通常的用词为"影响绝对值"。

以上两项内容的实现,一般借助综合指数法中所谓的以经济内容为根据的一般方法。因为作为权数的数量指标固定在报告期水平上,作为权数的质量指标固定在基期水平上,所以既可以使互为因果关系的指数乘积关系成立,维持住指数体系;又可以通过指数的分子分母差额明确体现经济影响效果的内容。我们知道,不以经济内容为根据的综合指数和按非全面资料及估计推算的权数所编制的各种平均指数并不承担因素分析的任务。因此,从某种意义上说来,因素分析是以综合指数为依据的对统计指数研究的延续或深入。

下面将简述总量指标和平均指标变动的因素分析方法,包括总量指标变动的因素分析、平均指标变动的因素分析和总量指标变动的多因素分析。

总量指标变动的因素分析 现象总体可以区分为简单现象总体和复杂现象总体,总量指标的两因素分析也分别按这两种不同性质的总体进行。

(一)**简单现象总体总量指标变动的因素分析** 简单现象总体的总量指标只有是两个原因指标乘积的函数时,才可据以进行因素分析。现以实例来说明简单现象总体总量指标变动的因素分析方法。我们知道,企业的总产值等于职工人数和全员劳动生产率的乘积,因此:

总产值指数＝职工人数指数×全员劳动生产率指数

设 T 为职工人数,q 为劳动生产率,上述的指数体系表示如下:

$$\frac{T_1 q_1}{T_0 q_0} = \frac{T_1 q_0}{T_0 q_0} \cdot \frac{T_1 q_1}{T_1 q_0} \tag{7-21}$$

职工人数和全员劳动生产率分别为数量指标和质量指标,它们作为同度量因素分别被固定在报告期和基期上。

$$\frac{T_1 q_1}{T_0 q_0} = \frac{T_1}{T_0} \cdot \frac{q_1}{q_0} \tag{7-22}$$

但在绝对数分析时,为了分析职工人数和劳动生产率因素变动对总产值变动的影响,仍应就原来算式的分子、分母指标计算差额。关系如下:

$$T_1 q_1 - T_0 q_0 = (T_1 q_0 - T_0 q_0) + (T_1 q_1 - T_1 q_0) \tag{7-23}$$

或 $\quad T_1 q_1 - T_0 q_0 = (T_1 - T_0) q_0 + (q_1 - q_0) T_1 \tag{7-24}$

因此,相对数分析可以不使用同度量因素,绝对数分析则一定要投入同度量因素,这是简单现象总体因素变动分析的主要特点。

下面就某企业产值、职工人数和全员劳动生产率的假定资料(表7-8)进行计算。

表7-8 简单现象总体总量指标变动因素分析

	基期	报告期	指数(%)	影响绝对值(万元)
总产值(万元)	1 200	1515	126	315
职工人数	500	505	101	12
全员劳动生产率(万元/人)	2.4	3.0	125	303

该企业总产值的变动:

$$总产值指数 = \frac{T_1 q_1}{T_0 q_0} = \frac{1\ 515}{1\ 200} = 1.26\ 或\ 126\%$$

总产值增加额:$T_1 q_1 - T_0 q_0 = 1\ 515 - 1\ 200 = 315(万元)$

其中职工人数的变动影响:

$$职工人数指数 = \frac{T_1}{T_0} = \frac{505}{500} = 1.01\ 或\ 101\%$$

由于职工人数增加而增加的总产值:

$$(T_1 - T_0) q_0 = (505 - 500) \times 2.4 = 12(万元)$$

全员劳动生产率的变动影响:

$$全员劳动生产率指数 = \frac{q_1}{q_0} = \frac{3.0}{2.4} = 1.25\ 或\ 125\%$$

由于全员劳动生产率提高而增加的总产值:

$$(q_1-q_0)T_1=(3.0-2.4)\times505=303(万元)$$

以上各个因素之间的关系为：
$$101\%\times125\%=126\%$$
$$12+303=315(万元)$$

这说明：该企业在职工人数增加很少的条件下，主要依靠发掘企业内部潜力，迅速提高劳动生产率，从而促进生产较大幅度的增长。报告期较基期总产值增加 315 万元，增长速度达 26%，其中全员劳动生产率增长 25%。由于全员劳动生产率提高而增加的总产值为 303 万元，占总增加额的 96%（303∶315）。

(二)复杂现象总体总量指标变动的因素分析 在复杂现象总体的条件下，总量指标是两个原因指标乘积的总和，进行总量指标变动的因素分析，就是利用综合指数式，从数量指标指数和质量指标指数的相互联系所组成的指数体系进行分析。

例如，工业企业生产总成本的变动受到产品生产量增长和单位产品成本降低两个因素的影响，于是我们可以分别编制总成本指数、产品生产量指数以及单位产品成本指数来组成指数体系进行分析。商品流转额的变动取决于商品流转量和物价的变动影响，这样我们也可以编制由商品流转额指数、流转量指数和物价指数所组成的指数体系，以分析各个因素变动对商品流转额的影响。现在我们以某地区 3 种商品流转情况的假定资料来说明在复杂现象总体的条件下总量指标变动的两因素分析，资料及计算过程见表 7-9。

表 7-9 复杂现象总体总量指标变动因素分析

商品	计量单位	销售量		价格(元/千克)		基期销售额 q_0p_0（万元）	计算期销售额 q_1p_1（万元）	按基期价格计算的计算期销售额 q_1p_0（万元）
		基期 q_0	计算期 q_1	基期 p_0	计算期 p_1			
(甲)	(乙)	(1)	(2)	(3)	(4)	(5)=(1)×(3)	(6)=(2)×(4)	(7)=(2)×(3)
Ⅰ	万千克	400	480	0.80	0.82	320	383.6	384.0
Ⅱ	万千克	80	88	1.15	1.05	92	92.4	101.2
Ⅲ	万千克	50	60	1.20	1.38	60	82.8	72.0
合计	—	—	—	—	—	472	568.8	557.2

根据表中的资料,计算出该地区销售额增长了 20.51%,增加销售额 96.8 万元。具体计算如下:

$$销售额指数 = \frac{\sum q_1 p_1}{\sum q_0 p_0} = \frac{568.8}{472} = 1.2051 \text{ 或 } 120.51\%$$

销售额变动 $\sum q_1 p_1 - \sum q_0 p_0 = 568.8 - 472 = 96.8$(万元)。

如上所述,销售总额的变动是销售量和物价两个因素相互作用的结果,因此要进一步计算销售量指数和物价指数,并分别分析它们的变动对销售额变动影响的绝对额。计算如下:

$$销售量指数 = \frac{\sum q_1 p_0}{\sum q_0 p_0} = \frac{557.2}{472} = 1.1805 \text{ 或 } 118.05\%$$

销售量增长对销售额变动的影响:

$$\sum q_1 p_0 - \sum q_0 p_0 = 557.2 - 472 = 85.2 (万元)$$

$$物价指数 = \frac{\sum q_1 p_1}{\sum q_1 p_0} = \frac{568.8}{557.2} = 1.0208 \text{ 或 } 102.08\%$$

物价提高对销售额变动的影响:

$$\sum q_1 p_1 - \sum q_1 p_0 = 568.8 - 557.2 = +11.6 (万元)$$

把以上计算联系起来可以看出,销售量指数和物价指数的乘积等于销售额指数,它们之间组成了如下指数体系:

$$\frac{\sum q_1 p_0}{\sum q_0 p_0} \times \frac{\sum q_1 p_1}{\sum q_1 p_0} = \frac{\sum q_1 p_1}{\sum q_0 p_0}$$

即 $\qquad 118.05\% \times 102.08\% = 120.51\%$

商品销售量和物价因素的变动影响销售额变动的绝对额,计算如下:

$$(\sum q_1 p_0 - \sum q_0 p_0) + (\sum q_1 p_1 - \sum q_1 p_0)$$
$$= \sum q_1 p_1 - \sum q_0 p_0 = 568.8 - 472 = 96.8 (万元)$$

以上指数体系说明了该地区 3 种商品的销售情况,计算期比基期销售额增加 20.51%,是由于销售量增长 18.05% 和物价提高 2.08% 两个因素作用。同时,由于销售增长影响,销售额增加了 85.2 万元;由于物价提高影响,销售额增加了 11.6 万元。两因素共同作用使销售额总共增加了 96.8 万元。

平均指标变动的因素分析

我们拟就平均指标变动因素分析的指数体系、平均指标变动的因素分析方法和平均指标指数体系中各个指数的具体运用等几方面加以说明。

(一)平均指标指数体系　上面说过,简单现象总体在划分为各个部分或局部的条件下,平均指标的变动往往取决于各个部分平均水平变动的影响和各个部分的单位数在总体中比重变动的影响。平均指标变动的因素分析需要编制 3 种平均指标指数。它们是可变构成指数、固定构成指数和结构变动影响指数,并组成如下的指数体系来分析:

平均工资可变构成指数＝固定构成指数×结构变动影响指数

它们分别简称为可变指数、固定指数和结构指数。我们以现实的问题,比如总平均工资变动的分析说明这几种指数的编制及特点。

进行总平均工资变动的因素分析,首先要计算总平均工资指数。计算总平均工资指数的两期总平均工资,是分别以各个时期工人数为权数对各组工资水平进行平均计算的。所以两期总平均工资的变动不仅反映了各组(类)工资水平的变动,而且受到各组工人数结构变动的影响。这种包括结构变动影响作用的总平均工资指数,就是平均工资可变构成指数。公式如下:

$$可变构成指数 = \frac{\sum x_1 f_1}{\sum f_1} : \frac{\sum x_0 f_0}{\sum f_0} \quad (7-25)$$

可见可变构成指数就是报告期平均指标与基期平均指标之比。那么,应该怎样分析企业总平均工资变动中结构变动影响关系呢?依据综合指数编制的原理,为了消除结构因素的变动影响,反映各组工资水平的变动程度,要把工人数加以固定,而且固定在报告期上。这种工人数结构固定的总平均工资指数,称为平均工资的固定构成指数。公式如下:

$$平均工资固定构成指数 = \frac{\sum x_1 f_1}{\sum f_1} : \frac{\sum x_0 f_1}{\sum f_1} \quad (7-26)$$

这一指数的经济内容:分子指标是报告期企业实际平均工资,分母指标是假定各组工资水平保持不变的情况下的报告期企业平均工资。它们之间的差别只是由两期各组工人工资水平变动所引起的。

为了分析工人数结构变动对企业总平均工资变动影响的程度,要计算结构变动影响的指数。在这个指数中,必须把各组工人工资水平因素固定起来,并把它固定在基期水平上。公式如下:

$$平均工资结构变动影响指数 = \frac{\sum x_0 f_1}{\sum f_1} : \frac{\sum x_0 f_0}{\sum f_0} \quad (7-27)$$

这个指数的分子指标是假定各组工人工资水平保持不变的情况下的报告期企业平均工资,分母指标是基期企业实际平均工资。它们的对比关系可以表明两期中各组工人数构成变动对企业平均工资变动的影响。

应该看到,平均指标变动的因素分析实质上是现象结构的变动分析,因为分析所使用的指数都与结构问题有关。可变指数是包含结构变动因素的平均指标指数,固定指数是排除了结构变动影响的平均指标指数,而结构变动影响指数是纯粹反映构成变动影响的平均指标指数。

(二)平均指标变动因素分析方法 我们通过具体的例子来说明。下面是某城镇商品房销售变动分析的资料(见表7-10)。

表7-10 平均指标变动因素分析资料

商品房类别	销售面积(万米^2)		平均售价(元/米^2)		交易金额(万元)		
	基期 f_0	报告期 f_1	基期 x_0	报告期 x_1	基期 $x_0 f_0$	报告期 $x_1 f_1$	按基期平均价格计算的报告期交易金额 $x_0 f_1$
(甲)	(1)	(2)	(3)	(4)	(5)=(1)×(3)	(6)=(2)×(4)	(7)=(2)×(3)
别墅	0.25	0.31	6 105	6 586	1 526.25	2 041.66	1 892.55
住宅	15.30	18.50	2 850	3 137	47 996.10	58 034.50	52 725.00
商场	2.05	2.23	5 560	6 048	11 398.00	1 3480.35	12 398.80
写字楼	0.48	0.58	3 000	3 312	1 440.00	1 920.96	1 740.00
车库	0.26	0.35	1 550	1 755	403.00	614.25	542.50
厂房	0.06	0.05	2 500	2 780	150.00	139.00	125.00
合计	18.40	22.02			62 913.35	76 230.72	69 423.85

3种指数所组成的指数体系关系式为:

$$\frac{\sum x_1 f_1}{\sum f_1} : \frac{\sum x_0 f_0}{\sum f_0}$$
$$= \left(\frac{\sum x_0 f_1}{\sum f_1} : \frac{\sum x_0 f_0}{\sum f_0}\right) \cdot \left(\frac{\sum x_1 f_1}{\sum f_1} : \frac{\sum x_0 f_1}{\sum f_1}\right) \quad (7\text{-}28)$$

以实际数字代入:

$$\frac{76\,230.72}{22.02} : \frac{62\,913.85}{18.4} = \left(\frac{69\,423.85}{22.02} : \frac{62\,913.35}{18.4}\right) \times$$
$$\left(\frac{76\,230.72}{22.02} : \frac{69\,423.85}{22.02}\right)$$

或　　3 462∶3 419=(3 153∶3 419)×(3 462∶3 153)

即　　　101.26％＝92.22％×109.8％

这些相对数表明该城镇报告期比基期商品房总平均售价上升1.26％,是各类商品房平均售价上升引起总平均售价上升9.8％和各类商品房销售面积比重变动引起总平均售价下降7.78％的结果。

进行绝对数分析应先明确各个指数分子、分母差额的含义：

$\dfrac{\sum x_1 f_1}{\sum f_1} - \dfrac{\sum x_0 f_0}{\sum f_0}$,表示现象总体总平均指标增减的绝对额。

$\dfrac{\sum x_1 f_1}{\sum f_1} - \dfrac{\sum x_0 f_1}{\sum f_1}$,表示现象总体各组平均指标变动引起总平均指标增减的绝对额。

$\dfrac{\sum x_0 f_1}{\sum f_1} - \dfrac{\sum x_0 f_0}{\sum f_0}$,表示现象总体各组单位数结构的变动引起的平均指标增减的绝对额。

它们形成如下关系：

$$\dfrac{\sum x_1 f_1}{\sum f_1} - \dfrac{\sum x_0 f_0}{\sum f_0}$$
$$= \left(\dfrac{\sum x_0 f_1}{\sum f_1} - \dfrac{\sum x_0 f_0}{\sum f_0}\right) + \left(\dfrac{\sum x_1 f_1}{\sum f_1} - \dfrac{\sum x_0 f_1}{\sum f_1}\right) \quad (7-29)$$

用实际数字代入：

3 462－3 419＝(3 153－3 419)＋(3 462－3 153)

即：　　　　43＝－266＋309

这说明该城镇各类商品房平均价售增长使总平均售价上涨309元,但是报告期较大幅度增售售价相对低的"住宅"类,而价格高的别墅类销售比重相对下降,正由于各类商品房销售面积结构变动使总平均售价下降226元,所以整个城镇商品房总平均销售价只上涨43元。

我们知道,平均指标变动往往是总量指标变动的一个重要因素,例如,人们不仅关心平均售价变动,还关心它对销售总额的影响。因此,分析平均指标变动的绝对额,还要进一步分析由平均指标变动引起总量指标变动的绝对额。这种分析,要把两期平均指标的差额乘报告期的总体单位数($\sum f_1$)加以确定。仍用上面的例子计算分析如下：

由于商品房总平均售价变动所引起的销售总额变动的计算式为：

$$\left(\dfrac{\sum x_1 f_1}{\sum f_1} - \dfrac{\sum x_0 f_0}{\sum f_0}\right) \sum f_1 = (3\ 462 - 3\ 419) \times 22.02$$
$$= 946.86(万元)$$

说明由于商品房总平均售价提高,交易金额增加了 946.86 万元。

其中,由于各类商品房平均售价的变动影响绝对额的计算式为:

$$\left(\frac{\sum x_1 f_1}{\sum f_1} - \frac{\sum x_0 f_1}{\sum f_1}\right) \sum f_1 = (3\ 462 - 3\ 153) \times 22.02$$
$$= 6\ 804.18(万元)$$

说明各类商品房平均售价提高使交易金额多了 6 804.18 万元。

由于各类商品房销售面积比重的变动影响绝对额的计算式为:

$$\left(\frac{\sum x_0 f_1}{\sum f_1} - \frac{\sum x_0 f_0}{\sum f_0}\right) \sum f_1 = (3\ 153 - 3\ 419) \times 22.02 = -5\ 857.32(万元)$$

说明各类商品房销售面积比重变动影响使交易金额少了 5 857.32 万元。

以上某城市总平均房价变动及其两因素变动的影响,绝对额之间的关系为:
$$946.86 = 6\ 804.18 + (-5\ 857.32)$$

以上分析使我们明确,平均指标变动的因素分析实际是平均指标结构变动分析。结构指标是部分与总体比较出来的。这里有必要弄清上面所说现象总体划分为各个"部分"或"局部"的含义。它包括两种情况,一种情况是现象总体按某一重要标志所划分的各个组,上面进行商品房平均售价变动的因素分析就是把商品房总体按类分为别墅、住宅、商场等组。其他如进行平均收获率变动的因素分析,把所有的播种面积按地势分为平原、丘陵和山地三组,或分为水浇地、旱地两组,还可以按施肥量和推广良种程度分组。这是明显地通过分组所形成的部分或局部。它告诉我们平均指标变动的因素分析必须与科学分组法密切结合。只有依据分析任务的要求,去选择与我们所要研究的平均指标有直接联系或影响的标志,进行分组,显示其结构关系,才能进一步做因素分析。另一种情况是:这些部分或局部不一定经过分组,而是现实的企事业单位。例如,进行某集团工业公司劳动生产率变动的因素分析,部分或局部可能是各个企业;分析某同类产品部门平均成本的变动因素,也是把企业看成部分或局部。下面我们举一个例子:根据某集团公司所属 3 个工厂生产某产品的产量和成本资料,分析该产品总平均成本变动的影响因素。单位成本、产量及计算的总成本如表 7-11。

表 7-11　总平均成本变动影响因素分析表

企业	产量(万双)		每双成本(元)		总成本(万元)		按基期单位成本计算的报告期总成本 $q_1 p_0$
	基期 q_0	报告期 q_1	基期 p_0	报告期 p_1	基期 $q_0 p_0$	报告期 $q_1 p_1$	
(甲)	(1)	(2)	(3)	(4)	(5)=(1)×(3)	(6)=(2)×(4)	(7)=(2)×(3)
甲	15	15	2.50	2.40	37.5	36.0	37.5
乙	10	10	2.40	2.40	24.0	24.0	24.0
丙	10	25	2.20	2.10	22.0	52.5	55.0
合计	35	50	2.39	2.25	83.5	112.5	116.5

3 个企业生产该产品总平均成本的变动情况：

$$\text{平均成本可变指数} = \frac{\sum p_1 q_1}{\sum q_1} : \frac{\sum p_0 q_0}{\sum q_0}$$

$$= \frac{112.5}{50} : \frac{83.5}{35} = 2.25 : 2.39 = 94.1\%$$

由于总平均成本降低所节约的总成本为：

$$\left(\frac{\sum p_1 q_1}{\sum q_1} - \frac{\sum p_0 q_0}{\sum q_0} \right) \sum q_1 = (2.25 - 2.39) \times 50 = -7(\text{万元})$$

其中：

(1) 各企业成本水平变动的影响：

$$\text{固定构成成本指数} = \frac{\sum p_1 q_1}{\sum q_1} : \frac{\sum p_0 q_1}{\sum q_1}$$

$$= \frac{112.5}{50} : \frac{116.5}{50} = 2.25 : 2.33 = 96.6\%$$

或者 $\frac{\sum p_1 q_1}{\sum q_1} : \frac{\sum p_0 q_1}{\sum q_1} = \frac{\sum p_1 q_1}{\sum p_0 q_1} = \frac{112.5}{116.5} = 96.6\%$

由于各企业成本水平降低所节约的总成本为：

$$\left(\frac{\sum p_1 q_1}{\sum q_1} - \frac{\sum p_0 q_1}{\sum q_1} \right) \sum q_1 = (2.25 - 2.33) \times 50 = -4(\text{万元})$$

或者 $\sum p_1 q_1 - p_0 q_1 = 112.5 - 116.5 = -4(\text{万元})$

(2) 各企业产量结构变动的影响：

$$\text{结构变动影响指数} = \frac{\sum p_0 q_1}{\sum q_1} : \frac{\sum p_0 q_0}{\sum q_0}$$

$$=\frac{116.5}{50}:\frac{83.5}{35}=2.33:2.39=97.5\%$$

由于各企业产量结构变动影响成本降低所节约的总成本为：

$$\left(\frac{\sum p_0q_1}{\sum q_1}-\frac{\sum p_0q_0}{\sum q_0}\right)\sum q_1=(2.33-2.39)\times 50=-3(万元)$$

以上说明，当总体各个部分或局部不以分组，而以各个具体单位来表现的情况下，平均指标变动的因素分析没有什么特殊的地方。

总量指标变动多因素分析　　总量指标指数体系还可以由更多的指数组成，以分析变动的多因素影响。例如以上分析职工人数和全员劳动生产率两个因素变动对总产值变动的影响，而全员劳动生产率的变动又取决于工人数占职工人数比重和工人劳动生产率两个因素。这样，总产值动态变动就可以分解为职工人数、工人数占职工人数比重和工人劳动生产率三个因素进行变动影响分析。又如利税可以分解为销售量、销售价格和利税率三个因素，工业产品原材料支出额可以分解为产量、单位产品原材料消耗量和原材料价格三个因素，它们都可以进行多因素变动的联系分析。

多因素现象的指数体系，由于所包括的现象因素较多，指数的编制过程比较复杂，以下两点是编制多因素指数时要加以注意的问题：

第一，在编制多因素指标所组成综合指数时，为了测定某一因素指标的变动影响，要保证其他两个或两个以上因素固定不变，这里仍然利用综合指数编制的一般要求来确定固定因素所属时期，即在测定数量指标因素的变动影响时，应以基期质量指标为同度量因素；而在测定质量指标因素的变动影响时，应以计算期数量指标为同度量因素。同时，由于所包括因素较多，还要考虑多因素的合理排序来确定同度量因素。

第二，对综合指数中的多因素排序，要具体分析现象总体的经济内容，依据现象因素的联系关系加以具体确定。现就工业产品原材料支出额的组成因素顺序来说，依据它们之间的联系，要按产量、单位产品原材料消耗量、单位原材料价格的顺序排列。这从下面分解中看得非常清楚。只有这样排列，才能使它们彼此适应和相互结合。

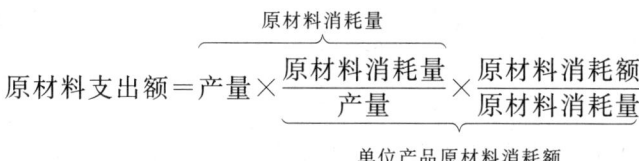

又如,对总产值和利税变动进行影响因素分析时,形成如下的顺序关系:

$$总产值 = 职工人数 \times \underbrace{\underbrace{\frac{工人数占职工}{人数比重}}_{工人数} \times 工人劳动生产率}_{全员劳动生产率}$$

$$利税额 = 销售量 \times \frac{销售额}{销售量} \times \underbrace{\frac{利税额}{销售额}}_{单位产品利税}$$

$$= \underbrace{销售量 \times 销售价格}_{销售额} \times 利税率$$

根据以上两点要求,合理地排列指数中多因素的先后顺序,具体确定其中的固定因素及其所属时期,就可以编制多个因素指数,用以分析这些因素变动对现象总体变动的影响及作用。

下面就工业产品原材料支出额分解为三个因素的资料为例说明。设 m 表示单位原材料消耗量,q,p 表示产量、原材料价格,则工业产品原材料支出额为 qmp。各个因素指数所组成的指数体系为:

$$\underbrace{\frac{\sum q_1 m_0 p_0}{\sum q_0 m_0 p_0}}_{产量指数} \times \underbrace{\frac{\sum q_1 m_1 p_0}{\sum q_1 m_0 p_0}}_{\substack{单位产品\\原材料\\消耗量指数}} \times \underbrace{\frac{\sum q_1 m_1 p_1}{\sum q_1 m_1 p_0}}_{\substack{单位原材料\\价格指数}} = \underbrace{\frac{\sum q_1 m_1 p_1}{\sum q_0 m_0 p_0}}_{\substack{原材料支出\\总额指数}} \quad (7-30)$$

假定某工厂生产两种产品,其产量、原料消耗和原料价格资料如表 7-12 所示。

表 7-12 某工厂生产产品的产量、原料消耗量和原料价格资料

产品	产量(万米)		原料	百米产品耗用原料量(千克)		每千克原料价格(元)	
	基期 q_0	计算期 q_1		基期 m_0	计算期 m_1	基期 p_0	计算期 p_1
(甲)	(1)	(2)	(乙)	(3)	(4)	(5)	(6)
Ⅰ	80	84	A	36	33	30	31
Ⅱ	120	144	A	30	28	30	31
			B	12	10	25	27
合计	—	—	—	—	—	—	—

为进行原料支出总额变动的多因素分析,有关的原料支出总额计算见

表 7-13。

表 7-13 某工厂原料支出总额变动的多因素分析

产品	原料	原料支出总额(万元)			
		基期 $q_0 m_0 p_0$	按基期单位产品原料消耗额计 $q_1 m_0 p_0$	按基期单位原料价格计 $q_1 m_1 p_0$	计算期 $q_1 m_1 p_1$
Ⅰ	A	864.0	907.2	831.6	859.3
	A	1 080.0	1 296.0	1 209.6	1 249.9
Ⅱ	B	364.0	432.0	360.0	388.8
合计	—	2 304.0	2 635.2	2 401.2	2 498.0

根据表 7-13 中资料,编制指数体系并进行因素分析如下:

$$原料支出额指数 = \frac{\sum q_1 m_1 p_1}{\sum q_0 m_0 p_0} = \frac{2\,498.0}{2\,304.0}$$
$$= 1.084\,2 \text{ 或 } 108.42\%$$

分解计算三个因素指数,它们的变动方向和程度如下:

$$产量指数 = \frac{\sum q_1 m_0 p_0}{\sum q_0 m_0 p_0} = \frac{2\,635.2}{2\,304.0} = 1.143\,8 \text{ 或 } 114.38\%$$

$$\begin{matrix}单位产品原料\\消耗量指数\end{matrix} = \frac{\sum q_1 m_1 p_0}{\sum q_1 m_0 p_0} = \frac{2\,401.2}{2\,635.2}$$
$$= 0.911\,2 \text{ 或 } 91.12\%$$

$$\begin{matrix}单位原料\\价格指数\end{matrix} = \frac{\sum q_1 m_1 p_1}{\sum q_1 m_1 p_0} = \frac{2\,498.0}{2\,401.2} = 1.040\,3 \text{ 或 } 104.03\%$$

以上三个因素指数所组成的指数体系,反映它们的变动方向和程度,对企业支付原料总额的变动影响关系如下:

$$114.38\% \times 91.12\% \times 104.03\% = 108.42\%$$

就绝对额的变动情况进行分析,该企业生产两种产品所支付原料总额的变动绝对额为:

$$\sum q_1 m_1 p_1 - \sum q_0 m_0 p_0 = 2\,498.0 - 2\,304.0 = 194.0(万元)$$

其中各个因素变动对原料支出总额变动的影响绝对额为:

由于产量增加的原料费用支出增加额:

$$\sum q_1 m_0 p_0 - \sum q_0 m_0 p_0 = 2\,635.2 - 2\,304.0 = 331.2(万元)$$

由于单位产品原料消耗量下降的原料费用支出减少额:

$\sum q_1 m_1 p_0 - \sum q_1 m_0 p_0 = 2\,401.2 - 2635.2 = -234.0$（万元）

由于单位原料价格提高的原料费用支出增加额：

$\sum q_1 m_1 p_1 - \sum q_1 m_1 p_0 = 2\,498 - 2\,401.2 = 96.8$（万元）

以上三个因素影响绝对值的变动与原料支出总额变动的关系如下：

$331.2 + (-234.0) + 96.8 = 194.0$（万元）

用算式表示这种多因素绝对值的变动影响关系为：

$(\sum q_1 m_0 p_0 - \sum q_0 m_0 p_0) + (\sum q_1 m_1 p_0 - \sum q_1 m_0 p_0) +$
$(\sum q_1 m_1 p_1 - q_1 m_1 p_0) = \sum q_1 m_1 p_1 - \sum q_0 m_0 p_0$

以上多因素现象的变动影响的绝对值分析，如果加以合并计算，其结果究竟如何呢？把产量和单位产品原料消耗量两个因素加以合并，等于原料消耗量指标，它的变动对原料费用支出额的变动影响为 $\sum q_1 m_1 p_0 - \sum q_0 m_0 p_0 = 2\,401.2 - 2\,304.0 = 97.2$（万元），与两个因素分别分析的结果相同，即 $331.2 + (-234.0) = 97.2$（万元）。把单位产品原料消耗量和单位原料价格两个因素加以合并，等于单位产品原料消耗额指标，它的变动对原料费用支出额的变动影响为 $\sum q_1 m_1 p_1 - \sum q_1 m_0 p_0 = 2\,498.0 - 2\,635.2 = -137.2$（万元），与原来两个因素分别分析的结果也是一致的，即 $(-234.0) + 96.8 = -137.2$（万元）。这样检验计算，可以说明依据现象因素联系的关系，合理安排顺序，确定固定因素，来进行多因素的变动影响分析，对于各个因素之间的合并与分解，结论都是一致的。这样的分析是能够满足实际经济分析任务要求的。

应该指出，对多因素现象的指数体系及其影响绝对值分析，必须慎重从事；应该注意多做实际调查，掌握具体情况和原因，加以结合分析。

以上是就复杂现象总体动态分析各个因素的变动影响。必须着重指出，对于简单现象总体变动，也可以利用这种综合指数体系的分析方法进行现象因素的变动分析。具体可参阅简单现象总体变动二因素分析方法。就本例中的某产品来说，分析所需的指数体系为：

$$\frac{q_1}{q_0} \cdot \frac{m_1}{m_0} \cdot \frac{p_1}{p_0} = \frac{q_1 m_1 p_1}{q_0 m_0 p_0} \tag{7-31}$$

或者

$$\frac{q_1 m_0 p_0}{q_0 m_0 p_0} \cdot \frac{q_1 m_1 p_0}{q_1 m_0 p_0} \cdot \frac{q_1 m_1 p_1}{p_1 m_0 p_0} = \frac{q_1 m_1 p_1}{q_0 m_0 p_0} \tag{7-32}$$

就绝对额变动的情况分析，算式表示为：

$$(q_1 - q_0) m_0 p_0 + (m_1 - m_0) q_1 p_0 + (p_1 - p_0) q_1 m_1$$
$$= q_1 m_1 p_1 - q_0 m_0 p_0 \tag{7-33}$$

或者

$$(q_1m_0p_0-q_0m_0p_0)+(q_1m_1p_0-q_1m_0p_0)+(q_1m_1p_1-q_1m_1p_0)$$
$$=q_1m_1p_1-q_0m_0p_0 \qquad (7\text{-}34)$$

第五节 指数数列的运用

指数数列的种类

把各个时期的综合指数按时间顺序加以排列,就是指数数列。编制指数数列,借以分析研究复杂现象总体在长时间内的发展变化趋势。

在指数分类中,我们说过,按采用基期的不同分为定基指数和环比指数。其实定基指数和环比指数是就数列而言的。

定基指数数列中的各个时期指数,都是采用同一固定时期为基期来计算的。以前一时期为基期计算的指数为环比指数,由各个时期环比指数所组成的数列为环比指数数列。

在指数数列中,由于各个时期指数采用同度量因素所属时期的变动,还产生了可变权数和不变权数的问题。各个时期指数用不同时期的同度量因素,它们是变动的,称可变权数;各个时期指数的同度量因素固定在一个时期水平上,它们是不变的,称不变权数。

编制指数数列究竟采取不变权数或可变权数取决于指数编制的一般要求,即数量指标指数的同度量因素固定在基期上,质量指标指数的同度量因素固定的报告期上。因此,当编制数量指标环比指数数列时,由于环比指数要求依次以前期为基期,同度量因素所属时期就随着基期变动而变动,这时就运用可变权数。而数量指标定基指数数列的同度量因素则一定固定在基期水平上,是不变权数。编制质量指标指数时由于要求同度量因素固定在报告期上,所以不管是环比指数数列还是定基指数数列,同度量因素所属时期总是随着报告期的变动而变动,即都运用可变权数。

下面写出数量指标(如产品产量或销售量)指数数列和质量指标(如价格或成本)指数数列的算式(符号同前,0、1、2、3、4分别表示不同时期):

(1) 以基期质量指标为同度量因素的数量指标指数数列

环比指数

$$\frac{\sum q_1 p_0}{\sum q_0 p_0}, \frac{\sum q_2 p_1}{\sum q_1 p_1}, \frac{\sum q_3 p_2}{\sum q_2 p_2}, \frac{\sum q_4 p_3}{\sum q_3 p_3} \tag{7-35}$$

定基指数

$$\frac{\sum q_1 p_0}{\sum q_0 p_0}, \frac{\sum q_2 p_0}{\sum q_0 p_0}, \frac{\sum q_3 p_0}{\sum q_0 p_0}, \frac{\sum q_4 p_0}{\sum q_0 p_0} \tag{7-36}$$

(2) 以计算期数量指标为同度量因素的质量指标指数数列

环比指数

$$\frac{\sum q_1 p_1}{\sum q_1 p_0}, \frac{\sum q_2 p_2}{\sum q_2 p_1}, \frac{\sum q_3 p_3}{\sum q_3 p_2}, \frac{\sum q_4 p_4}{\sum q_4 p_3} \tag{7-37}$$

定基指数

$$\frac{\sum q_1 p_1}{\sum q_1 p_0}, \frac{\sum q_2 p_2}{\sum q_2 p_0}, \frac{\sum q_3 p_3}{\sum q_3 p_0}, \frac{\sum q_4 p_4}{\sum q_4 p_0} \tag{7-38}$$

由此可见,用可变权数编制质量指标指数数列,包括环比指数数列和定基指数数列,具有较大的实际意义。它在各期实际数量指标构成确定的情况下,反映各个时期质量指标的变动状态,也可以具体分析由于这些质量指标变动所取得的绝对效益。

在我国,反映企业财务成本管理水平的可比产品成本降低率指标就是按质量指标指数编制的一般方法来编制的成本综合指数减 1 得出来的。一般情况下,可比产品成本综合指数数列是环比的,权数是可变的。假定某工厂可比产品产量和成本动态资料如表 7-14 所示。

表 7-14 指数数列的编制计算表

产品	产量(台)				成本(元/台)			
	第 1 季度 q_1	第 2 季度 q_2	第 3 季度 q_3	第 4 季度 q_4	第 1 季度 p_1	第 2 季度 p_2	第 3 季度 p_3	第 4 季度 p_4
甲	(1)	(2)	(3)	(4)	(5)	(6)	(7)	(8)
I	1 250	1 400	1 300	1 500	13	11	12	10
II	120	140	130	150	25	23	24	22
III	160	150	160	180	41	42	41	40

为编制成本综合指数数列,先计算各个季度有关总成本如下:

第 1 季度:$\sum p_1 q_1 = 25\,810$

第 2 季度:$\sum p_1 q_2 = 27\,850, \sum p_2 q_2 = 24\,920$

第 3 季度：$\sum p_1q_3 = 26\,710, \sum p_2q_3 = 24\,010, \sum p_3q_3 = 25\,280$

第 4 季度：$\sum p_1q_4 = 30\,630, \sum p_2q_4 = 27\,510,$

$\sum p_3q_4 = 28\,980, \sum p_4q_4 = 25\,500$

成本指数数列，即逐季成本环比指数、成本降低率和各季因成本降低而节约的总成本如下：

第 2 季度比第 1 季度：

$$\frac{\sum p_2q_2}{\sum p_1q_2} = \frac{24\,920}{27\,850} = 89.5\%$$

即成本降低率为 11.5%。

节约总成本：$27\,850 - 24\,920 = 2\,930$(元)

第 3 季度比第 2 季度：

$$\frac{\sum p_3q_3}{\sum p_2q_3} = \frac{25\,280}{24\,010} = 105.3\%$$

即成本提高 5.3%。

增加总成本：$25\,280 - 24\,010 = 1\,970$(元)

第 4 季度比第 3 季度：

$$\frac{\sum p_4q_4}{\sum p_3q_4} = \frac{25\,500}{28\,980} = 88\%$$

即成本降低率为 12%

节约总成本：$28\,980 - 25\,500 = 3\,480$(元)

特殊运用的不变权数　显然，上面所说的数量指标指数数列是按拉氏公式编制的，质量指标指数数列是按帕氏公式计算的。现实中，有不按拉氏公式和帕氏公式编制的指数数列，它表现在不变权数的运用上。用不变价格为同度量因素编制产量指数就是一种特殊应用的不变权数。这种不变价格根据某一时期全国平均价格来确定，在一段较长的时间内固定不变。我们在上一节中谈过这种产量指数的编制，现在来看看编成指数数列时是什么样的形式：

(1) 环比指数

$$\frac{\sum q_1 p_n}{\sum q_0 p_n}, \frac{\sum q_2 p_n}{\sum q_1 p_n}, \frac{\sum q_3 p_n}{\sum q_2 p_n}, \frac{\sum q_4 p_n}{\sum q_3 p_n} \qquad (7\text{-}39)$$

(2) 定基指数

$$\frac{\sum q_1 p_n}{\sum q_0 p_n}, \frac{\sum q_2 p_n}{\sum q_0 p_n}, \frac{\sum q_3 p_n}{\sum q_0 p_n}, \frac{\sum q_4 p_n}{\sum q_0 p_n} \qquad (7\text{-}40)$$

用不变价格计算产量指数,具有自己的特点:不仅便于现象发展的长期趋势分析,而且可以保持逐期环比指数的连乘积等于定基指数。请看:

$$\frac{\sum q_1 p_n}{\sum q_0 p_n} \cdot \frac{\sum q_2 p_n}{\sum q_1 p_n} \cdot \frac{\sum q_3 p_n}{\sum q_2 p_n} \cdot \frac{\sum q_4 p_n}{\sum q_3 p_n} = \frac{\sum q_4 p_n}{\sum q_0 p_n} \tag{7-41}$$

表 7-15 中列出某地区"十二五"期间工农业总产值的定基指数和环比指数,是这种用不变价格计算产量指数的例子。

表 7-15 产量指数编制计算表

年份	农业总产值		工业总产值	
	以上年为 100	以 2010 年为 100	以上一年为 100	以 2010 年为 100
2011	103.4	103.4	111.7	111.7
2012	105.8	109.4	117.7	131.5
2013	103.9	113.7	120.8	158.8
2014	103.1	117.2	108.5	172.0
2015	107.6	126.1	107.6	185.1

可以看出它们之间的关系:

1.034×1.058×1.039×1.033×1.066＝1.251 或 125.1％

1.117×1.177×1.208×1.085×1.075＝1.85(185％)

定基指数和环比指数关系的运用　　我们知道,根据拉氏公式编制的定基指数和环比指数能够很方便地互相推算,国际上广泛运用这种方法来计算消费品价格、股票价格、外汇价格等经济指数。下面举两例来说明:

(一)消费价格指数的推算　　从 2001 年开始,我国消费价格指数改为链式拉斯贝尔公式编制,以便于与国际惯例接轨。它的特点是:固定对比基期,计算定基指数,然后倒推环比指数。固定对比基期,首轮定为 2000 年,以后每 5 年或 10 年更换一次。它具有通俗易懂、计算方便的优点,为国际通行的方法。下面举个通俗的例子来说明这种指数编制的基本原理。假设几种商品价格和销售资料如表 7-16 所示。

表 7-16 消费价格指数编制计算表

商品	价格						基期与各期的销售额比重(W)				
	p_0	p_1	p_2	p_3	p_4	p_5	$\dfrac{p_0 q_0}{\sum p_0 q_0}$	$\dfrac{p_1 q_0}{\sum p_1 q_0}$	$\dfrac{p_2 q_0}{\sum p_2 q_0}$	$\dfrac{p_3 q_0}{\sum p_3 q_0}$	$\dfrac{p_4 q_0}{\sum p_4 q_0}$
	(1)	(2)	(3)	(4)	(5)	(6)	(7)	(8)	(9)	(10)	(11)
Ⅰ	13	15	14	14	16	16	0.39	0.38	0.33	0.32	0.33
Ⅱ	6	6	7	8	8	8	0.30	0.25	0.28	0.30	0.28
Ⅲ	5	7	8	8	9	8	0.31	0.37	0.39	0.38	0.39
合计							1.00	1.00	1.00	1.00	1.00

我们选择其中基期的销售构成作为固定权数(记 $W_0 = \dfrac{p_0 q_0}{\sum p_0 q_0}$, $\sum W_0 = 1$),编制定基指数如下:

$$\sum \frac{p_1}{p_0} W_0 = \frac{15}{13} \times 0.39 + \frac{6}{6} \times 0.30 + \frac{7}{5} \times 0.31 = 1.184$$

$$\sum \frac{p_2}{p_0} W_0 = \frac{14}{13} \times 0.39 + \frac{7}{6} \times 0.30 + \frac{8}{5} \times 0.31 = 1.266$$

$$\sum \frac{p_3}{p_0} W_0 = \frac{14}{13} \times 0.39 + \frac{8}{6} \times 0.30 + \frac{8}{5} \times 0.31 = 1.316$$

$$\sum \frac{p_4}{p_0} W_0 = \frac{16}{13} \times 0.39 + \frac{8}{6} \times 0.30 + \frac{9}{5} \times 0.31 = 1.438$$

$$\sum \frac{p_5}{p_0} W_0 = \frac{16}{13} \times 0.39 + \frac{8}{6} \times 0.30 + \frac{8}{5} \times 0.31 = 1.376$$

倒推环比指数如下:

$$\sum \frac{p_1}{p_0} W_0 = 1.184, \quad \sum \frac{p_2}{p_0} W_0 \div \sum \frac{p_1}{p_0} W_0 = \frac{1.266}{1.184} = 1.069$$

$$\sum \frac{p_3}{p_0} W_0 \div \sum \frac{p_2}{p_0} W_0 = \frac{1.316}{1.266} = 1.039$$

$$\sum \frac{p_4}{p_0} W_0 \div \sum \frac{p_3}{p_0} W_0 = \frac{1.438}{1.316} = 1.093$$

$$\sum \frac{p_5}{p_0} W_0 \div \sum \frac{p_4}{p_0} W_0 = \frac{1.376}{1.438} = 0.957$$

定基指数是环比指数连乘积的关系成立:

$$\sum \frac{p_1}{p_0} W_0 \times \left(\sum \frac{p_2}{p_0} W_0 \div \sum \frac{p_1}{p_0} W_0 \right) \times \left(\sum \frac{p_3}{p_0} W_0 \div \sum \frac{p_2}{p_0} W_0 \right) \times \cdots \times$$

$$\left(\sum \frac{p_n}{p_0} W_0 \div \sum \frac{p_{n-1}}{p_0} W_0\right) = \sum \frac{p_n}{p} W_0 \tag{7-42}$$

也就是 $1.184 \times 1.069 \times 1.039 \times 1.093 \times 0.957 = 1.376$。

这样一来,每一个时期的当期指数(定基)都可以按前一期的定基指数乘本期的环比指数得来。例如本例的价格指数:

$$\sum \frac{p_4}{p_0} W_0 = \sum \frac{p_4}{p_3} W_0 \times \sum \frac{p_3}{p_0} W_0 \Rightarrow 1.438 = 1.093 \times 1.316$$

$$\sum \frac{p_5}{p_0} W_0 = \sum \frac{p_5}{p_4} W_0 \times \sum \frac{p_4}{p_0} W_0 \Rightarrow 1.376 = 0.957 \times 1.38$$

(二)股价指数的推算 股价指数以相对不变的股票发行量为权数,也可以说是特殊运用的不变权数。股价行情实际上应借助股价指数数列来分析。上面说过股价指数的推算,是因为运用了不变权数,利用定基指数等于相应环比指数连乘积的关系来计算。就以表 7-7 的例子,按推算公式计算日指数如下:

第 1 日: $\dfrac{\sum p_1 q}{\sum p_0 q} = \dfrac{475\ 000}{401\ 000} = 118.45\%$

第 2 日: $\dfrac{\sum p_2 q}{\sum p_0 q} = \dfrac{\sum p_2 q}{\sum p_1 q} \cdot \dfrac{\sum p_1 q}{\sum p_0 q} = \dfrac{508\ 000}{475\ 000} \times \dfrac{475\ 000}{401\ 000} = 128.68\%$

第 3 日: $\dfrac{\sum p_3 q}{\sum p_0 q} = \dfrac{\sum p_3 q}{\sum p_2 q} \cdot \dfrac{\sum p_2 q}{\sum p_0 q} = \dfrac{528\ 000}{508\ 000} \times \dfrac{508\ 000}{401\ 000} = 131.67\%$

第 4 日: $\dfrac{\sum p_4 q}{\sum p_0 q} = \dfrac{\sum p_4 q}{\sum p_3 q} \cdot \dfrac{\sum p_3 q}{\sum p_0 q} = \dfrac{577\ 000}{528\ 000} \times \dfrac{582\ 000}{401\ 000} = 143.8\%$

上述符号公式中,等式左端为是日指数;等式右端的第一项是"是日发行股票总市值/昨日发行股票总市值",等式右端的第二项是昨日指数。这里明确体现定基指数等于环比指数的连乘积,如第 4 日股价指数:

$$\frac{\sum p_4 q}{\sum p_0 q} = \frac{\sum p_4 q}{\sum p_3 q} \cdot \frac{\sum p_3 q}{\sum p_0 q} = \frac{\sum p_4 q}{\sum p_3 q} \cdot \frac{\sum p_3 q}{\sum p_2 q} \cdot \frac{\sum p_2 q}{\sum p_0 q}$$

$$= \frac{\sum p_4 q}{\sum p_3 q} \cdot \frac{\sum p_3 q}{\sum p_2 q} \cdot \frac{\sum p_2 q}{\sum p_1 q} \cdot \frac{\sum p_1 q}{\sum p_0 q}$$

$$= \frac{577\ 000}{528\ 000} \times \frac{528\ 000}{508\ 000} \times \frac{508\ 000}{475\ 000} \times \frac{475\ 000}{401\ 000} = 143.8\%$$

只要我们仔细对照比较,就会发现消费价格指数的推算原理与股票价格指数的推算是一样的。

思考与练习

1. 什么是统计指数？从哪几方面说明它的作用？

2. 编制综合指数以综合测定复杂现象总体的数量动态，在计算方法上有什么特点？

3. 在一般情况下编制综合指数，对数量指标指数要以基期质量指标为同度量因素，对质量指标指数要以计算期数量指标为同度量因素，原因何在？而这种同度量因素所属时期的确定方法又不能机械地加以应用，又是什么理由？举例说明。

4. 平均指数是怎样编制的？在什么情况下可以说平均指数是综合指数的变形？拉氏指数和帕氏指数是什么？它们又折中演化为哪些形式？怎样理解平均指数是计算总指数的一种独立形式？

5. 消费价格指数、工业生产指数运用哪种指数形式来计算？权数是如何确定的？

6. 什么是指数体系？因素分析与指数体系的关系如何？因素分析包括哪两方面的内容？

7. 平均指标变动的因素分析应编制哪几种平均指标指数？为什么说它们都是结构动态分析？

8. 对多因素现象的变动影响分析，在方法上要注意哪些问题？

9. 指数数列是什么？怎样通过定基指数与环比指数的关系来推算消费价格和股票价格指数？

10. 某工业企业生产甲、乙两种产品，基期和计算期的产量、单位产品成本和出厂价格资料如下：

产品	产量(件)		单位成本(元/件)		出厂价格(元/件)	
	基期	计算期	基期	计算期	基期	计算期
甲	2 000	2 200	10.5	10.0	12.0	12.5
乙	5 000	6 000	6.0	5.5	6.2	6.0

试计算：

(1) 以单位成本为同度量因素的产量总指数；

(2) 以出厂价格为同度量因素的产量总指数；

(3)单位成本总指数;

(4)出厂价格总指数。

11.某地区2017年和2015年两类商品收购价格类指数和收购额资料如下表:

商品种类	收购总额(万元)		收购价格类指数(%)
	2017年	2015年	
甲	140	138.6	105
乙	60	78.4	98

试编制这两类商品收购价格总指数。

12.试根据以下关于某企业3种产品产值和产量动态的资料,计算3种产品产量总指数。

产品	实际产值(万元)		报告期比基期产量增加(%)
	基期	报告期	
甲	200	240	25
乙	450	485	10
丙	350	480	40

13.某市出口的几种主要商品资料如下:

类别及品名	计量单位	价格(美元)		出口额(万美元)	
		上年同季	本年本季	上年同季	本年本季
(甲)	(乙)	(1)	(2)	(3)	(4)
甲	吨	935	926	3 885	4 200
乙	百张	550	583	3 897	4 100
丙	吨	515	520	3 276	3 280
丁	吨	422	450	2 440	2 560

试分别按拉氏公式、帕氏公式和费歇尔理想指数公式计算这几种主要出口商品的价格指数。

14.据调查,某地甲、乙、丙、丁4种代表商品的个体价格指数分别为110%、95%、100%、105%,各类代表商品的固定权数分别为10%、30%、40%、20%,试求这四种商品的价格总指数。

15. 假定某市上市的 3 种股票资料如下：

股票名称	基日		计算日	
	股价(元)	成交量(万股)	股价(元)	成交量(万股)
甲	8	50	12	90
乙	10	120	13	60
丙	15	60	18	80

试分别按拉氏公式和帕氏公式计算股价指数。

16. 某工厂的两种产品按不变价格计算的总产值资料如下（p,q 的下标表示年份）：

产品	总产值(万元)			
	$q_{2005}p_{2000}$	$q_{2011}p_{2000}$	$q_{2011}p_{2010}$	$q_{2015}p_{2010}$
甲	2 000	4 000	6 000	9 000
乙	1 700	3 200	6 400	8 000

试计算这两种产品不变价格指数（换算系数）和 2015 年与 2005 年对比的产量指数。

17. 试根据第 10 题的资料，从相对数和绝对数方面分析：
(1) 总成本的变动受产量和单位成本变动的影响程度；
(2) 销售额的变动受产量和出厂价格变动的影响程度。

18. 试根据第 11 题资料推算商品收购量总指数；根据第 12 题资料推算产品价格总指数。

19. 某市 2011 年社会商品零售额 200 000 万元，2015 年增加为 584 550 万元。这五年中零售物价指数提高了 5%。试计算零售量指数，并分析零售量和零售物价两因素变动对零售总额变动的影响绝对值。

20. 某年我国城市消费品零售额 12 389 亿元，比上年增长 28.2%；农村消费品零售额 8 209 亿元，增长 24.3%。扣除价格因素，实际分别增长 13% 和 6.8%。试问城乡消费品价格分别上涨多少？

21. 某厂 2016 年的产量比 2015 年增长了 13.6%，生产费用增加了 12.9%。问该厂 2016 年产品成本的变动情况如何？

22. 价格降低后同样多的人民币可多购商品 15%，求物价指数。

23. 报告期粮食总产量增长 12%，粮食播种面积增加 9%。问粮食作物单位面积产量变动如何？

24. 某省城调队抽样调查结果显示：某年全省城镇居民人均可支配收入

达 10 000 元,比上年增长 9%,扣除物价上涨因素后实际增长 8.2%;人均消费支出 7 356 元,增长 10.9%,扣除物价上涨因素后实际增长 10.1%;消费增幅高于收入 1.9 个百分点。试问物价上涨多少?

25. 某商品在一般商场和超市商场销售量价格的资料如下:

商场	销售量(吨)		每千克价格(元)	
	基期	报告期	基期	报告期
一般	10	20	32	30
超市	5	5	56	55
合计	15	25	—	—

(1) 根据上表资料,分别计算这两类商场销售这种商品基期和报告期平均价格,进一步计算总平均价格指数,确定总平均价格的下降金额。

(2) 在总平均价格的总变动中,分析各类商场价格水平变动以及各类商场销售量结构变动的影响程度和影响绝对值。

26. 某企业工人基期和报告期的产量资料如下:

工人分组	产量(万吨)		工人数(人)	
	基期	计算期	基期	计算期
技术工人	26.0	66.0	650	1 500
普通工人	22.8	25.2	950	1 000
合计	48.8	91.2	1 600	2 500

试从相对数和绝对数方面分析该企业总平均劳动生产率变动受各个工人组劳动生产率变动和各工人组工人数结构变动的影响程度。

27. 某地区对房地产开发测算结果显示如下:

类别	平均销售价格(元/米²)		销售面积比重(%)	
	2015 年	2016 年	2015 年	2016 年
商品住宅	18 850	19 500	40	45
办公楼	44 500	45 850	60	55
合计	—	—	100	100

分析这两类房产各自平均售价的变动和它们销售面积比重的变动对总平均销售价格的影响。

28.某企业基报两期几种产品销售、利税资料如下:

产品	计量单位	基期			计算期		
		销售量	价格(元)	利税率(%)	销售量	价格(元)	利税率(%)
甲	台	3 000	100	10	2 000	95	10.0
乙	件	2 000	200	30	2 000	200	30.0
丙	台	1 000	300	50	1 800	250	36.1

试分析利税额的变动受销售量、价格和利税率变动的影响程度。

$\left(\text{提示}:\text{价格}=\dfrac{\text{销售额}}{\text{销售量}};\text{利润率}=\dfrac{\text{利润额}}{\text{销售额}}\right)$

29.设某证券交易所选出5种股票,以2015年为基期的股数以及2016年5—8月的股价如下:

股票	产业	2015年股数	每股价格(元)				
			2015年	2016年5月	2016年6月	2016年7月	2016年8月
甲	制造业	100	10.5	6.9	7.8	5.7	8.5
乙	建筑业	150	8.5	6.4	5.7	4.6	6.3
丙	电力业	200	10.7	8.6	9.6	8.4	9.2
丁	批零商业	150	12.8	10.8	11.2	8.5	10.1
戊	房地产业	50	13.0	12.8	13.5	9.8	11.2

试以2015年为基期,计算2016年5—8月的股价指数。

30.下表为某工厂2011—2015年3种产品产量和不变价格资料。试计算该厂各年产量总指数。包括(1)以2010年为基期的定基指数和(2)逐年环比指数,并指出这两种指数之间的关系。

产品	2010年不变价(元/件)	产量(万件)				
		2011年	2012年	2013年	2014年	2015年
甲	1.5	240	250	300	320	320
乙	0.8	500	550	500	480	520
丙	0.5	800	900	1 000	980	1 200

第八章 时间数列分析

本章阐述时间数列的编制和动态分析指标的计算和运用。学习本章,要求:(1)认识从数量方面研究社会经济现象发展变化过程和发展趋势是统计分析的一种重要方法;(2)掌握时间数列编制的基本要求;(3)掌握水平和速度两方面动态分析指标的计算和运用;(4)掌握测定影响时间数列变动的因素。

第一节 时间数列的意义和种类

对于历史资料,应用统计方法来研究社会经济现象数量方面的变化发展过程,认识它的发展规律并预见它的发展趋势,就是动态分析的方法。

要进行动态分析,首先要编制时间数列。时间数列指社会经济现象在不同时间上的一系列指标值按时间先后顺序加以排列后形成的数列,又称动态数列。例如表8-1就是体现我国"十二五"时期人民生活水平提高的几个指标的时间数列。

可见,时间数列是由互相配对的两个数列构成的,一个是反映时间顺序变化的数列,一个是反映各个时间指标值变化的数列。

时间数列的种类

时间数列是计算动态分析指标、考察现象发展方向和速度、预测现象发展趋势的基础。时间数列分析有助于了解过去的活动规律,评价当前,安排未来,所以它是社会经济统计的重要分析方法。

按指标表现形式的不同,时间数列分为总量指标时期数列,相对指标时间数列和平均指标时间数列。总量指标时间数列是基本的时间数列,相对指标时间数列和平均指标时间数列是在其基础上派生出来的。

(一)总量指标时间数列 把总量指标在不同时间上的数值按时间的先后顺序排列就形成总量指标时间数列。总量指标时间数列用以反映现象在一段时间内达到的绝对水平及增减升降变化的情况。根据总量指标反映社会经济现象性质的不同,又可分为时期指标时间数列和时点指标时间数列,分别简称为时期数列和时点数列。

(1)时期数列。在总量指标时间数列中,如果每一指标值是反映某现象在一段时间内发展过程的总量,则这种数列称为时期数列。如表8-1中各年社会消费品零售总额就是这种数列。

表8-1 我国2010—2015年若干国民经济指标时期序列

年份	总人口 (万人)	社会消费品 零售总额 (亿元)	城镇居民 人均可支配 收入(元)	城镇居民 恩格尔系数 (%)
甲	(1)	(2)	(3)	(4)
2010	134 091	158 008	19 100	35.7
2011	134 735	187 206	21 810	36.3
2012	135 404	214 433	24 565	36.2
2013	136 072	242 843	26 955	35.0
2014	136 782	271 896	28 844	34.2
2015	137 462	300 931	31 195	34.8

时期数列有如下特点:

第一,数列具有连续统计的特点。时期指标由于反映的是现象在一段时间内发展过程的总量,因而必须在这段时间内把所发生的数量逐一登记后进行累计。

第二,可加性。不同时期的总量指标可以相加,所得数值表明现象在更长一个时期的指标值。例如一年的产值是各月产值的总和,5年的基建投资额是由每年投资额加总起来的。

第三,数列中各个指标数值大小与所包括时期长短有直接关系。时期数列中,每一指标值所体现的时间长短称为时期。上面数列中,时期为1年。时期也可以为时、日、月、季或很长的日期,这要根据具体研究的目的来确定。对于研究现象变动发展进度的动态资料,时期可以短一些;对于历史资料的研究,时期可长一些。例如研究我国"一五"至"十二五"期间国民经济的发展变化,就可以5年为一个时期。在时期数列中,时期长,指标数值大;时期短,指标数值小。

(2)时点数列。在总量指标时间数列中,若每一个指标值所反映的是现象在某一时刻上的总量,则这种数列称为时点数列。如表8-1中,各年城乡居民储蓄存款年底余额就是这种数列。

时点数列有如下特点:

第一,数列指标不具有连续统计的特点。时点指标是反映现象在某一时刻上状况的数量,只需在某一时点上进行统计,取得该时点资料,不必连续进行登记。

时点指标是现象在某一时刻上的数量,但现实中不可能对每一瞬间上的数量都进行调查登记,因此习惯上以天作为瞬间单位。

时点数列有连续时点数列和间断时点数列之分。前者指时点现象天天提供指标值所编成的数列,这种数列不存在时间间隔;后者指时点现象按一定的时间间隔提供指标值所编成的数列,这种数列中的指标值一般是时点现象期末的数字,如年底、季末、月末的职工人数是年、季、月最后一天的职工人数。

第二,不可加性。同时期数列指标相反,时点数列中,同样一个总体单位或者标志值可能统计到数列中几个时期的指标值中。如普查过后的人口有很大一部分又包含在以后各年中。上面所举的全国总人口指标,2015年为137 462万人,多数又被统计到2016年的人数中,甚至统计到2017年、2018年等往后年份。所以时点数列中经常出现总体的一些单位或标志值两次或多次被计算到指标值中的情况,使得时间数列各指标值总和本身无意义。

应该指出,某些时点现象,如人口数、库存量、耕地面积、住房面积,若是统计其一定时期的增减数量,是可以加总的,因而是时期数列。

第三,数列中每个指标值的大小与其时间间隔长短没有直接联系。因为时点数列的每一个指标值只表明现象在某一瞬间的数量,因而时间间隔的长短对指标值大小不产生直接的影响。如年底的工人数、库存量就不一定都比年内各月底的数值大。

(二)相对指标时间数列 把一系列同类相对指标按时间先后顺序排列而形成的时间数列叫作相对指标时间数列。它反映社会经济现象之间相互联系的发展过程。例如用利润税金总额同全部平均占用资金相比计算出的资金利税率指标排列形成的时间数列,各个时期生产部门职工占全部职工比重指标形成的时间数列等。表8-1中,城镇居民恩格尔系数就是这种数列。

在相对指标时间数列中,各个指标数值是不能相加的。

(三)平均指标时间数列 把一系列平均指标按时间先后顺序排列形成的时间数列即为平均指标时间数列。它反映社会经济现象总体各单位某标志一般水平的发展变动趋势。表8-1中,我国城镇居民家庭人均可支配收入就是这种数列。平均指标时间数列中,各个指标值也是不能相加的。

> 时间数列
> 编制的原则

统计中,往往把这三种时间数列结合起来运用,以便于对社会经济现象发展过程进行全面分析。

编制时间数列的目的是通过各个时期指标值的对比研究社会经济现象的发展变化及其规律,因而各时期指标值的可比性是编制时间数列的基本条件。为此,要保证:

第一,时间长短统一。对时期数列,时间数列中指标值的大小与指标所包含的时期长短有直接关系,所以,各指标数值包含的时期长短应该一致。否则就很难直接做出判断和比较。

对于时点数列,也要求各时点间隔尽可能保持一致,以便更准确地反映现象发展趋势和变化规律。

第二,总体范围统一。时间数列中,各个指标所属总体范围前后应该一致。如研究地区工业生产的发展情况,如果地区的行政区划有了变动,则前后指标数值就不能直接对比,必须将资料进行调整,以求总体范围的统一,然后做动态分析。

第三,计算方法统一。时间数列各项指标的计算口径、计量单位和计算方法应该一致。例如,要研究企业劳动生产率的变化,产量用实物量还是用价值量,人数用全部职工数还是用生产工人数,前后都要求统一。再如,要将不同时期工农业产值进行比较,就应该注意价格水平的变化,采用统一的不变价格表示。否则,价格标准不同,就不能通过指标的对比正确反映工农业产值的实际变化程度。

第四,经济含义统一。时间数列各项指标所反映内容应该一致。例如,工业企业里的工资总额,按费用要素分组的工资包括全部职工的工资,而按成本项目分组的工资只包括基本生产工人的工资。如果把这些指标数值不加区分就编成时间数列,以反映现象的变动,就会得出错误的结论。

在实际工作中,时间数列要求反映一段较长的时期过程,各个时期的统计资料难免发生指标所属时间、总体范围计算方法乃至经济内容的不一致,在编制时间数列时,必须对指标数值加以调整,保证资料的可比性。

第二节 时间数列的水平分析指标

编制时间数列时,必须进一步做动态分析。动态分析包括分析现象发展的水平和现象发展的速度。水平分析是速度分析的基础;速度分析是水平分析的深入和继续。本节介绍现象时间数列水平分析指标:发展水平和平均发展水平。

发展水平 发展水平就是时间数列中的每一项具体指标数值,又称发展量。它反映社会经济现象在各个时期所达到的规模和发展的程度。

无论是编制时间数列还是计算各种动态指标,都要求正确地计算发展水平,进行发展水平分析。

发展水平可表现为总量指标,如工资总额、工业增加值、年末职工人数,也可表现为相对指标或平均指标,如人口出生率、工人劳动生产率。

根据各发展水平在时间数列中所处的地位与作用,可有:最初水平(时间数列中第一项指标值,用 a_0 表示)、最末水平(时间数列中最后一项指标值,用 a_n 表示)、报告期水平和基期水平。

时间数列可表示为: $a_0, a_1, a_2, a_3, \cdots, a_{n-1}, a_n$

表 8-2 我国"十二五"时期国内生产总值

单位:亿元

年份	2010 年	2011 年	2012 年	2013 年	2014 年	2015 年
国内生产总值	413 030.3	489 300.6	540 367.4	595 244.4	643 974.0	689 052.1

从表 8-2 中可看出我国国内生产总值在"十二五"期间所达到的水平。a_0 为 413 030.3 亿元,是"十二五"时期前一年的水平,为最初水平;a_5 是最末水平,表明"十二五"时期最后一年国内生产总值。如果对比 2015 年和 2010 两年国内生产总值的发展水平,则 $a_5 = 689\ 052.1$(亿元),为报告期水平;$a_0 = 413\ 030.3$(亿元),为基期水平。

这些发展水平随着动态分析目的任务的改变而随时变动:今年的报告期

水平可能是将来的基期水平,这一个数列的最末水平可能是另一个数列的最初水平。

发展水平在文字上习惯用"增加到""增加为""降低到""降低为"表述。例如"十一五"时期粮食平均年产量为 52 113.0 万吨,"十二五"时期增加到 59 823.8 万吨。"增加"和"降低"后面勿遗漏"到"或"为"字。

平均发展水平　　平均发展水平统计上又叫序时平均数。它和一般平均数有共同之处,都是将各个变量值差异抽象化,但彼此又有区别。平均发展水平所平均的是现象总体在不同时期上的数量表现,从动态上说明其在某一时期内发展的一般水平,故又称动态平均数。而一般平均数是将总体各单位同一时间的变量值差异抽象化,用以反映总体在具体历史条件下的一般水平,不体现时间的变动,故又称静态平均数。

序时平均数可以用总量指标时间数列计算,也可以用相对指标时间数列和平均指标时间数列计算。其中,用总量指标时间数列计算序时平均数是最基本的。

(一)用总量指标时间数列计算序时平均数　　总量指标时间数列分为时期数列和时点数列,二者计算序时平均数的方法不一样,现分别加以说明。

(1)按时期数列计算。根据时期数列的特点,采用简单算术平均法:时期数列中各个指标数值之和除以时期项数。例如计算一年的月平均产值,可将 12 个月产值相加除以 12;一年的季平均产值,则是四季产值之和除以 4。用公式表示为:

$$\bar{a} = \frac{a_1 + a_2 + a_3 + \cdots + a_n}{n} = \frac{\sum a}{n} \tag{8-1}$$

式中:$\bar{a}$ 代表序时平均数,a 代表各期发展水平,n 代表时期项数。

例如,根据表 8-2 计算"十二五"时期年平均国内生产总值:

$$\bar{a} = \frac{\sum a}{n} = \frac{489\,300.6 + 540\,367.4 + 595\,244.4 + 643\,974.0 + 689\,051.1}{5}$$

$= 591\,587.7$(亿元)

(2)按时点数列计算。要精确计算时点数列序时平均数,就应该有每一瞬间都登记的资料,这几乎是办不到的,所以习惯上以天作为瞬间单位。就以天为时点来说,例如要计算年平均职工人数,应有 365 天每天登记的职工人数资料,因为职工人数随时都可能因招聘、辞退、死亡和离退休等原因而发生变动。但是,每天都进行登记是相当繁杂的工作。为简化起见,可用两种办法:第一种是每隔一段时间登记一次,时点定在月(季、年)初或月(季、年)末,每次登记的间隔相等或不相等;第二种是只在现象的数量发生变化时登记,每次登记的间隔也是不相等的。这两种情况的时点数列在计算序时平均数时处理的方法稍有不同。

第一种情况:当时间间隔相等时,按"首末折半法"计算。用公式表示如下:

$$\overline{a}=\frac{\dfrac{a_1}{2}+a_2+a_3+\cdots+\dfrac{a_n}{2}}{n-1} \qquad (8-2)$$

例如某企业2016年第3季度的职工人数:6月30日435人,7月31日452人,8月31日462人,9月30日576人。怎样计算第3季度平均职工人数?

因为资料是每月底登记的,计算时需用假定的方法推算月平均数,即把月底的人数当成下月第一天的人数,而且假定从当月第一天到最后一天的人数是均匀变动的。这样,月平均人数就是当月的第一天人数加当月最后一天的人数除以2。

例如7月份的平均职工人数为$\dfrac{435+452}{2}=443.5$人。这样,季平均人数就应在各月平均人数的基础上再平均。即:

$$\text{第3季度平均职工人数}=\frac{\dfrac{435+452}{2}+\dfrac{452+462}{2}+\dfrac{462+576}{2}}{3}$$

$$=\frac{\dfrac{435}{2}+452+462+\dfrac{576}{2}}{4-1}=473(\text{人})$$

当时点间隔不相等时,以间隔时间为权数,计算加权序时平均数。例如,2016年某工厂成品仓库中某产品库存量资料见表8-3。

表8-3 某工厂产品库存量情况

单位:台

	1月1日	3月1日	7月1日	8月1日	10月1日	12月31日
库存量(台)	38	42	24	11	60	0

表8-3中所记录的库存量资料间隔不相等,在这种时点数列资料的条件下,先假定库存量在两时点之间均匀变动,求出两个时点间的平均数,然后用间隔月数为权数计算加权平均数。公式表示为:

$$a = \frac{\sum \overline{a}_i f_i}{\sum f_i} \tag{8-3}$$

计算过程见表 8-4。因 2016 年平均库存量

$$\overline{a} = \frac{\sum \overline{a}_i f_i}{\sum f_i} = \frac{390.5}{12} = 33(台)$$

表 8-4　某工厂产品的平均库存量计算

库存量变动的间隔时期(月)	间隔时间长度(月) f_i	间隔平均库存量(台) $\overline{a}_i$	台月数 $\overline{a}_i f_i$
1—2	2	(38+42)÷2=40	80.0
3—6	4	(42+24)÷2=33	132.0
7	1	(24+11)÷2=17.5	17.5
8—9	2	(11+60)÷2=35.5	71.0
10—12	3	(60+0)÷2=30	90.0
合计	12	—	390.5

第二种情况：即时点数据不在期初或期末登记，只在发生变动时登记，因而要以每次持续的间隔时间为权数进行加权平均。

如某工厂成品仓库中某产品 1 月 1 日登记的库存量 200 台，2 月 13 日 188 台，3 月 31 日 225 台，则季平均库存量计算过程如下：

表 8-5　某工厂产品季平均库存量计算

库存量 a(台)	持续间隔时间 f(日)	台日数 af
200	43	8 600
188	46	8 648
225	1	225
合计	90	17 473

第一季度平均库存量 $\overline{a} = \dfrac{\sum af}{\sum f} = \dfrac{17\ 473}{90} = 194(台)$

（二）相对指标或平均指标时间数列的序时平均数　相对指标或平均指标时间数列是由具有相互联系的两个总量指标时间数列进行计算的，在相对数或平均数背后隐藏着与之相适应的绝对数，不能像总量指标时间数列那样直接计算序时平均数，只能按照数列的性质分别计算分子、分母两个总量指标时间数列的序时平均数，然后加以对比。所以说，总量指标时间数列的序

时平均数是基本方法,通过相对指标或平均指标时间数列计算序时平均数,也应该以这种方法为基础来计算,写成一般算式为:

$$\bar{c}=\frac{\bar{a}}{\bar{b}} \tag{8-4}$$

式中,$\bar{c}$代表相对指标或平均指标的序时平均数,$\bar{a}$代表子项总量指标的序时平均数,$\bar{b}$代表母项总量指标的序时平均数。在实际生活中,a,b可能都是时期指标或时点指标,也可能一个为时期指标、另一个为时点指标,但它们的序时平均数都应该根据总量指标的相应计算公式计算。下面举一例加以说明。

某商场2016年下半年各月的商品流转次数资料如表8-6所示,12月末库存额105万元。要求计算2016年下半年平均月商品流转次数。

表8-6 某商场商品流转次数资料

	7月	8月	9月	10月	11月	12月	平均
销售额a(万元)	120	145	185	190	200	250	181.7
月初库存额b(万元)	60	65	75	78	80	100	80.1
商品流转次数c(次)	1.92	2.07	2.42	2.41	2.22	2.44	2.27

商品流转次数的分子(销售额)是时期指标,分母(库存额)是时点指标,计算平均月商品流转次数须先用相应的方法,计算出分子、分母的平均数,然后相除。即:

$$\bar{c}=\frac{\bar{a}}{\bar{b}}=\frac{\dfrac{120+145+185+190+200+250}{6}}{\dfrac{\dfrac{60}{2}+65+75+78+80+100+\dfrac{105}{2}}{6}}$$

$$=2.27(次)$$

如果要求确定整个下半年的商品流转次数,就应以月份个数(n)乘平均月商品流转次数:

下半年商品流转次数 $n\bar{c}=6\times 2.27=13.62$(次)

如果时点指标已是按平均法计算的平均数,这时,分子、分母都按以时期数列计算序时平均数的方法计算,然后将计算结果相除就可以了。

第三节 时间数列的速度分析指标

分析现象发展变化的速度指标有：发展速度、增长量、增长速度、平均发展速度和平均增长速度等。下面分别介绍它们的计算方法。

发展速度 以相对数形式表现的动态分析指标，称为发展速度，它是两个不同时期发展水平指标对比的结果。发展速度用来说明报告期的水平是基期水平的百分之几或若干倍。它的计算式是：

$$发展速度 = \frac{报告期水平}{基期水平}$$

在计算发展速度时，若用各报告期水平与某一固定基期水平对比计算，则称为定基发展速度，它说明现象在较长时期内发展的总速度；若用报告期水平与前一期水平对比计算，则称为环比发展速度，它反映现象在前后两期的发展变化，表示现象的短期变动。对于同一时间数列资料，计算的定基发展速度与环比发展速度之间存在以下关系：定基发展速度等于相应各个环比发展速度的连乘积。表示如下：

定基发展速度：$\frac{a_1}{a_0}, \frac{a_2}{a_0}, \frac{a_3}{a_0}, \cdots, \frac{a_n}{a_0}$

环比发展速度：$\frac{a_1}{a_0}, \frac{a_2}{a_1}, \frac{a_3}{a_2}, \cdots, \frac{a_n}{a_{n-1}}$

$$\frac{a_n}{a_0} = \frac{a_1}{a_0} \cdot \frac{a_2}{a_1} \cdot \frac{a_3}{a_2} \cdots \frac{a_n}{a_{n-1}}$$

根据以上关系不难看出，已知两个相邻时期的定基发展速度，可以推算出相应的环比发展速度。例如 $\frac{a_3}{a_0} : \frac{a_2}{a_0} = \frac{a_3}{a_2}$。

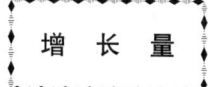

增长量是报告期水平与基期水平之差。它是以绝对数形式表示的速度分析指标，表明报告期水平相对于基期水平增减的绝对量，故可以称为现象发展的绝对速度。

根据比较基期的不同，增长量可分为累积增长量和逐期增长量。

累积增长量是按固定的基期水平计算的增长量；逐期增长量是以前一期水平为基期计算的增长量。它们分别表示现象较长或较短时期变动的总量，

也存在一定的数量关系,表示如下:

累积增长量:$a_1-a_0, a_2-a_0, \cdots, a_n-a_0$

逐期增长量:$a_1-a_0, a_2-a_1, \cdots, a_n-a_{n-1}$

$$a_n-a_0=(a_1-a_0)+(a_2-a_1)+\cdots+(a_n-a_{n-1})$$

这说明累积增长量等于各个逐期增长量之和。同样可以看出,相邻两期累积增长量之差也等于相应的逐期增长量,如$(a_3-a_0)-(a_2-a_0)=a_3-a_2$。

在社会经济现象中,有的现象发展水平表现为不断降低的趋势,如单位产品成本、人口死亡率等,这时,增长量为负值,宜称为"降低量"指标。

增长量还可以进行平均,用来说明某现象在一定时期内平均每期增长的数量。它的计算公式是:

$$平均增长量 = \frac{逐期增长量之和}{逐期增长量个数} = \frac{累积增长量}{逐期增长量个数} = \frac{累积增长量}{时间序列项数-1}$$

根据表8-7的有关数据,可计算出"十二五"时期我国钢材产量平均每年增长量:

$$钢材产量年平均增长量 = \frac{8\,343+6\,958+12\,622+4\,313-163}{5} = 6\,414.6(万吨)$$

或 $钢材产量年平均增长量 = \dfrac{32\,073}{5} = 6\,414.6(万吨)$

表8-7 "十二五"时期我国钢材产量情况

单位:万

年份	2010年	2011年	2012年	2013年	2014年	2015年
产量	a_0 80 277	a_1 88 620	a_2 95 578	a_3 108 200	a_4 112 513	a_5 112 350
累积增长量	—	a_1-a_0 8 343	a_2-a_0 15 301	a_3-a_0 27 923	a_4-a_0 32 236	a_5-a_0 32 073
逐期增长量	—	a_1-a_0 8 343	a_2-a_1 6 958	a_3-a_2 12 622	a_4-a_3 4 313	a_5-a_4 -163

增长速度

增长速度又称增长率,是反映现象数量增长方向和程度的最常用的动态相对指标,由增长量对比基期水平而得,公式如下:

$$增长速度 = \frac{报告期水平-基期水平}{基期水平} = \frac{增长量}{基期水平}$$

从上式可以看出,增长速度等于发展速度减1,它们所代表的意义是不同的。发展速度说明报告期水平发展到基期水平的多少倍或百分之几,增长速度只是说明增加或减少了多少。当发展速度大于1时,增长速度为正值,表示现象的增长程度;当发展速度小于1时,增长速度为负值,表明现象减少的程度,所谓"负增长"就是这种情况。

同样由于比较的基期不同,增长速度分为定基增长速度和环比增长速度。定基增长速度是累积增长量除以固定基期的发展水平,或是定基发展速度减1,表明现象在这一时期内增长的速度。环比增长速度是逐期增长量对前一期发展水平之比,表明现象逐期增长的速度。表示如下:

定基增长速度:$\frac{a_1}{a_0}-1, \frac{a_2}{a_0}-1, \cdots, \frac{a_n}{a_0}-1$

环比增长速度:$\frac{a_1}{a_0}-1, \frac{a_2}{a_1}-1, \cdots, \frac{a_n}{a_{n-1}}-1$

定基增长速度和环比增长速度都是发展速度的派生指标,它们只反映增长部分的相对程度,所以,环比增长速度的连乘积不等于定基增长速度,如果要由环比增长速度求定基增长速度,必须将环比增长速度加1后连乘,然后将所得的结果再减1。

下面我们以我国2010—2015年钢材产量的资料反映各项速度指标的具体计算过程(见表8-8):

表8-8 "十二五"时期我国钢材产量情况

年份		2010年	2011年	2012年	2013年	2014年	2015年
发展水平(万吨)		a_0 80 277	a_1 88 620	a_2 95 578	a_3 108 200	a_4 112 513	a_5 112 350
发展速度 (%)	定基 $\frac{a_i}{a_0}$	100.0	a_1/a_0 110.4	a_2/a_0 119.1	a_3/a_0 134.8	a_4/a_0 140.2	a_5/a_0 140.0
	环比 $\frac{a_i}{a_{i-1}}$	—	a_1/a_0 110.4	a_2/a_1 107.9	a_3/a_2 113.2	a_4/a_3 104.0	a_5/a_4 100.0
增长速度 (%)	定基 $\frac{a_i}{a_0}-1$	—	10.4	19.1	34.8	40.2	40.0
	环比 $\frac{a_i-a_{i-1}}{a_{i-1}}$	—	10.4	7.9	13.2	4.0	0.0

表8-8中除了概述各项速度指标的计算外,也可以从中验证定基发展速

度和环比发展速度、累积增长量和逐期增长量之间的计算关系。借助这种计算上的关系还可以推算未知的发展速度和增长量指标。

实际工作中,经常使用所谓的"同比"指标进行现象变动速度分析,它是本期发展水平与去年同期发展水平对比的结果。"同比"中的"同",指的是对比两期(报告期与基期)的时间长短完全在年历同一时期内,它可以是今年与去年比,今年的某日、某月、某季与去年某日、某月、某季比,也可以是今年的某几天、某几月、某几季与去年同时期比较;"同比"中的"比",可以是两期同期指标值相减或相除。同比指标又称年距速度指标,包括年距发展速度、年距增长速度和年距增长量。其中年距增长速度是最常使用的同比指标,通俗表述为"同比增长"百分之几。

同比指标消除了现象受季节变动的影响,使现象发展变动程度和趋势明显地表现出来。

此外,在报纸上还经常见到"翻番"一词,它也是速度指标。具体说,翻一番,指标数值为原来的 2 倍,即增长 1 倍,称为一个倍番(增长速度 100%)。但是,翻两番并非比原来增加 2 倍,而是在原来增加 1 倍的基础上再增加 1 倍,即为原来的 4 倍,实则比原来增加 3 倍。可见翻多番的速度是很大的。"翻番"计算的数学依据是:以基期水平为基数,按这种环比形式成倍地发展。数学模型如下:

$$a_n = a_0 \overbrace{(1+100\%)(1+100\%)\cdots(1+100\%)}^{\text{共}k\text{个}} = a_0 2^k \tag{8-5}$$

式中,k 为翻番速度(番数)。

这是整数翻番模式,应该设计能计算整数番又能计算小数番的模式,它是:$a_n = a_0 2^m$($m = k + r$,r 为小数番)。我们称 2^m 为翻番系数。

例如,某地区 2015 年 GDP 为 500 亿元,力争 20 年翻两番,即到 2035 年 GDP 为:

$$a_n = 500 \times 2^2 = 2\,000(\text{亿元})$$

若要求 2035 年 GDP 翻两番半,则应达到:

$$a_n = 500 \times 2^{2.5} = 2\,828.43(\text{亿元})$$

平均发展速度和平均增长速度统称为平均速度。平均速度是各个时期环比速度的平均数,说明社会经济现象在较长时期内速度变化的平均程度。平均发展速度表示现象逐期发展的平均速度,平均增长速度则反映现象递增的平均速度。

> 平均发展速度
> 平均增长速度

平均速度指标是十分重要并得到广泛应用的动态分析指标。例如,2015年我国钢材产量达到 112 350 万吨,比 2010 年的 82 277 万吨增长 36.6%,平均每年增长 6.1%。平均速度指标还经常用来对比不同发展阶段的不同发展速度,例如我国 2005 年、2000 年钢材产量分别为 37 771 万吨、13 146 万吨,可以算出我国钢材产量在"十五"、"十一五"和"十二五"各个时期的发展速度分别为 287.3%、217.8% 和 136.6%,以及各个时期的年平均增长速度分别为 23.5%、16.8% 和 6.4%。此外,平均速度指标还用来对比不同国家或地区经济发展的不同情况。

平均发展速度与平均增长速度的关系是:

$$\text{平均增长速度} = \text{平均发展速度} - 1(\text{或} 100\%)$$

平均发展速度总是正值,而平均增长速度则可为正值也可为负值。正值表明现象在一定发展阶段内逐期平均递增的程度,负值表示现象逐期平均递减的程度。

平均速度指标的计算首先是平均发展速度的计算。平均发展速度是环比发展速度的平均数,也是一种序时平均数。但是,环比发展速度是根据时间数列中前后项指标对比得来的相对数时间数列,不同于由两个总量指标数列所构成的相对数时间数列,所以不能按上述计算序时平均数的方法计算。实际统计工作中采用两种计算平均发展速度的方法,即几何平均法和代数平均法。现分述如下:

(一)几何平均法(水平法) 现象发展的平均速度一般用几何平均法计算。平均速度是总速度的平均数,但现象发展的总速度不等于各年发展速度之和,而等于各年环比发展速度的连乘积。因而求环比发展速度的平均数时,不能用总和法按算术平均数公式计算,只能按连乘法用几何平均数公式来计算。用公式表示如下:

$$\bar{x} = \sqrt[n]{x_1 \cdot x_2 \cdot x_3 \cdots x_n} = \sqrt[n]{\prod x} \tag{8-6}$$

式中,$\bar{x}$ 表示平均发展速度,x 表示各年环比发展速度,n 表示环比发展速度的项数,$\prod$ 为连乘符号。

动态数列中定基发展速度等于各环比发展速度的连乘积,故计算平均发展速度的公式还可表示为:

$$\bar{x} = \sqrt[n]{\frac{a_1}{a_0} \cdot \frac{a_2}{a_1} \cdots \frac{a_n}{a_{n-1}}} = \sqrt[n]{\frac{a_n}{a_0}} \tag{8-7}$$

一段时期的定基发展速度即为现象的总速度。用 R 表示总速度,则平均发展速度的公式还可写成:

$$\bar{x}=\sqrt[n]{R} \quad (8\text{-}8)$$

以上几个算式,可根据提供的具体资料选择应用。如果有逐期环比速度,用式 8-6;如果已知期初和期末水平,用式 8-7;如已知发展的总速度,则用式 8-8。

按几何平均法求平均发展速度,需要借助对数来计算。现举例如下:

例1 已知某地区生产总值 2010—2015 年各年的环比发展速度分别为 106.2%、107.6%、106.1%、107.5%、103.4%,计算平均发展速度。

$$\bar{x}=\sqrt[n]{\prod x}$$

$$\lg \bar{x} = \frac{1}{5} \times (\lg 1.062 + \lg 1.076 + \lg 1.061 + \lg 1.075 + \lg 1.034)$$

$$= \frac{1}{5} \times (0.026 + 0.031\,8 + 0.025\,7 + 0.031\,4 + 0.014\,5)$$

$$= 0.025\,88$$

得到 $\bar{x}=1.061$ 或 106.1%

计算表明:该地区"十二五"期间地区生产总值平均每年增长 6.1%。

例2 某地区 2010 年人均地区生产总值为 30 876 元,2015 年达到 50 251 元,计算平均递增率。

$$\bar{x}=\sqrt[n]{\frac{a_n}{a_0}}=\sqrt[5]{\frac{50\,251}{30\,876}}$$

$$\lg \bar{x} = \frac{1}{5} \times (\lg 50\,251 - \lg 30\,876)$$

$$= \frac{1}{5} \times (4.701 - 4.490) = 0.211$$

$$\bar{x}=1.102 \text{ 或 } 110.2\%$$

因此平均递增率为 110.2% − 100% = 10.2%。

例3 2000 年我国 GDP 为 89 404 亿元,到 2020 年力争比 2000 年翻两番,试问平均每年增长速度要多大?由此预计到 2020 年我国 GDP 将达到多少亿元?

可以看出经济总量发展总速度是 4 倍:

$$R = 400\%$$

$$\bar{x}=\sqrt[n]{R}=\sqrt[20]{4}$$

$$\lg \bar{x} = \frac{1}{20}\lg 4 = \frac{0.602}{20} = 0.030\,1$$

$$\bar{x} = 1.072 \text{ 或 } 107.2\%$$

因此平均增长速度为 $107.2\% - 100\% = 7.2\%$。

根据公式 $\bar{x} = \sqrt[n]{\dfrac{a_n}{a_0}}, a_n = a_0(\bar{x})^n$

因此，$a_n = 89\,404 \times 1.072^{20} = 358\,757$（亿元）

如果现象发展的过程划分为几个时期，又具有各时期的平均发展速度指标，要对全过程求平均发展速度，则要以各时期的年数为权数，按加权几何平均法计算：

$$\bar{x} = \sqrt[\Sigma f]{\prod x^f} \text{ 或 } \lg \bar{x} = \dfrac{\sum f \lg x}{\sum f}$$

式中，f 代表各平均发展速度所代表的年数。

例如，某工厂产值 2013—2015 年三年平均发展速度为 107%；2016—2017 年两年平均发展速度为 108.2%，则五年的平均发展速度为：

$$\bar{x} = \sqrt[3+2]{1.07^3 \times 1.082^2}$$

$$\lg \bar{x} = \dfrac{1}{5} \times (3 \times \lg 1.07 + 2 \times \lg 1.082)$$

$$= \dfrac{1}{5} \times (3 \times 0.029\,38 + 2 \times 0.034\,23)$$

$$= 0.031\,32$$

$$\bar{x} = 1.075 \text{ 或 } 107.5\%$$

(二)代数平均法(累积法) 代数平均法也称作方程式法或累积法。它是以时期数列各期发展水平的总和与基期水平之比为基础来计算的。代数平均法是利用基期水平与各期定基发展速度的乘积得出各期发展水平，在此基础上计算各期发展水平之和，进而计算平均发展速度。

$$\left(a_0 \dfrac{a_1}{a_0}\right) + \left(a_0 \dfrac{a_2}{a_0}\right) + \left(a_0 \dfrac{a_3}{a_0}\right) + \cdots + \left(a_0 \dfrac{a_m}{a_0}\right) = \sum a \quad (8\text{-}9)$$

由于定基发展速度等于环比发展速度的连乘积，可用环比发展速度(以 x 表示)代入，因而有：

$$a_0 x_1 + a_0 x_1 x_2 + a_0 x_1 x_2 x_3 + \cdots + a_0 x_1 x_2 x_3 \cdots x_n = \sum a \quad (8\text{-}10)$$

把上式中的各期环比发展速度用其平均值取代而不改变整个时期水平的总和，就产生了以下方程：

$$a_0 \bar{x} + a_0 \bar{x}\bar{x} + + a_0 \bar{x}\bar{x}\bar{x} + \cdots + a_0 \bar{x}\bar{x}\bar{x}\cdots\bar{x} = \sum a$$

$$a_0 (\bar{x} + \bar{x}^2 + \bar{x}^3 + \cdots + \bar{x}^n) = \sum a$$

$$\bar{x}+\bar{x}^2+\bar{x}^3+\cdots+\bar{x}^n = \frac{\Sigma a}{a_0}$$

这个方程式的正根，就是所求的年平均发展速度。但是，要解这个方程式是比较复杂的，因此，在实际统计工作中，都是根据事先编好的"平均增长速度累计法查对表（摘选）"（附录六）来查对应用。

使用查对表时，要先计算出 $\frac{\Sigma a}{a_0}$ 的值：

$$\frac{\Sigma a}{a_0}=\frac{a_1}{a_0}+\frac{a_2}{a_0}+\frac{a_3}{a_0}+\cdots+\frac{a_n}{a_0}=\Sigma y \qquad (8-11)$$

式中，y 表示定基发展速度，即各期发展水平之和与基期水平之比，实际上就是各期定基发展速度之和。因此，这个数值可根据全期总水平即各年发展水平总和除以基期水平来计算，也可以计算各年定期发展速度之和。我们可根据掌握的具体资料加以具体应用。

当 $\frac{\Sigma a}{na_0}>1$ 时，表明现象是递增的，应查找递增速度部分，与这个数值相对应的左边栏内的百分比，即为所求的年平均递增速度。

当 $\frac{\Sigma a}{na_0}<1$ 时，表明现象是递减的，应查找递减速度部分。

本书附录六为按方程法计算的五年期间的年平均增长速度查对表（摘选）。表中"平均每年增长率（%）"栏，即我们所求得的年平均递增速度。

下面举例说明方程式法的运用。我国"十二五"时期全社会固定资产投资额资料如表 8-9 所示。

表 8-9 我国"十二五"时期全社会固定资产投资额资料

年份	绝对值（亿元）	发展速度（%）	
		环比	定基
2010 年（基期 a_0）	251 683.8	—	100.0
2011 年	311 485.1	123.8	123.8
2012 年	374 694.7	120.3	148.9
2013 年	446 294.1	119.1	177.3
2014 年	512 020.7	114.7	203.4
2015 年	561 999.8	109.8	223.3
"十二五"时期合计	2 206 494.4	—	876.7

应用方程式法求平均发展速度和平均增长速度：

$$\frac{\sum a}{a_0} = \frac{2\,206\,494.4}{251\,683.8} \times 100\% = 876.7\%$$

$\frac{876.7\%}{5} = 175.3\% > 100\%$，表示速度递增。查附录六可以知道我国"十二五"期间全社会固定资产投资额的平均增长速度为 19.39%，年平均发展速度为 119.3%。

关于现象发展平均速度的两种计算法——几何平均法和代数平均法的不同特点说明如下：

几何平均法侧重于考察最末一年的发展水平，按这种方法所确定的平均发展速度推算的最末一年发展水平等于最末一年的实际水平；而推算最末一年的定基发展速度和实际数据的定基发展速度一致。代数平均法则侧重于考察全期各年发展水平的总和，按这种方法所确定的平均发展速度推算的全期各年发展水平的总和与全期各年实际数据总数一样；而推算的各年定基发展速度的总和与实际数据的定期发展速度的总和也是一致的。

上面，我们对我国"十二五"期间全社会固定资产投资额的平均发展速度按代数平均法计算为 119.3%。我们另按几何平均法计算的平均发展速度为 117.4%。下面按这两种平均发展速度做有关推算（见表 8-10）。

表 8-10 两种平均法计算比较

年份	按几何平均法计算			按代数平均法计算		
	平均发展速度 $\overline{x_几}$ (%)	推算的定基速度 $\overline{x_几}$ (%)	推算的发展水平 $a_0 \overline{x_几}$ (亿元)	平均发展速度 $\overline{x_代}$ (%)	推算的定基速度 $\overline{x_代}$ (%)	推算的发展水平 $a_0 \overline{x_代}$ (亿元)
2010 年（基年 a_0）	—	100.0	251 683.8	—	100.0	251 683.8
2011 年	117.4	117.4	295 527.1	119.3	119.4	300 611.2
2012 年	117.4	137.9	347 007.9	119.3	142.5	358 649.5
2013 年	117.4	161.9	407 456.7	119.3	170.0	427 868.8
2014 年	117.4	190.1	478 435.7	119.3	202.8	510 447.5
2015 年	117.4	223.3	561 999.8	119.3	241.9	608 917.4
"十二五"时期合计	—	830.6	2 090 427.3	—	876.7	2 206 494.4

设 $\overline{x_{几}}, \overline{x_{代}}$ 分别代表按几何平均法、代数平均法计算的平均发展速度,则推算的定基发展速度为 $(\overline{x_{几}})^n$ 和 $(\overline{x_{代}})^n$;推算的发展水平:$a'_n = a_0 (\overline{x_{几}})^n$ 和 $a''_n = a_0 (\overline{x_{代}})^n$。例如:

2014 年的定基发展速度分别是:

$1.174^4 = 1.90(190\%)$

$1.194^4 = 2.028(202.8\%)$

2014 年的发展水平则分别是:

$251\,683.8 \times 1.174^4 = 478\,435.7$(亿元)

$251\,683.8 \times 1.194^4 = 510\,447.5$(亿元)

我们只要掌握表 8-9 和表 8-10 中画横线的数字资料的来龙去脉并做对照比较,即可证实上述两种计算方法的不同特点。

以上两种方法应该依据计算对象的不同特点分别采用。例如,基本建设投资、地质勘探、垦荒造林的数量,由于计划工作中比较关心某一时期内(比如 5 年)的总量计划完成情况,可以采用代数平均法。而人口、产量以及许多经济效益指标,则侧重于考察最末一年所达到的水平,适合采用几何平均法。几何平均法是计算平均速度的常用方法。

速度与水平指标的结合运用

速度指标与水平指标的直接关系体现在:速度指标是水平指标派生计算出来的。速度指标与水平指标还有一些间接的关系容易被忽视,因此要强调将它们结合在一起,以便对现象做更深刻的动态分析。这里从两个方面说明:

第一,要把发展速度和增长速度同隐藏在其后的绝对量——发展水平和增长量——结合起来。具体来说,分析时应注意到:当发展速度和增长速度下降时,增长量却可能在增加;当增长量稳定不变时,却意味着增长速度逐期下降;当现象逐期同速增长时,增长量却是逐期增加的。而数列中某些时期指标值的负增长却可能被逐期增长量的平均值掩盖。

进行动态分析时,既要看速度,又要看水平。有一个很有代表性的指标,即增长 1% 的绝对值。

增长 1% 的绝对值是以绝对增长量除以相应的用百分数表现的增长速度,即前期水平的 1%,用公式表示为:

$$\frac{a_i - a_{i-1}}{(\frac{a_i}{a_{i-1}} - 1) \times 100} = \frac{a_{i-1}}{100} \qquad (8\text{-}12)$$

例如,某工厂利润 2015 年比 2013 年增长 20%,增长 1% 的绝对值为 12 万元。即可知道 2013 年利润为 1200 万元,2015 年的利润为:
$$1\,200 \times 120\% = 1\,440(万元)$$

又如,某地 5 年中(2011—2015 年)煤产量增加 45%。每增长 1% 的绝对值为 2.4 万吨。即可得知 2010 年产量为 240 万吨,年平均增长量为:
$$\frac{240 \times 145\% - 240}{5} = 21.6(万吨)$$

第二,要把平均速度指标与动态数列水平指标结合起来。平均速度是一个较长时期总速度的平均,它是那些上升、下降的环比速度代表值。如果动态数列中中间时期指标值出现了特殊的高低变化,或者最初、最末水平受特殊因素的影响,使指标值偏离常态,不管用几何平均法还是用代数平均法来计算平均速度,都将减少或失去其说明问题的意义。所以,仅仅计算一个平均速度指标是不够的,应该联系各期的水平计算各期的环比速度,并结合起来分析。

在分析较长历史时期的动态资料时,这种结合可采取计算分段平均速度来补充说明总平均速度。因为一个总平均速度指标仅能笼统地反映现象在较长时期内的逐年一般平均发展或增长程度,不能据以深入了解这种现象的发展过程的变化情况。例如分析我国建国五十几年来粮食生产发展变化情况,除了计算总平均速度外,有必要按照恢复时期、各个五年计划时期和各个特定时期等分段计算其平均速度加以补充说明。

第四节 时间数列影响因素测定

影响时间数列变动的因素 时间数列反映的事物现象的发展变化,都是诸多复杂因素共同作用的结果。不同因素的作用产生不同的结果,并且形成不同的时间数列。时间数列总变动(Y)一般可以分解为如下几种变动形式:

(一)**长期趋势变动(T)** 长期趋势是时间数列变动的基本形式。它是指由各个时期普遍的、持续的、决定性的基本因素的作用,使发展水平在一个长时期内沿着一个方向逐渐向上或向下变动的趋势。保持这种趋势的时间可长可短,短至数年,长至数十年、数百年不等。人口出生率高于死亡率,故人口变动有上升的倾向;农作物种植方法不断改良,故在播种面积一定的情况下收获量将逐渐增加;矿产越掘越少,一些矿区之繁荣呈现逐步退减之趋势。这些都是长期趋势的例子。

(二)季节变动(S) 季节变动指现象受季节的影响而发生的变动。其变动的特点是,在一年或更短的时间内随着时序的更换,使现象呈周期性变化。引起季节变动的原因既有自然因素,也有人为因素,如气候条件、节假日以及风俗习惯等。季节变动的影响有以 1 年为周期的,也有以 1 日、1 周、1 月为周期的。认识和掌握季节变动,对于近期行动决策有重要的作用。

(三)循环变动(C) 循环变动是指变动周期大于 1 年的有规律性的重复变动。如商业周期的繁荣衰退、萧条、复苏四个阶段的循环变动。与季节变动相比,其规律较不明显,一般较难识别。

(四)不规则变动(I) 时间数列除了以上各种变动以外,还有由临时的、偶然因素或不明原因引起的非周期性、非趋势性的随机变动,这就是不规则变动,这种变动是无法预知的。

一般说,时间数列的上述 4 种形式,称为时间数列的经典模式。人们也因之清楚了时间数列变动的四大原因。当然,季节变动和循环变动在某些场合并不存在。

对于以上 4 种变动形式的结合可以有两种假设,即乘法模式和加法模式。

当 4 种变动的因素是相互影响的关系时,时间数列是各个因素的乘积。它们之间的结构为:

$$Y = T \cdot S \cdot C \cdot I \tag{8-13}$$

这种结构称为乘法模式。式中,Y、T 是总量指标,而 S、C、I 则为比率,用百分数表示。

当 4 种变动的因素是相互独立的关系时,时间数列是各种因素相加的总和。它们之间的结构为:

$$Y = T + S + C + I \tag{8-14}$$

这种结构称为加法模式。式中,Y、T 是总量指标,S、C、I 则不是比率,而是循环变动、季节变动与不规则变动等对趋势值所产生的偏差。

时间数列分析的任务就是采用科学的方法,一般采用乘法模式,将受各个因素影响的变动分别测定出来,做好预测,为决策提供依据。

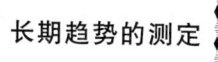

长期趋势的测定

就是用一定的方法对时间数列进行修匀,使修匀后的数列排除季节变动、循环变动和无规则变动等因素的影响,显示出现象变动的基本趋势,以作为预测的依据。测定长期趋势的方法主要有时距扩大法、移动平均法和数学模型法。数学模型又有线性模型和非线性模型之分。以下分别加以说明:

(一)时距扩大法 这是对长期的动态数列资料进行统计修匀的一种简便方法。它是把原有时间数列中各时期资料加以合并,扩大每段计算所包括的时间,得出较长时距的新动态数列,以消除由于时距较短受偶然因素影响所引起的波动,清楚地显示现象变动的趋势和方向。

时距扩大法把较小时间跨度转化为较大时间跨度,如昼夜转化为星期或旬、旬转化为月、月转成季或年、一年转成为许多年是有一定的逻辑可循的。如果数列水平波动有一定的周期性,扩大的时距应注意与各次摆动的周期相同;如果时间数列看不出有什么周期性,那么就要逐步扩大时距,直到趋势的方向变得足够清晰为止。

时距扩大修匀可以用扩大时距后的总量指标表示,也可以用扩大时距后的平均指标表示。前者只适用于时期数列,后者可以用于时期数列和时点数列。表8-11是我国1976—2015年粮食产量资料,以它来说明时距扩大法的运用。

表8-11 1976—2015年我国的粮食产量

单位:万吨

年份	产量	年份	产量	年份	产量	年份	产量
1976年	28 631	1986年	39 151	1996年	50 454	2006年	49 804
1977年	28 273	1987年	40 298	1997年	49 417	2007年	50 160
1978年	30 477	1988年	39 408	1998年	51 230	2008年	52 871
1979年	33 212	1989年	40 755	1999年	50 839	2009年	53 082
1980年	32 056	1990年	44 624	2000年	46 218	2010年	54 648
1981年	32 502	1991年	43 529	2001年	45 264	2011年	57 121
1982年	35 450	1992年	44 266	2002年	45 706	2012年	58 958
1983年	38 728	1993年	45 649	2003年	43 070	2013年	60 194
1984年	40 731	1994年	44 510	2004年	46 947	2014年	60 703
1985年	37 911	1995年	46 662	2005年	48 402	2015年	62 144

从表中看出,40年来我国粮食产量呈不断增长的趋势,但中间有过几次波动。我们把时距扩大为5年,则可消除短时间受偶然因素影响所带来的波动(见表8-12)。

表8-12 时距扩大法计算表

单位:万吨

年份	合计产量	年平均产量
1976—1980年	152 647	30 529
1981—1985年	185 321	37 064
1986—1990年	204 236	40 847
1991—1995年	224 616	44 923
1996—2000年	248 156	49 631
2001—2005年	229 388	45 878
2006—2010年	260 565	52 113
2011—2015年	299 119	59 824

把时距扩大为5年,把中间个别年份波动修匀之后,基本形成40年来持续上升的总趋势。("十五"期间略有回落)。

(二)移动平均法 这是采用逐期递推移动的方法计算一系列扩大时距的序时平均数,并以这一系列移动平均数作为对应时期的趋势值。

通过移动平均法对数列进行修匀,可以更深刻地描述现象发展的基本趋势。

移动平均法的具体做法是:从时间数列第1项数值开始,按一定项数求序时平均数,逐项移动,得出一个由移动平均数构成的新的时间数列,这个派生数列把受某些偶然因素影响所出现的波动修匀了,使整个数列的总趋势更加明显。移动平均法根据资料的特点及研究的具体任务,可能进行3项、4项、5项乃至更多项移动平均。

设时间数列水平顺次为 $a_1, a_2, a_3, \cdots, a_n$。若取3项平均,则移动平均形成的新数列为:

$$\overline{a_2} = \frac{a_1 + a_2 + a_3}{3}, \overline{a_3} = \frac{a_2 + a_3 + a_4}{3}$$

依此类推

$$\overline{a_{n-1}} = \frac{a_{n-2} + a_{n-1} + a_n}{3} \tag{8-15}$$

如某公司 2006—2015 年的销售资料如表 8-13 所示,试用移动平均法(3 项移动平均)确定反映趋势变动的新数列。移动平均方法如下:第 1 个移动平均数为 $50\left(即\dfrac{10+40+100}{3}\right)$,可视为第 2 期(2007 年)的趋势值,记为 $\overline{a_2}$;第 2 个移动平均数为 $70\left(即\dfrac{40+100+70}{3}\right)$,可视为第 3 期(1993 年)的趋势值,记为 $\overline{a_3}$;依此类推,直至最后一个移动平均数 $\overline{a_{n-1}}$,视为第 $n-1$ 期(2014 年)的趋势值,见表 8-13。

表 8-13 移动平均法计算表

单位:万元

年份	销售额	3 年移动合计	3 年移动平均
2006 年	10	—	—
2007 年	40	150	50
2008 年	100	210	70
2009 年	70	210	70
2010 年	40	240	80
2011 年	130	270	90
2012 年	100	360	120
2013 年	130	420	140
2014 年	190	480	160
2015 年	160	—	—

移动平均法中时距扩大的程度是由时间数列的具体特点决定的。如果时间水平波动有一定的周期性,扩大时距时应注意与周期变动的时距相吻合。比如,在分月(季)的时期数列中,必须消除季节变动的因素,这就要采用 12 项(月)或 4 项(季)移动平均。在以年为单位的时间数列中,不体现季节变动因素,所要消除的是循环变动和不规则变动因素,这时可借助于对时间数列水平的观察:循环周期大体几年,就相应采用几年移动平均。就上例,销售额是以 3 年为一周期的周期性波动,因此以采用 3 年移动平均为宜。若数列水平呈无规则的波动,而扩大时距计算的一系列移动平均数又未能把趋势明显地表现出来,则要进一步扩大时距。

这里要注意的是,在采用偶数项移动平均时,因移动平均数对应的中点是在两个时期之间,故不能直接作为趋势值使用。就以 4 项移动平均数来说,第 1 个移动平均数对应中点是在第 2 项和第 3 项之间,第 2 个移动平均数则是在第 3 项和第 4 项之间,因此,必须取第 1 个和第 2 个移动平均的算术平均值当作第 3 个时期的趋势值,依此类推,这就是所谓的移正平均。移正平均法的应用可参阅表 8-19。

可以明显地看出:按奇数项移动平均所形成的新数列中,首尾各有 $\frac{N-1}{2}$(N 为移动项数)个时期得不到趋势值;按偶数项移动平均所形成的新数列中,首尾各有 $\frac{N}{2}$ 个时期得不到趋势值。这无疑在一定程度上减少了研究最初和最末发展阶段显示趋势特点的可能性。然而移动平均法拥有足够的灵活性,终究能够看到趋势变动的特点。但是,移动平均数不能对趋势进行分析修匀,即无法得到可供预测的方程。

(三)数学模型法 这就是对时间数列进行分析修匀的方法,它用适当的数学模型给时间数列配合一个方程式,据以计算各期的趋势值。测定长期趋势时广泛使用这种方法。下面分别介绍直线趋势和非直线趋势的测定。

1.直线趋势的测定。如果时间数列逐期增长量相对稳定,即现象发展水平按相对固定的绝对速度变化,则采用直线(线性函数)作为趋势线,来描述趋势变化,预测前景。

如以时间因素作为自变量(t),把数列水平作为因变量(y),拟合的直线趋势方程为:

$$y_c = a + bt$$

参数 a,b 的求法用最小平方法:

$$\begin{cases} a = \dfrac{\sum y}{n} - \dfrac{b\sum t}{n} = \bar{y} - b\bar{t} \\ b = \dfrac{\sum ty - \dfrac{1}{n}(\sum t)(\sum y)}{\sum t^2 - \dfrac{t^2}{n}} \end{cases} \tag{8-16}$$

现在以某地区 2011—2016 年粮食产量资料为例,以 $1,2,3,\cdots,n$ 代表年份顺序。有关运算资料如表 8-14 所示。

表 8-14 粮食产量线性模型计算

年份	时间代码 t	粮食产量 y(万吨)	t^2	ty
2011 年	1	85.6	1	85.6
2012 年	2	91.0	4	182.0
2013 年	3	96.1	9	288.3
2014 年	4	101.2	16	404.8
2015 年	5	107.0	25	535.0
2016 年	6	112.2	36	673.2
合计	21	593.1	91	2 168.9

根据以上联立方程,求解得:

$$\begin{cases} b = \dfrac{2\,168.9 - \dfrac{1}{6} \times 21 \times 593.1}{91 - \dfrac{1}{6} \times 21^2} = 5.32 \\ a = \dfrac{593.1}{6} - \dfrac{5.32 \times 21}{6} = 80.23 \end{cases}$$

则所拟合的趋势方程为:

$$y_c = a + bt = 80.23 + 5.32t$$

将各年代码依次代入直接趋势方程,即可得出一系列趋势值,各年实际水平和趋势值的离差之和也等于 0,即 $\sum(y - y_c) = 0$。

利用长期趋势模型可以对该现象的未来趋势进行预测。例如,要预测 2018 年某地区的粮食产量,可利用上述趋势方程,令 $t = 8$,代入得:

$$y_c = 80.23 + 5.32t = 80.23 + 5.32 \times 8$$
$$= 122.79(万吨)$$

利用线性趋势方程进行预测,首先要考察 y_c 值是否存在随时间成直线变化的趋势,如果现象的发展变化是非线性的,则用线性模型预测会产生比较大的误差。其次,利用线性趋势方程外推时推断时间不宜过长,因为它可能会受其他因素干扰。

下面来讨论时间数列分析修匀的技术问题。上例中,$t = 0$ 时,表明直线趋势方程的原点在 2010 年。如果移动趋势方程原点。即取中间的时期或时点为开始的时间($t = 0$),参数 a、b 计算就很简单。通常,当时间数列为奇数项时,可用中间项那一年为原点。比如,某数列有 9 项水平,时间跨度从 2007年至 2015 年,则 t 值分别为:

年份(年)	2007	2008	2009	2010	2011	2012	2013	2014	2015
t 值	−4	−3	−2	−1	0	1	2	3	4

当时间数列为偶数项时,则可用两个中间项的中点为原点,这时就不是以年为测定的时间单位,而是以半年为测定时间单位。比如,某数列有 8 项水平,时间跨度从 2008 年至 2015 年,则 t 值确定如下:

年份(年)	2008	2009	2010	2011	2012	2013	2014	2015
t 值	−7	−5	−3	−1	1	3	5	7

在以上两种场合中,$\sum t=0$,标准方程可简化为:

$$\begin{cases}\sum y=na\\ \sum ty=b\sum t^2\end{cases} \tag{8-17}$$

因此,$a=\dfrac{\sum y}{n},b=\dfrac{\sum ty}{\sum t^2}$。这样一来,计算过程可以大大简化。仅就上例,介绍偶数项时间数列以中间项为原点的计算方法。计算所需资料见表 8-15。

表 8-15 粮食产量线性模型计算及趋势值

年份	时间代码 t	粮食产量 y(万吨)	t^2	ty	$y_c = 98.85+2.66t$
2011 年	−5	85.6	25	−428.0	85.6
2012 年	−3	91.0	9	−273.0	90.9
2013 年	−1	96.1	1	−96.1	96.2
2014 年	1	101.2	1	101.2	101.5
2015 年	3	107.0	9	321.0	106.8
2016 年	5	112.2	25	561.0	112.1
合计	0	593.1	70	186.1	593.1

这里,原点亦即 $t=0$ 值在 2013 年和 2014 年之间,t 值的时期单位为半年。

把表中数据代入简化了的方程组:

$$\begin{cases}593.1=6a\\ 186.1=70b\end{cases}$$

解得 $a=98.85, b=2.66$。

拟合的直线方程为:

$$y_c=a+bt=98.85+2.66t$$

则 2011 年的趋势值为：
$$y_c = 98.85 + 2.66 \times (-5) = 85.55(万吨)$$
依此类推，2017 年的预测值为：
$$y_c = 98.85 + 2.66 \times 7 = 117.47(万吨)$$

时间数列分析修匀不仅使基本趋势的方向比较清楚，同时也赋予它数量上的评定。比如在上面的例子中，$b=5.3$ 表示某地粮食总产量趋势为每年增加 5.3 万吨，或者说估计平均每年增加这个数量。这就能明确地估计粮食收成等量增长的趋势。

但要注意，时间数列为偶数项时，原点移到数列中间的时期，这时 b 表示原数列水平间隔一半的增长量，年增长量应等于 $2b$。上面 $b=2.66$，就是这种情况。

2.曲线趋势的测定。现实生活中，大量的现象是非线性发展的。因此，研究长期趋势变动的各种曲线类型是十分必要的。但是，对于具有曲线发展趋势的现象来说，若就其在某一定的时间区段内的变化进行研究，又可以发现线性变化的特点。事实上，曲线是由许多不同的直线连接而成的。可以说直线是曲线的特殊形式。因此，研究长期趋势变动的直线类型就成为研究其曲线类型的基础。

曲线类型很多，我们仅选定指数曲线来讨论非线性趋势的测定。

当时间数列大体上是按每期以相同的增长速度变化，即各期环比增长速度大体相同时，这种数列的基本趋势是指数曲线型，方程式为：
$$y = ab^t \tag{8-17}$$
进行指数曲线拟合，必须先将指数曲线化为直线的形式。

对方程式 $y=ab^t$ 两边取对数，得：
$$\lg y = \lg a + t \lg b$$
令 $y' = \lg y, A = \lg a, B = \lg b$，则指数曲线的方程式可表示为直线形式：
$$y' = A + Bt$$
于是，可以按直线拟合的方法确定所需的指数曲线。

从表 8-16 中可以看出 2010—2015 年某地的人口增长速度大体上一样，我们也用最小平方法拟合指数曲线方程：

表 8-16 人口增长的指数曲线方程计算

年份	人口 y(万人)	递增速度(%)	时间代码 t	t^2	$y'=\lg y$	$t\lg y$	$y_c=84.547\times(1.011\,3)^t$
2010 年	85.50	—	1	1	1.932 0	1.932 0	85.50
2011 年	86.48	15	2	4	1.936 9	3.873 8	86.47
2012 年	87.46	13	3	9	1.941 8	5.825 4	87.45
2013 年	88.47	15	4	16	1.946 8	7.787 2	88.43
2014 年	89.46	12	5	25	1.951 6	9.758 0	89.43
2015 年	90.44	10	6	36	1.956 4	11.738 4	90.44
合计	—	—	21	91	11.665 5	40.914 8	—

$$B=\frac{\sum t\lg y-\frac{1}{n}\sum t\sum\lg y}{\sum t^2-\frac{\sum t^2}{n}}$$

$$=\frac{40.914\,8-\frac{1}{6}\times21\times11.665\,5}{91-\frac{1}{6}\times21^2}=0.004\,89$$

$b=1.011\,3$

又 $y'=A+Bt$,有

$$\frac{11.665\,5}{6}=A+0.004\,89\times\frac{21}{6}$$

$$A=1.927\,1,a=84.547$$

则拟合的指数曲线方程如下:

$$y'_c=1.927\,1+0.004\,89t$$
$$y'_c=ab^t=84.547\times1.011\,3^t$$

对于指数曲线方程,其参数的意义是十分明确的。a 表示修匀数列的初始水平,b 表示 t 单位时间趋势值发展速度。比如在上面的例子中,$b=1.011\,3$,表示某地人口数的趋势值每年发展速度为 101.13%,或者说人口以这个平均发展速度增长。

测定季节变动的目的在于掌握季节变动的周期、数量界限及其规律,以便预测未来,及时采取措施,减小它对人们经济生活产生的不良影响,从而更好地组织生产和销售,提高经济效益和安排好人民生活。

| 季节变动的测定 |

测定季节变动的主要方法是计算季节比率,以反映季节变动的程度。季节比率高说明是旺季;反之,说明是淡季。计算季节比率通常有两种方法:按月(季)平均法和移动平均趋势剔除法。

(一)按月(季)平均法 这种方法不考虑长期趋势影响,直接用原始时间数列来计算。按月平均法计算的季节比率是各月份的水平与全年各月平均水平之比。但是要有足够充分的数据才能有效测定季节变动的影响,所以通常要求以 3 年以上各月(季)的资料计算季节比率。这时季节比率(I_s)应是:

$$I_s = \frac{各年同月(季)的平均发展水平}{所有年份月(季)总平均发展水平}$$

表 8-17 是某服装公司各年销售额和季节比率的计算。

表 8-17 销售额与季节比率的计算

月份	各年销售额 y_i(万元)					5年月平均销售额 $\sum y_i$(万元)	5年间月平均销售额 $\overline{y_i}$(万元)	季节比率 $I_i=\overline{y_i}/y_0$ (%)
	2011年	2012年	2013年	2014年	2015年			
	(1)	(2)	(3)	(4)	(5)	(6)	(7)	(8)
1月	1.1	1.1	1.4	1.4	1.3	6.3	1.26	17.6
2月	1.2	1.5	2.1	2.1	2.2	9.1	1.82	25.5
3月	1.9	2.2	3.1	3.1	3.3	13.6	2.72	38.1
4月	3.6	3.9	5.2	5.0	4.9	22.6	4.52	63.3
5月	4.2	6.4	6.8	6.6	7.0	31.0	6.20	86.8
6月	14.2	16.4	18.8	19.5	20.0	88.9	17.78	249.0
7月	24.0	28.0	31.0	31.5	31.8	146.3	29.26	409.8
8月	9.5	12.0	14.0	14.5	15.3	65.3	13.06	182.9
9月	3.8	3.9	4.8	4.9	5.1	22.5	4.50	63.0
10月	1.8	1.8	2.4	2.5	2.6	11.1	2.22	31.1
11月	1.2	1.3	1.2	1.4	1.4	6.5	1.30	18.2
12月	0.9	1.0	1.1	1.2	1.1	5.3	1.06	14.3
年总计	67.4	79.5	91.9	93.7	96.0	428.5	7.14	100.0

$$\overline{y_i} = \frac{\sum y_i}{N}(N\ 代表提供资料的年数)$$

$$y_0 = \frac{\sum y_i}{N}(N\ 代表一年的月、季数)$$

季节比率为: $\overline{y_i} = \dfrac{\sum y_i}{N}$ (8-18)

(1) 5 年间月份的平均销售额,如 1 月份平均销售额:

$$\overline{y_1} = \dfrac{1.1+1.1+1.4+1.4+1.3}{5} = 1.26 (万元)$$

(2) 5 年间总平均月销售额:

$$y_0 = \dfrac{\sum \overline{y_i}}{N}$$
$$= \dfrac{1.26+1.82+2.72+4.52+6.2+17.78+29.26+13.06+4.5+2.22+1.3+1.06}{12}$$
$$= 7.14 (万元)$$

也可以按 5 年中所有月份水平的平均:

$$y_0 = \dfrac{67.4+79.5+91.9+93.7+96.0}{12 \times 5} = \dfrac{428.5}{60} = 7.14 (万元)$$

(3) 季节比率 $I_s = \overline{y_i}/y_0$,例如:

1 月份的季节比率 $I_1 = \dfrac{1.26}{7.14} = 17.6\%$

2 月份的季节比率 $I_2 = \dfrac{1.82}{7.14} = 25.5\%$

这样,由各月份季节比率所组成的数列,清楚地表明某服装公司销售的季节性变动趋势,自 1 月起逐月增长,7 月达到最高峰,8 月开始下降,到 12 月降到最低点。若以横轴表示月份,纵轴表示季节比率,绘成季节变动图,就可以更明显地看出季节性变动趋势。

按月平均法计算简便,容易掌握。但季节比率的计算不够精确,因为它不考虑长期趋势的影响。在前后期月水平波动较大的资料中,后期各月水平比前期有较大提高,因此对平均数的影响大,从而影响了季节比率的准确性。用移动平均趋势剔除法和分析修匀趋势剔除法可以解决这个问题。这里只介绍前者。

(二) 移动平均趋势剔除法　如果提供 3 年或更多年份的资料,不仅各月发展水平有规则性的季节变动,而且逐年数值还有显著增长的趋势。为了测定现象的季节变动,就要采用另一种分析方法,即移动平均趋势剔除法。这一方法的特点是:先对时间数列计算移动平均数,作为相应时期的趋势值,而后将其从数列中剔除,再测定季节比率。

我们用具体资料来说明这种分析方法。某市 2013—2015 年水产品销售资料如表 8-18 所示。

表 8-18　某市 2013—2015 年水产品销售量

单位：万千克

月 份	2013 年	2014 年	2015 年
1 月	40	85	120
2 月	35	78	103
3 月	30	70	98
4 月	26	63	85
5 月	27	45	95
6 月	32	69	105
7 月	55	80	185
8 月	72	63	213
9 月	77	75	235
10 月	68	32	208
11 月	42	95	145
12 月	38	90	127

这个资料就需要采取趋势剔除法。计算步骤和方法如下：

(1) 计算 12 项移动平均数，作为该时期中间月份的趋势值 (y_c)，目的是消除各月销售量季节变动的影响，确定数列增长总趋势。由于 12 项移动平均数落点在两个月的中间，因此必须对它们进行移正平均，以确定中间月份的趋势值。如 2013 年 1—12 月平均数 45 万千克列在该年 6 月和 7 月之间（即 2013 年的中间点），2013 年 2 月至 2014 年 1 月的平均数 49 万千克列在 7 月至 8 月之间，就要把这两者再加以平均 [(45+49)÷2＝47 万千克]，才能用以代表 7 月的趋势值。以下依次类推，形成以趋势值构成的新数列。计算结果如表 8-19。

表 8-19 趋势剔除法计算

年份（年）	月份（月）	销售量 y_i（万千克）	12个月移动平均数（万千克）	趋势值 y_c（万千克）	修匀比率 $y_i : y_c$（%）
2013	1	40	—	—	—
	2	35	—	—	—
	3	30	—	—	—
	4	26	—	—	—
	5	27	—	—	—
	6	32	—	—	—
	7	55	45	47	117
	8	72	49	51	141
	9	77	53	55	140
	10	68	56	58	117
	11	42	59	60	70
	12	38	60	62	61
2014	1	85	64	66	129
	2	78	69	72	108
	3	70	84	80	88
	4	63	89	86	73
	5	45	93	91	49
	6	69	98	96	72
	7	108	101	99	109
	8	163	103	102	160
	9	175	105	104	169
	10	132	107	106	125
	11	95	111	109	87
	12	90	114	113	80
2015	1	120	121	117	103
	2	103	125	123	84
	3	98	130	127	77
	4	85	136	133	64
	5	95	140	138	69
	6	105	143	142	74
	7	185	—	—	—
	8	213	—	—	—
	9	235	—	—	—
	10	208	—	—	—
	11	145	—	—	—
	12	127	—	—	—

(2)将各月实际销售量除以趋势值,得出修匀比率($y_i \div y_c$),使增长趋势的影响得到消除,以表明各月销售量的季节变动程度。修匀比率的计算,如7月为 $55 \div 47 = 117\%$,8月为 $72 \div 51 = 141\%$。以下各月同此计算。3年中各月修匀比率见表8-19。

(3)将各年同月的修匀比率加以平均,得到各年同月的平均修匀比率,如1月为 $(129\% + 103\%) \div 2 = 116\%$,2月为 $(108\% + 84\%) \div 2 = 96\%$,见表8-20。

表8-20　修匀比率计算

年份	1月	2月	3月	4月	5月	6月	7月	8月	9月	10月	11月	12月
2013年	—	—	—	—	—	—	117	141	140	117	70	61
2014年	129	108	88	73	49	72	109	160	168	125	87	80
2015年	103	84	77	64	69	74	—	—	—	—	—	—
平均	116.0	96.0	82.5	68.5	59.0	73.0	113.0	150.5	154.0	121.0	78.5	70.5
$I_s(\%)$	117.7	97.4	83.7	69.5	59.9	74.1	114.7	152.7	156.3	122.8	79.7	71.5
$I_s - 100(\%)$	17.7	-2.6	-16.3	-30.5	-40.1	-25.9	14.7	52.7	56.3	22.8	-20.3	-28.5

平均修匀比率已是季节比率,但由于12个月的总和不等于1 200%,需通过以下第四、第五步骤进行调整来最后确定。

(4)由所求的12个月修匀比率计算月总平均修匀比率:

$$\frac{1}{12} \times (116\% + 96\% + 82.5\% + 68.5\% + 59\% + 73\% + 113\% + 150.5\% + 154\% + 121\% + 78.5\% + 70.5\%) = 98.54\%$$

(5)对以上计算的各月平均修匀比率进行调整来确定季节比率。如:

$$1月为 \frac{116\%}{99\%} = 117.2\%$$

$$2月为 \frac{96\%}{99\%} = 97\%$$

其他各月同此计算,其结果列在表8-20中。这样,各月季节比率总和为1 200%,亦即平均为 $1\,200\% \div 12 = 100\%$。

可把季节比率绘成季节变动图(见图8-1)。

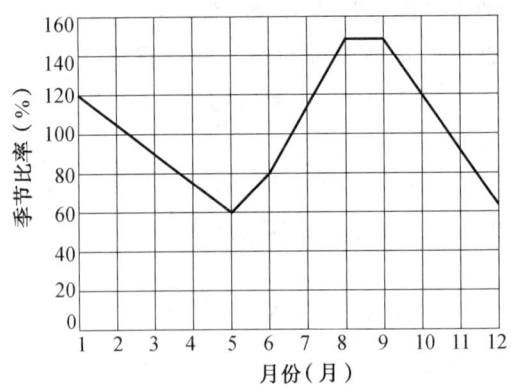

图 8-1 季节变动示意

应用季节变动的资料,可以进行某些预测。比如时间数列没有明显的长期趋势,或允许不考虑长期趋势存在的情况下,可直接以按月(季)平均法计算的季节比率来调整各月(季)的预测值。

就上面关于服装销售的例子,假设已预测 2016 年全年销售额为 99.6 万元,平均每月销售额为 8.3 万元,则:

1 月预测值为 $8.3 \times 17.6\% = 1.46$(万元)

2 月预测值为 $8.3 \times 25.5\% = 2.12$(万元)

其余各月预测值依此类推。

作为判断季节波动增强或减弱的综合性指标,可以是季节比率同 100% 的平均差,或者是季节比率同 100% 的均方差。

均方差公式 $\sigma = \sqrt{\dfrac{\sum(I_s - 100)^2}{12}}$,式中 I_s 为季节比率。用本例资料进行计算:

$$\sigma = \sqrt{\dfrac{17.7^2 + (-2.6)^2 + (-16.3)^2 + (-30.5)^2 + (-40.1)^2 + (-25.9)^2 + 14.7^2 + 52.7^2 + 56.3^2 + 22.8^2 + (-20.3)^2 + (-28.5)^2}{12}}$$

$$= \sqrt{\dfrac{11\,292.21}{12}} = 30.68$$

这表示某市水产品销售量季节比率的差异平均为 30.68%。我们可以通过比较现象中两个时期季节比率均方差来判断季节变动影响的强弱程度。如果 σ 值小,则所研究现象季节特征就不明显。

循环变动的测定

循环变动各个时期有其特殊的原因,因而变动程度也有自己的特点,这和季节变动基于大致相同的原因和相对稳定的周期形成对照,所以不能用测定季节变动的方法来研究循环变动。我们说过,时间数列变动有四大原因,长期趋势与季节变动的测定前已详述。下面介绍循环变动的三种测定方法。

第一种:从时间数列的变动中,除去长期趋势、季节变动和不规则变动。即

$$\frac{T \cdot C \cdot I}{T} = C \cdot I \tag{8-19}$$

第二种:先消除长期趋势,后消除季节变动。即

先以 $\frac{Y}{T} = \frac{T \cdot S \cdot C \cdot I}{T} = S \cdot C \cdot I$

再以 $\frac{S \cdot C \cdot I}{S} = C \cdot I \tag{8-20}$

第三种:同时消除季节变动与长期趋势。即

$$\frac{Y}{T \cdot S} = \frac{T \cdot S \cdot C \cdot I}{T \cdot S} = C \cdot I \tag{8-21}$$

将 $C \cdot I$ 数列进行移动平均修匀,得到各期变动系数,就达到测定循环变动的目的。

这三种消除方法的结果完全一致。

应该指出,若时间数列是由按年统计的数据组成,则季节变动的影响本已消除,短期的不规则波动也趋于消灭,这时只需消除长期趋势。然而循环周期多不太长,常需月(季)资料才能表现现象变动的详细情况。下面以某地一种矿产产量资料,按第二种方法来测定循环变动(见表 8-21)。

在表 8-21 中,第 3 栏的趋势值的数据是按照拟合的直线趋势方程 $y_c = 740.868 + 5.655t$(原点在 2013 年 7 月 15 日,t 以月为单位)所计算的结果。第 4 栏的季节比率采取按月平均法计算。第 5 栏的数值因已先后消除长期趋势和季节变动,故仅含有循环变动及不规则变动。最后,为了剔除不规则变动因素,对第 5 栏进行 3 个月的移动平均,得到第 6 栏的数值,即为循环变动系数,大体上能表现出循环波动。从表中资料可以看出某地区产量波动的情形:2011 年 10 月处于低谷,2013 年 2 月出现高峰,后跌落,至 2014 年 4 月再现波峰,11 月又处于低谷。这说明:该产品产量 5 年经过两次循环变动过程,循环周期较短。见图 8-2。

表 8-21　循环变动测定计算

时间		原时间数列 $T \cdot S \cdot C \cdot I$（万吨）	长期趋势 T	消除长期趋势 $S \cdot C \cdot I$（%）	季节比率 S（%）	循环及不规则变动 $C \cdot I$（%）	循环变动 C（%）
		(1)	(2)	(3)=(1)÷(2)	(4)	(5)=(3)÷(4)	(6)
2011年	1月	610	571.2	106.8	104.3	102.4	
	2月	600	576.9	104.0	107.5	96.7	98.0
	3月	595	582.5	102.0	107.0	95.0	94.7
	4月	565	588.2	96.1	103.9	92.5	92.3
	5月	535	593.8	90.1	100.9	89.3	90.2
	6月	515	599.5	85.9	96.6	88.9	89.6
	7月	520	605.1	85.9	94.7	90.7	90.1
	8月	487	610.8	79.7	87.9	90.7	88.0
	9月	440	616.5	71.4	86.4	82.6	84.5
	10月	486	622.1	78.1	97.4	80.2	81.6
	11月	536	627.8	85.4	104.1	82.0	81.7
	12月	572	633.4	90.3	108.3	83.0	89.5
2012年	1月	690	639.1	108.0	104.3	103.5	97.3
	2月	730	644.7	113.2	107.5	105.3	104.0
	3月	720	650.4	110.7	107.4	103.1	104.5
	4月	716	656.0	109.1	103.9	105.0	104.8
	5月	710	661.7	107.3	100.9	106.3	105.8
	6月	685	667.4	102.6	96.6	106.2	105.4
	7月	660	673.0	98.1	94.7	103.6	106.0
	8月	645	678.7	95.0	87.9	108.1	106.4
	9月	635	684.3	92.8	86.4	107.4	110.0
	10月	781	690.0	113.2	97.4	116.2	111.4
	11月	800	695.6	115.0	104.1	110.5	112.1
	12月	836	701.3	119.2	108.8	109.6	112.8

续表

时间		原时间数列 $T \cdot S \cdot C \cdot I$ （万吨）	长期趋势 T	消除长期趋势 $S \cdot C \cdot I$ （%）	季节比率 S(%)	循环及不规则变动 $C \cdot I$(%)	循环变动 C(%)
		(1)	(2)	(3)＝(1)÷(2)	(4)	(5)＝(3)÷(4)	(6)
2013年	1月	873	706.9	123.5	104.3	118.4	115.2
	2月	900	712.6	126.3	107.5	117.5	117.3
	3月	895	718.2	124.6	107.4	116.0	115.0
	4月	838	723.9	115.8	103.9	111.5	112.5
	5月	810	729.6	111.0	100.9	110.0	109.8
	6月	765	735.2	104.1	96.6	107.8	108.2
	7月	760	740.9	101.2	94.7	106.9	106.4
	8月	686	746.5	91.9	87.9	104.6	105.4
	9月	680	752.2	90.4	86.4	104.6	104.5
	10月	770	757.8	101.6	97.4	104.3	102.6
	11月	785	763.5	102.8	104.1	98.8	99.5
	12月	800	769.1	104.0	108.8	95.6	99.4
2014年	1月	840	774.8	108.4	104.3	103.9	97.9
	2月	860	780.5	101.2	107.5	94.1	100.5
	3月	875	786.1	111.3	107.4	103.6	100.5
	4月	855	791.8	108.0	103.9	103.9	103.4
	5月	825	797.4	103.5	100.9	102.6	103.0
	6月	795	803.1	99.0	96.6	102.5	103.4
	7月	805	808.7	99.5	94.7	105.1	102.3
	8月	710	814.4	87.2	87.9	99.2	102.4
	9月	735	820.0	89.6	83.4	103.0	98.8
	10月	758	825.7	91.8	97.4	94.3	95.8
	11月	780	831.3	93.8	104.1	90.1	91.1
	12月	810	837.0	96.8	108.8	89.0	91.4

续表

时间		原时间数列 $T \cdot S \cdot C \cdot I$ （万吨）	长期趋势 T	消除长期趋势 $S \cdot C \cdot I$ （%）	季节比率 S（%）	循环及不规则变动 $C \cdot I$（%）	循环变动 C（%）
		(1)	(2)	(3)= (1)÷(2)	(4)	(5)= (3)÷(4)	(6)
2015年	1月	835	842.7	99.1	104.3	95.0	93.4
	2月	878	848.3	103.5	107.5	96.3	95.7
	3月	880	854.0	103.0	107.4	95.9	96.1
	4月	860	859.6	100.0	103.9	96.2	96.3
	5月	845	865.3	97.7	100.9	96.8	96.2
	6月	805	870.9	92.4	96.6	95.7	94.7
	7月	760	876.6	86.7	94.7	91.6	93.2
	8月	715	882.2	81.0	87.9	92.2	91.7
	9月	700	887.9	78.8	86.4	91.2	91.8
	10月	800	893.6	89.5	97.4	91.9	94.5
	11月	940	899.2	104.5	104.1	100.4	97.8
	12月	995	904.9	110.0	108.8	101.4	—

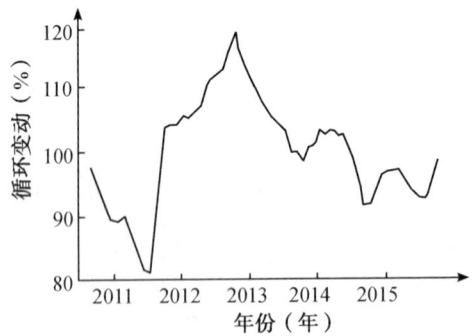

图 8-2 某产品产量的循环变动过程

循环变动预测和长期趋势预测不同。前者主要属于景气预测。景气变动产生于不同的原因，呈现不同的周期，短者一两年，长者七八年，甚至十来年。各期始末亦难定为何年何月，上下波动程度也不相同。因此景气预测很大程度上要依靠经济分析，仅仅对历史资料的统计处理是不够的，要提供简单的统计解析是很难办到的。

思考与练习

1. 什么是时间数列？它的意义何在？编制时间数列时应注意哪些基本要求？

2. 时间数列和时点数列有哪些不同的特点？

3. 进行动态水平和速度分析分别运用哪些指标？

4. 由时期数列和时点数列计算序时平均数有什么不同？当计算相对指标或平均指标动态数列的序时平均数列时，应该怎样利用时期数列和时点数列计算上的特点来进行计算？

5. 发展速度、增长量、增长速度、平均发展速度和平均增长速度等指标的关系如何？

6. 用几何平均法与代数平均法计算平均发展速度有什么不同？你认为哪些现象适用几何平均法？哪些现象适用代数平均法？举例说明。

7. 为什么要注意速度指标和水平指标的结合运用？如何结合？

8. 长期趋势测定的时距扩大法、移动平均法和数学模型法各有什么不同的特点？

9. 季节变动测定中的按月（季）平均法和移动平均趋势剔除法有什么不同？

10. "十二五"时期我国国内生产总值资料如下表。

单位：亿元

年份	国内生产总值	其中		
		第一产业	第二产业	第三产业
2011年	489 300.6	46 163.1	227 038.8	216 098.6
2012年	540 367.4	50 902.3	244 643.3	244 821.9
2013年	595 244.4	55 329.1	261 956.1	261 956.1
2014年	643 974.0	58 343.5	277 571.8	277 571.8
2015年	689 052.1	60 862.1	282 040.3	346 149.7

试计算"十二五"时期国民生产总值和各产业的平均发展水平。

11. 我国人口自然增长情况如下：

单位：万人

	2010年	2011年	2012年	2013年	2014年	2015年
年末总人口	134 091	134 735	135 404	136 072	136 782	137 462
比上年增加人口	—	644	669	668	710	680

试计算我国"十二五"期间年平均人口数和年平均增加的人口数。

12. 根据"十二五"期间我国从业人员的数据（年底数）计算平均从业人员数、第三产业平均从业人员数。

单位：万人

年份	2010年	2011年	2012年	2013年	2014年	2015年
从业人员数	76 105	76 420	76 704	76 977	77 253	77 451
其中：第三产业从业人员数	26 332	27 282	27 690	29 636	31 364	32 839

13. 某商店 2010 年商品库存额资料如下：

单位：万元

日期	库存额	日期	库存额
1月1日	630	7月31日	480
1月31日	600	8月31日	450
2月28日	550	9月30日	540
3月31日	480	10月31日	570
4月30日	430	11月30日	600
5月31日	400	12月31日	680
6月30日	500		

试计算上半年、下半年和全年的平均库存额。

14. 某企业 2016 年 4 月份几次工人数变动登记如下：

日期	4月1日	4月11日	4月16日	5月1日
工人数（人）	1 210	1 240	1 300	1 270

试计算该企业 4 月平均工人数。

15. 某企业 2016 年各月记录在册的工人数如下：

日期	1月1日	2月1日	4月1日	6月1日	9月1日	12月1日	12月31日
在册工人数（人）	326	330	335	408	414	412	412

试计算 2016 年该企业平均工人数。

16.某企业2015年各季度计算产值和产值计划完成程度的资料如下：

季度	计划产值（万元）	产值计划完成程度（%）
第一季度	860	130
第二季度	887	135
第三季度	875	138
第四季度	898	125

试计算该企业年度产值计划平均完成百分比。

17.2011—2016年各年底某企业职工人数和工程技术人员数的资料如下：

单位：人

年份	职工人数	工程技术人员数
2011年	1 000	50
2012年	1 020	50
2013年	1 085	52
2014年	1 120	60
2015年	1 218	78
2016年	1 425	82

试计算工程技术人员占全部职工人数的平均比重。

18.某工厂2016年上半年工人数和工业总产值资料如下：

月份	月初工人数（人）	总产值（亿元）
1月	1 850	2.50
2月	2 050	2.72
3月	1 950	2.71
4月	2 150	3.23
5月	2 216	3.74
6月	2 190	3.73

另外，7月初工人数为2 250人。

根据上述资料计算：

(1)上半年平均工人数；

(2)上半年月平均总产值；

(3)上半年月平均劳动生产率；

(4)上半年劳动生产率。

19. 某公司的两个工厂 2016 年 2 月工业总产值及每日工人在册资料如下：

企业	总产值（万元）	工人人数（人）		
		1—15 日	16—20 日	21—28 日
甲	41.5	330	312	345
乙	45.2	332	314	328

试计算各企业和综合两企业的月劳动生产率。

20. 近 5 年我国城镇居民人均可支配收入如下表：

单位：元

2011 年	2012 年	2013 年	2014 年	2015 年	2016 年
21810	24565	26467	28844	31195	33616

要求计算：

(1) 逐期增长量、累计增长量和全期平均增长量；

(2) 定基发展速度和环比发展速度；

(3) 定基增长速度和环比增长速度；

(4) 增长 1% 的绝对值；

(5) 年平均发展速度和年平均增长速度。

21. 下表为某地区生产总值数据，试运用动态指标的相互关系，确定时期数列的发展水平和表中所缺的定基动态指标。

年份(年)	生产总值（亿元）	定基动态指标		
		增长量（亿元）	发展速度（%）	增长速度（%）
2007	741	—	100	—
2008		59		
2009			115.6	
2010				23.9
2011			131.7	
2012		298		
2013			149.9	
2014				55.2
2015		461		
2016			167.2	

22. 某地区粮食产量 2010—2012 年平均发展速度是 1.03，2013—2014 年平均发展速度是 1.05，2015 年比 2014 年增长 6%，试求 2010—2015 年 6 年的平均发展速度。

23. 已知 2010 年某市生产总值为 1 430 亿元，若以平均每年增长 8.5% 的速度发展，到 2020 年生产总值将达到什么水平？

24. 2010 年某地区第三产业增加值达到 5.76 亿元，到 2015 年增加到 10 亿元，远景目标是 2025 年比 2015 年翻一番。试问：

(1)"十二五"期间平均每年增长速度是多少？

(2)2011—2025 年（以 2010 年为基期）年平均发展速度多大才能实现远景目标？

25. 甲、乙两个国家 2010—2015 年某产品产量的资料如下：

年份（年）	产量（万吨）	
	甲国	乙国
2010	3 190	4 820
2011	3 290	4 940
2012	3 400	5 040
2013	3 620	5 140
2014	3 800	5 242
2015	4 000	5 346

试计算：

(1)甲、乙两国产量的年平均增长速度（以 2010 年为基期）。

(2)2015 年后按此速度，两国同时增长，甲国产量要在哪年才能赶上乙国？

(3)如果甲国要在 2021 年赶上乙国的产量，则 2015 年后每年应增长百分之几？

26. 某商场 2013—2015 年各个季度商品销售额和库存资料如下：

年份（年）		季初商品库存额（万元）	销售总额（万元）
2013	第一季度	680	2 000
	第二季度	675	1 800
	第三季度	670	2 100
	第四季度	650	2 600

续表

年份(年)		季初商品库存额（万元）	销售总额（万元）
2014	第一季度	700	2300
	第二季度	715	1 900
	第三季度	710	1 900
	第四季度	700	2 800
2015	第一季度	730	2400
	第二季度	750	2 000
	第三季度	740	2 200
	第四季度	710	2 900

另已知2016年初商品库存额为750万元。

对以上资料做下面计算：

(1)各个年份季平均商品流转次数；

(2)各个年份商品流转次数；

(3)销售总额平均发展速度；

(4)各个年份流转次数指数。

27.某煤矿某月采煤量如下：

单位：吨

日期(日)	产量	日期(日)	产量	日期(日)	产量
1	301	11	308	21	336
2	302	12	319	22	334
3	304	13	320	23	338
4	291	14	323	24	338
5	298	15	296	25	339
6	310	16	290	26	345
7	305	17	328	27	342
8	312	18	330	28	356
9	315	19	334	29	350
10	310	20	333	30	351

要求：

(1)按5日和按旬合并煤产量编成动态数列；

(2)按5日和按旬计算平均日产量编成动态数列；

(3)运用移动平均法(时距扩大为4天和5天)编制动态数列。

28. 某地区年粮食总产量如下表所示：

年份	产量（万吨）	年份	产量（万吨）
第1年	230	第6年	257
第2年	236	第7年	262
第3年	241	第8年	276
第4年	246	第9年	281
第5年	252	第10年	286

要求：

(1) 试检查该地区的粮食生产发展趋势是否接近于直线型？

(2) 如果是直线型，请用最小平方法拟合直线趋势方程；

(3) 预测第12年的粮食生产水平。

29. 某县区近几年人口数字如下：

年份（年）	人口数（万人）
2012	85.50
2013	86.48
2014	87.46
2015	88.47
2016	89.46
2017	90.44

试检查该地区的人口发展基本趋势是否接近指数曲线型？如果是这一类型，则拟合指数曲线方程并预测2018年人口数。

30. 某城市2013—2016年各月毛线销售量如下表：

单位：千克

	1月	2月	3月	4月	5月	6月
2013年	8 000	6 000	2 000	1 000	600	400
2014年	15 000	9 000	4 000	2 500	1 000	800
2015年	24 000	15 000	6 000	4 000	2 000	1 100
2016年	28 000	14 000	8 000	3 000	1 200	900
	7月	8月	9月	10月	11月	12月
2013年	800	1 200	2 000	5 000	21 000	25 000
2014年	1 200	2 000	3 500	8 500	34 000	35 000
2015年	3 200	4 000	7 000	15 000	42 000	45 000
2016年	3 700	4 800	8 300	14 000	47 000	51 000

根据上表资料：
(1)按月平均法和 12 个月的移动平均趋势剔除法计算季节比率。
(2)计算季节比率的平均差与均方差。

第九章　统计综合评价与统计综合分析

本章主要阐述统计综合评价与综合分析的意义及其一般步骤,并介绍几种主要的统计综合评价方法和综合分析常用的比较法。学习本章要求:(1)掌握统计综合评价的一般程序、主要方法以及它在综合国力评价中的应用;(2)了解统计综合分析的概念、作用、特点及其一般步骤;(3)理解什么是统计比较、统计比较的基本规则以及空间统计比较方法。

第一节　统计综合评价

统计综合评价的意义和作用

一个国家的国力、现代化水平、竞争能力,行业的经济效益,人民生活水平、生活质量等大大小小涉及社会经济发展的问题无不需要对它做出评定、判别、估价和排序,这是统计综合评价的问题。综合评价是越来越受重视的统计分析方法,它是统计的一项重要研究课题。具体地说,统计综合评价是利用社会经济现象总体的指标体系,结合各种定性材料,构建综合评价模型,通过数量的比较、计算,求得综合评价值,对被评对象做出明确的评定和排序的一种统计分析方法。综合评价的结果表现为排出名次顺序,分出等级并做出判断。

由于社会经济现象的总体是由多因素构成并相互影响的复杂系统,而一个统计指标往往只能反映总体某一方面的状况,不可能全面概括总体的综合特征,因而无法满足人们从整体上综合认识社会经济现象的要求,这就是单个统计指标的局限性。为此,就必须建立一套科学、合理的统计指标体系,以保证对社会经济总体状况进行全面和客观的分析。

但是统计指标体系是从若干不同方面对统计总体的数量特征进行反映的,不同的统计指标在不同单位、地区及各经济活动主体之间,其数值大小各不相同,这就需要对这些有差异的指标进行综合评价,做出总体优劣的判断。

例如,对市场上甲、乙两种属于同一类别的商品进行质量比较,共有 $N+M$ 项性能对比指标。假定所选择的性能指标中有 N 项甲商品比乙商品更优,有 M 项甲商品比乙商品更差,那么,甲、乙两种商品的质量究竟哪一种更好呢? 又如,对全国 31 个省、自治区、直辖市的综合经济实力进行考评,不可避免会出现下述情况:有的省在某几项指标中名列前茅,另外的考评指标则位置靠后,要怎样才能正确评价各省在全国的地位呢?……这一系列类似的问题,都是我们在日常社会经济生活及工作中经常碰到的。解决的途径就是运用统计综合评价方法。

进行统计综合评价,其主要作用在于:

第一,对所分析的现象总体有一个综合认识。从本质上讲,综合评价是一种多指标综合的方法,即通过将事物不同方面的评价值综合在一起,获得对事物整体性的认识。例如,经常进行的企业经济效益综合评价,就是通过劳动消耗的效益、资金占用的效益、投资效益、新产品开发效益、产品质量效益等从各个方面反映企业效益状况的指标,利用某种综合评价方法进行合成,最终获得对企业经济效益状况的总体认识。

第二,对不同地区或单位之间的综合评价结果进行比较和排序。对社会经济现象总体,人们不仅要对其本身的状况与水平有一个全面综合的认识,还要了解它在同类总体中的层次位置。即对其质量有一个序列认识,用以比较各评价主体的差异状况,分析差距水平。例如,同行业企业的经济效益排名、国与国之间综合国力的比较与排序都必须借助统计综合评价。

统计综合评价的一般步骤

统计综合评价有各种各样不同的评价方法,它们的基本步骤与过程大致相同。具体包括:

(一)**明确评价的目标** 在实际工作中,综合评价总是针对某一个或若干个专题统计分析开展的,都是要达到一个特定的目的或目标;并且,统计评价的目标决定了综合评价的指标体系及具体方法。因此,对某一事物进行综合评价,首先要明确为什么要综合评价,评价事物的哪一方面,评价的精确度要求如何以及评价要说明什么问题,等等。

(二)**选择并确定评价指标体系** 在明确综合评价目标之后,就要对分析目标进行因素分析,找出影响总体评价目标的各方面的因素,建立一套能够从不同的角度、不同的侧面反映评价对象的指标体系。这是关系综合评价是否客观、准确的关键问题。评价指标的选择应满足下述原则：第一，要满足评价目标的要求，所选指标必须能够囊括需要分析评价的主要方面；第二，要尽量避免出现评价作用重复的指标，因为在某一个侧面出现若干重叠的评价指标，等于无意中加大了这个侧面的比重，导致各个评价指标之间失去平衡；第三，要注意指标的准确性和可行性，所选指标应能准确地反映它所代表的那个方面的情况，同时在资料搜集、计算等方面也是可行的。

(三)**选择恰当的综合评价方法** 统计综合评价有各种各样的评价分析方法，它们都有各自的特点及应用领域。进行综合评价时，方法的选择非常重要。综合评价方法的主要作用是使原本不能同度量的指标同度量化，以及将各指标评价值合成为总评价值。

(四)**确定评价指标的权重系数** 虽然所选的每个评价指标都反映总体某一方面的特征，但各指标在总目标评价中的重要程度存在差别，因此需要根据各指标的重要性，赋予不同的权重系数。某项指标在反映总体数量特征中的重要程度越高，要求分配的权数越大；反之则小。各指标的权重系数总和必须等于1。

(五)**选择合适的评价标准** 评价标准选择得合适，可以客观地对分析对象的状况做出评价；选择得不恰当，则得不到合理的评价结果，甚至会得到错误的结论，达不到综合评价的目标。因此，确定科学、客观的评价标准是进行综合评价的一项重要步骤。通常，综合评价标准有时间评价标准、空间评价标准、历史评价标准、定额(计划)评价标准和经验评价标准等，我们可以根据具体的评价目标及方法进行选择。

(六)**将各指标的评价值合成为总评价值** 把总评价值与所选定的评价标准进行对比分析，判定优劣，以便找出薄弱环节，发现问题，并提出对策与建议。

综合评价的常用方法

这里介绍几种目前常用的综合评价的统计方法：

(一)**综合评分法** 这是一种常用的综合评价方法。首先根据评价的目的及评价对象的特点选择若干指标组成评价指标体系，并确定各项指标的评分标准及打分方法；然后根据各项指标的实际数值按评分标准进行打分，将所有指标的分值相加得出总分，再与评价标准进行比较，做出全面评价，以确定优劣，排出名次顺序或分出等级。

综合评分法的关键是评价标准和打分方法的确定。常用的计分方法有：
(1)名次计分法。即先根据各评价指标的优劣排出被评对象的名次，名次在前得高分,名次在后得低分,然后将同一总体各指标的得分相加以排定顺序。

(2)百分法。即以100分为标准总分,然后分别规定各个指标占多少分,可以等分(如20项指标每项占5分),也可以不等分(这就相当于加权)。同时规定打分标准,每项指标达到什么水平可以得多少分,再根据实际值按规定标准分别计分,将各项指标得分加总就得到总评价值,以总评价值与评价标准进行比较便可确定优劣,排出名次顺序。

下面我们举一个简单的例子说明综合评分法的应用:

某电视机厂用问卷调查形式请消费者对该厂生产的电视机质量进行评价,所用方法为打分法(分100分、80分、60分、40分和20分五个层次),回收有效答卷1 000份,假设所选评价指标及评分结果的分组资料如表9-1。

表9-1 消费者对电视机质量评分结果分组

评价指标	得标数					平均得分(分)
	100分	80分	60分	40分	20分	
清晰度	500	200	200	50	50	81
耗电量	400	250	200	100	50	77
抗震能力	100	500	200	100	100	68

首先分别就每项评价指标计算1 000份有效答卷的平均得分(见表9-1最后一栏),如清晰度的平均得分为:

$(500\times100+200\times80+200\times60+50\times40+50\times20)\div1\ 000=81$(分)

然后,计算该厂电视机的综合得分。假定清晰度、耗电量及抗震能力的权数分别为0.4,0.4和0.2,则该厂电视机质量的综合平均得分为:

$81\times0.4+77\times0.4+68\times0.2=76.8$(分)

利用所得结果,便可进行进一步的分析与评价。

综合评分法简单易行,容易掌握和运用,是社会经济实践中经常使用的综合评价法。但它显得比较粗糙,主观因素影响较大。

(二)功效系数法 功效系数是指各评价指标的实际值在该指标允许变动范围的相对位置。功效系数法则是在进行综合评价时,先运用功效系数对各指标进行无量纲同度量化转换,然后采用算术平均数或几何平均数方法,对各项功效系数求总功效系数,作为总体的综合评价值,并加以比较判断。具体做法是:

(1)确定反映总体特征的各项评价指标:$x_i(i=1,2,\cdots,n)$。

(2)确定各项评价指标的满意值(x_i^h)和不允许值(s_i^x)。满意值是指在目前条件下可能达到的最优值;不允许值为该指标不应出现的最低值。满意值与不允许值之差就作为允许变动范围的参照系。

(3)计算各项评价指标的功效系数 d_i,对指标进行无量纲化处理。一般计算公式为:

$$d_i = \frac{x_i - x_i^s}{x_i^h - x_i^s} \tag{9-1}$$

(4)根据各指标的重要程度,确定各项评价指标的权数 P_i。

(5)计算被评价总体的总功效系数 D。可以用加权算术平均法计算,也可以用几何平均法计算。然后根据 D 值大小排列其优劣顺序。

举例说明这种综合评价方法如下:

表 9-2 为某市 4 个企业有关经济效益指标的资料。现在须对这四个企业经济效益进行综合评价以排定名次。所用的方法为功效系数法。

表 9-2　4 个企业经济效益指标资料

企业	效益指标			
	全员劳动生产率 [元/(人·年)]	百元固定资产净产值 (元)	百元总产值销售收入 (元)	百元销售收入利税额 (元)
甲	5 733	60.5	91.5	16.7
乙	3 575	52.2	93.2	7.3
丙	3 929	71.2	84.9	10.7
丁	4 404	69.7	88.0	12.8

为了便于计算,本例只选用了全员劳动生产率等 4 个评价指标。具体评价过程为:

(1)确定各指标的满意值和不允许值。这里,我们假定各指标的最佳值为满意值,最低值为不允许值。如全员劳动生产率的满意值为甲企业 5 733 元/(人·年),不允许值为乙企业的 3 575 元/(人·年)。

(2)计算各企业各个指标的功效系数。以丙企业全员劳动生产率为例:

$$d_i = \frac{x_i - x_i^s}{x_i^h - x_i^s} = \frac{3\ 929 - 3\ 575}{5\ 733 - 3\ 575} = 0.164\ 0$$

用同样的方法可以算出其他指标的功效系数(见表 9-3)。

表 9-3　各指标功效系数

企业	功效系数			
	d_1	d_2	d_3	d_4
甲	1.000 0	0.436 8	0.795 2	1.000 0
乙	0.000 0	0.000 0	1.000 0	0.000 0
丙	0.164 0	1.000 0	0.000 0	0.361 7
丁	0.384 2	0.921 1	0.373 5	0.585 1

3.按企业分别合成计算各企业的总功效系数。本例中,假设所有指标的权数相同,就采用简单算术平均法进行计算,公式为:

$$D=(\sum_{i=1}^{n}d_i)/n \tag{9-2}$$

求解的总功效系数为:

$$D_甲=(1.000\ 0+0.436\ 8+0.795\ 2+1.000\ 0)/4=0.808\ 0$$

同理,$D_乙=0.250\ 0, D_丙=0.381\ 0, D_丁=0.566\ 0$。

由总功效系数可以看出 $D_甲>D_丁>D_丙>D_乙$,这就可以排出 4 个企业综合经济效益的名次顺序。

(三)平均指数法　该方法是在选定评价总体的指标体系基础上,将评价指标的实际值与相对应的某种基准数值进行比较,得到个体指标指数值,然后用事先确定好的每项指标的权数对所有个体指数进行加权平均,算出综合评价的平均指数。计算总指数的公式为:

$$K=\frac{1}{\sum_{i=1}^{n}W_i}\left[\frac{Q_{11}}{Q_{10}}\cdot W_1+\frac{Q_{21}}{Q_{20}}\cdot W_2+\cdots+\frac{Q_{n1}}{Q_{n0}}\cdot W_n\right] \tag{9-3}$$

式中:K 代表综合评价的总指数;Q_{i1} 代表第 i 个评价指标的实际数值;Q_{i0} 代表第 i 个评价指标的基准数值,该数值可以是过去的实际、计划定额数或一定范围内的平均数;W_i 为第 i 个评价指标的权重系数。

平均指数法只适用于每一评价指标均为数量指标的情形。运用该方法时,必须注意下面两点:

(1)逆指标(数值越低越好的指标)必须转换成正指标才能进行加权平均计算,方法是取其倒数。

(2)比较标准的选择影响综合评价的意义。用计划数做标准时所评价的是被评价对象的计划完成情况;选用时间标准时所评价的则是被评价对象的增长、发展情况;以平均数为标准,则既可进行历史比较,也可以进行横向比较。

我们仍以经济效益综合评价为例,说明平均指数法的计算与应用。

兹有某企业2015年各项经济效益指标与2010年对比的数据如表9-4：

表9-4　某企业2015年与2010年各项经济效益指标对比数据

指标名称	单位	2015年实际值(Q_{i1})	2010年数值Q_{i0}	权数W_1	个体指标指数	个体指数×权数
甲	乙	(1)	(2)	(3)	(4)=(5)/(2)	(5)=(4)×(3)
产品销售率	%	81	90	1.5	0.90	1.35
流动资金周转次数	次	2.7	3	1.5	0.90	1.35
增加值利税率	元/百元	22	22.22	2.0	1.01	2.02
资金利税率	元/百元	23.30	22.60	2.0	1.03	2.06
利税上缴率	%	77	70	1.5	1.10	1.65
全员劳动生产率	元/人	12 191.00	13 049.00	1.5	0.93	1.39
合计	—	—	—	10	—	9.82

则平均指标指数为：

$$K = \frac{1}{\sum_{i=1}^{n} W_i}\left(\sum_{i=1}^{n}\frac{Q_{i1}}{Q_{i0}} \cdot W_i\right) = \frac{9.82}{10} = 0.982$$

综合国力评价

国力是指一个国家在各个方面所具备的实力,最主要的是经济实力。综合国力则是指一个主权国家在一个时期内所拥有的各种力量的有机总和,是所有国家赖以生存和发展的基础,也是世界强国据以确立其国际地位、发挥其国际作用的实力基础。认识一个国家综合国力的途径就是对其进行综合测定,用综合测定值评价一个国家的综合国力水平及进行横向的国际比较。因此,综合国力评价实质上是运用统计综合评价方法从宏观上进行定量分析的一项统计研究工作。

对一国的综合国力进行评价,关键是确定构成综合国力的基本要素,然后分别设置反映各种构成要素特征的分指标体系,从而形成一个系统反映一国综合国力的分层次、分主次的,具有高度概括性和战略性的统计指标体系。一般来说,综合国力构成要素包括物质要素和精神要素两大类,具体涵盖一个国家的地理、资源、人口、经济、军事、科技、政治组织以及民族精神和凝聚力等。

其次是综合国力各项具体指标及整个指标体系计算方法的选择。各项具体指标中的物质因素指标具有直观性和可计量性,可以从各国及国际机构常规统计中已发布的统计资料中得到,或者采用适当的方法经过计算处理后得到。精神因素指标则是无形的,不可计量性是其普遍的特征,进行综合国力评价时,必须把它们转换成可计量的数量指标,然后采用综合评分计算法和综合指数计算法相结合的方法,将各种属性不同、量纲不一的指标标准化,再合成一个数值,并以此对国力进行综合评估与比较分析。

第二节 统计综合分析

统计综合分析的含义

所谓统计综合分析,是指根据分析研究的目的,在科学的理论指导下,以客观统计资料为依据,结合具体实际情况,运用定性分析与定量分析相结合的方法,对社会经济现象总体进行系统的分析研究,阐明问题产生的原因,揭示事物之间的内在联系,从而认识事物的本质和发展规律的一种统计分析方法。在整个统计活动过程中,统计综合分析是统计分析阶段的具体分析方法,是充分发挥统计作用的关键环节。

我们知道,统计工作的基本环节是统计调查、统计整理和统计分析。通常认为,统计调查的资料经过统计整理得到反映总体数量特征的总量指标,是整理过程的终结,也标志着统计工作进入统计分析阶段。本课程从第四章开始所阐明的综合指标、抽样推断、相关与回归分析、指数分析、时间数列分析,以及本章所要阐明的综合评价与综合分析,都可以看成统计分析阶段的统计分析方法。

可以说,统计分析的概念是广义的,它是从上述所说的许多统计分析方法中抽象出来。这里我们把统计综合分析看成统计分析阶段的一种具体分析方法。

统计工作实践中,统计人员经常做统计分析。他们写出的统计分析报告或统计分析论文从阐明的内容与使用的分析方法来看与我们这里所说的统计综合分析概念是一致的,他们就是不使用"综合"一词。

每一种统计分析方法都有其自身的特点,要达到一定的目的;各种统计分析方法又是互相联系的。

第九章　统计综合评价与统计综合分析

统计综合分析最主要的特点是,对于现实的客观现象的总体,从数量入手,分析各种社会经济现象之间的数量对比关系,从而发现并提出问题。它的实质是以实际统计资料为主要依据的定量分析。但是统计综合分析不是数字的罗列,而是把真实、客观的数据和具体实际情况相结合,定量与定性分析相结合,探讨事物变化的原因,提出可行的对策。

统计综合分析的另一明确的特点是它的综合性,即在分析过程中综合运用多种分析方法。统计综合分析对象是某种社会经济现象总体。使用一种分析方法只能反映现象总体的某一侧面,使用多种分析方法做综合分析才能认识总体的全貌,掌握其变动的全过程,以达到从各方面对客观现象进行全面了解。因此,统计综合分析把以上各章节所阐明的分析方法"移植"过来,组成分析方法体系。这也说明统计综合分析与其他统计分析方法的联系是十分密切的。

应该指出,统计综合分析有其特有的基本程序,它包括:确定分析目的并选定分析课题;拟定分析提纲;进行分析,得出结论;根据分析结果写出统计分析报告。基本程序体现了统计综合分析作为统计分析的一种方法,不同于其他统计分析方法。其中,写出统计分析报告是统计综合分析所获得的最终成果,体现这种统计分析方法的独到之处。下面做详细说明。

统计综合分析的基本程序　作为一种统计方法,统计综合分析根据分析任务以及所研究重点的不同,可以选取各种不同的形式。但无论何种形式的综合分析,其基本程序是相同的。一般来说,统计综合分析有下述几个步骤:

(一)确定分析目的并选定分析课题　统计综合分析是一项针对性很强的工作。做好这项工作首先必须明确分析研究所要解决的问题是什么。只有明确了分析目的,统计综合分析各阶段的工作才能围绕着分析目的来进行,从而达到省时省力、提高分析质量的效果。

统计综合分析目的确定集中地体现在研究课题的选择上。分析课题反映研究的主题和问题的关键,要做到目的明确、选题准确。一般来说,课题的选择要根据客观的需要,可以多种多样,如社会各界关注的热点问题,有争论的难点问题或社会经济实践中出现的新事物、新问题等。不管所选定的课题源于哪个方面,应当是关键性的、有一定预见性的问题;并且在选题中要处理好需要与可能的关系,所选择的课题应当是在现有的社会、经济技术条件下能够完成的。

(二)拟定分析提纲　确定了分析目的、选定了分析课题之后,接着就要拟定分析提纲,设计课题研究的计划。分析提纲是整个分析工作的行动过程的指导性规划,一般包括以下内容:分析研究的对象、内容;分析的目标、要求;从哪些方面进行分析,列出分析思路的大纲和细目;分析所需要的资料及其来源;资料取得的方式、方法;整个分析工作过程的实际步骤和分工。分析提纲确定以后,在实际分析研究中可以根据出现的新情况、新问题随时进行补充、修改。

(三)搜集、鉴别与整理资料　统计综合分析要以统计数据资料为基础,因此,课题选定之后,具体分析工作首先就是用各种方法调查、搜集足够丰富的、客观可靠的资料。统计资料的搜集,要围绕分析课题,按照分析提纲的要求来进行,并在搜集过程中注意将各种方法结合运用。资料是多方面的,包括日常积累的历史资料和专门搜集的新资料,本单位的及其与分析问题相关的外单位的资料,同行业国内外的先进水平的资料;有时还需要在分析中进行一些补充性的调查。

各种资料由于渠道不同,在总体范围、指标口径、计算方法等方面都会有差别,因此仅仅占有充分的资料还不够,有必要对所获得的资料进行审查和鉴别。包括:(1)鉴别资料的真伪,审查资料的准确性,特别是对通过抽样调查手段取得的资料;(2)审核资料的代表性及代表的范围有多大;(3)审核资料的可比性。尤其是在进行动态分析对比或空间横向比较分析时,须特别注意资料的范围、口径、所用价格及计算方法是否一致,各自条件如何。如果存在不一致的地方,应根据具体情况进行必要的调整、换算,方能进行对比,以免得出结论错误。

在对统计资料进行鉴别、审查之后,还要根据分析的目的及提纲的要求,对资料进行加工、整理。即对搜集的资料进行去粗取精、去伪存真、由表及里地加工处理和间接推算,从中筛选出分析研究所需要的有用资料,舍去与分析课题无关的资料;同时,把相互联系的资料整理汇总到一起,使之更加系统化、条理化,从而可以作为统计综合分析的直接依据。

(四)进行分析,得出结论　统计综合分析过程就是依据经过审查、鉴别和整理加工后的资料,运用各种方法进行认真、仔细的思考和系统周密的分析研究的过程。

面对大量的资料,统计分析人员要认识它、理解它、分析它,从中发现问题,形成初步的意见或观点,并找出原因,做出判断,得出结论。在分析过程中,要利用统计所特有的分析方法,诸如分组法、指数法、时间序列分析法、平衡分析法、抽样推断分析法。这些方法中既有描述方法,又有推断方法;既有静态分析,又有动态分析;既分析结构,又比较总量。因此,我们在综合分析时应该根据问题的需要,动用这些方法来分析事物之间的联系,考察事物的发展变化,研究事物之间的依存因果关系,并在分析的基础上进行综合思考,提出解决问题的建议。

(五)根据分析结果提出统计分析报告 统计综合分析结果的主要形式是写成书面的分析报告。它是统计综合分析的最后程序,集中体现研究的最终成果。分析报告一般包括以下几部分内容:(1)基本情况概述;(2)分析发现的问题及主要成绩;(3)问题产生的原因;(4)提出改进建议。撰写统计分析报告时,须注意紧扣主题,从分析现象总体的基本数量关系入手,结合有关情况和事实,进行科学的归纳、总结、推断和论证,做到有材料、有事例、有观点、有建议,中心突出,简明扼要;并注意逻辑层次清晰,观点和材料统一。

第三节 统计综合评价与统计综合分析中的比较法

统计比较的概念与意义

进行统计综合评价与综合分析时,通常使用统计比较的方法来研究事物之间的联系、结构和比例关系。这种逻辑思维的方法也是统计分析研究中常用的有效方法。所谓统计比较,是将统计指标所反映的实际规模水平与有关标准进行比较对照,计算出数量上的差别和变化,并在此基础上做出评价与判断。

人们运用统计比较这一方法来认识社会经济现象,其目的在于:

第一,从总体数量关系差别及变化中认识事物。一个单独的统计指标数值只能说明总体的实际数量状况,无法获得明确的及深刻的认识。经过比较则可以帮助我们做出评价与判断,因为比较是和一定的标准、一定的参照物相互进行对比,在这种对比中,通过考察总体数量的差别及变化,就可以得出若干结论性认识,并由此引发出需要研究与回答的问题。

第二,通过比较进行监督检查。将某一社会经济现象总体当前的发展状况同以原来的计划目标或有关政策规定的标准进行比较,看其是否符合要求,从而发挥统计比较在认识社会经济现象中的监督检查作用。比如中国对能源的消耗都制定了一定的定额标准,通过对企业在生产中实际消耗的能源与定额标准的比较,并据此做进一步的深入分析,可以检查企业对能源消耗标准的执行情况,找出差距及解决的办法。

第三,通过比较促进管理。监督检查也有促进作用,但统计比较对管理的促进作用比监督更广泛。差异的出现往往是由于管理不严或管理制度有缺陷,利用统计指标在各地区、各单位之间进行比较,在单位内部进行比较,能发现它们之间的差别,帮助提高管理水平。

统计比较的种类

统计比较可以从不同的角度划分种类,通常分为静态比较和动态比较、相对比较和相差比较、单项比较和综合比较。

(一)静态比较和动态比较　统计比较按其比较的时间状况不同可分为静态比较和动态比较两类。静态比较也叫横向比较,是同一时间(时期或时点)条件下不同总体间的数量比较,如不同地区的比较,不同部门的比较,实际完成情况和计划目标或规定标准的比较。动态比较也叫纵向比较,是同一统计指标不同时间上统计数值的比较,它反映所研究总体随历史发展发生的数量上的变化。依据统计分析的不同目的与需要,这两种统计比较方法既可以单独使用,也可以结合使用。数量比较的结果统称为比较指标,分别称为静态比较指标和动态比较指标。

(二)相对比较和相差比较　统计比较根据比较方式不同分为相对比较和相差比较。相对比较是将比较对象的指标数值和比较标准对比,比较的结果表现为相对数,如倍数、系数、百分数、成数。相对比较也称为相除比较,比较结果表明静态差别的比率或动态变化的程度。相差比较是将比较对象和比较标准相减而进行的,相减结果表明两者相差的绝对量。因此,相对比较表现为相对指标,相差比较表现为绝对量指标,两者是不一样的,在实际比较工作中,通常将相对比较和相差比较两种方式结合起来使用,使人们对事物的认识更加全面和完整。

(三)单项比较和综合比较　统计比较按说明的对象范围不同可分为单项(局部)比较和综合比较两类。单项(局部)比较是指比较总体现象的某一方面、某一局部,依比较要求的不同,它可以是单独一项统计指标,也可以将反映某一方面、某一局部的若干指标联系起来进行分析研究。综合比较是指对整个总体或若干方面的全面评价与分析,亦即综合评价。例如,国与国之间综合国力的全面评价与比较,一国社会经济发展情况的综合评价与分析,微观方面的同类企业经济效益综合考察与评价,某项产品质量的综合评价和比较。

横向统计比较

前面各章,尤其是综合指标、统计指数、时间数列分析等章很详细地阐述了统计比较方法论。这里对在统计综合分析和统计综合评价中常用的空间比较(横向比较)方法做补充说明。

上面说过,统计比较,是统计指标所反映的实际水平(绝对水平、相对水平或平均水平)与有关标准进行比较对照,确定数量上的差别和变化,并在此基础上做出评价和判断。统计比较中的横向比较,是同一时间(时期或时点)条件下不同空间场合指标的比较,它是第四章中相对指标中的比较相对数。对于"复杂现象总体",可称为横比指数、区域指数、静态指数、空间指数。国与国之间的对比称为国际指数。下面举例说明横向比较中双边比较与多边比较方法的不同。

(一)双边比较必须满足可逆性要求

例1 某公司在两地销售几种产品的市场行情如表9-5所示(记为A地区、B地区),试计算价格地区指数。

表9-5 价格地区指数计算

商品种类	价格(元/千克)		销售量(万千克)		销售额(万元)			
	A地区 p_A	B地区 p_B	A地区 q_A	B地区 q_B	$p_A q_A$	$p_B q_A$	$p_B q_B$	$p_A q_B$
(甲)	(1)	(2)	(3)	(4)	(5)	(6)	(7)	(8)
甲	4.0	5.0	30	20.0	12.0	150.0	100.0	80.00
乙	3.0	2.0	10	30.0	30.0	20.0	60.00	90.00
丙	2.5	2.5	3	3.5	7.5	7.5	8.75	8.75
合计	—	—	—	—	157.5	177.5	168.75	178.75

表中,(1)~(4)为原始资料,(5)~(8)为计算过程的资料。横比指数与纵比指数编制原理基本相同。要点是比较方为报告期,被比较方为基期。

价格地区指数按帕氏公式计算:

A地区与B地区对比 $I_{p,A/B} = \dfrac{\sum p_A q_A}{\sum p_B q_A} = \dfrac{157.5}{177.5} = 88.7\%$

B地区与A地区对比 $I_{p,B/A} = \dfrac{\sum p_B q_B}{\sum p_A q_B} = \dfrac{168.75}{178.75} = 94.4\%$

从上面看出,两个价格地区指数不存在互为倒数的关系,且按不同比较基准所编制的价格地区指数小于100%,经不起逻辑检查。

价格地区指数按拉氏公式计算:

A 地区与 B 地区对比 $I_{p,A/B}=\dfrac{\sum p_A q_B}{\sum p_B q_B}=\dfrac{178.75}{168.75}=105.9\%$

B 地区与 A 地区对比 $I_{p,B/A}=\dfrac{\sum p_B q_A}{\sum p_A q_A}=\dfrac{177.5}{157.5}=112.7\%$

正、逆两指数均超过 100%，脱离实际。产生这种矛盾现象的原因是：两方销售量构成存在显著差异。

解决的办法：以两地物量指标的平均数为权数的形式计算（效仿马埃指数的计算）：

$$I_{p,A/B}=\dfrac{\sum p_A\left(\dfrac{p_A+q_B}{2}\right)}{\sum p_B\left(\dfrac{p_A+q_B}{2}\right)_B}=\dfrac{\sum p_A(q_A+q_B)}{\sum p_B(q_A+q_B)}=\dfrac{336.25}{346.25}=97\%$$

以不同地区的物量为权数按帕氏和拉氏公式求几何平均数（效仿费歇尔理想公式）：

$$I_{p,A/B}=\left(\dfrac{\sum p_A q_A}{\sum p_B q_A}\cdot\dfrac{\sum p_A q_B}{\sum p_B q_B}\right)^{\frac{1}{2}}=\left(\dfrac{157.5}{177.5}\times\dfrac{178.75}{168.75}\right)^{\frac{1}{2}}=96.9\%$$

$$I_{p,B/A}=\left(\dfrac{\sum p_B q_B}{\sum p_A q_B}\cdot\dfrac{\sum p_B q_A}{\sum p_A q_A}\right)^{\frac{1}{2}}=\left(\dfrac{168.75}{178.75}\times\dfrac{177.5}{157.5}\right)^{\frac{1}{2}}=103.1\%$$

以上两种办法能解决可逆性的问题。

例 2 A、B 地区各部门工业产品产量对比及产量构成的数据如表 9-6 所示，试计算整个采掘工业部门区域性指数。

表 9-6 产品部门区域性指数计算

部门	产量区域性指数（A 地区同 B 地区比较）	产量的结构（%）		
		A 地区 $W_A=\dfrac{p_A q_A}{\sum p_A q_A}$	B 地区 $W_B=\dfrac{p_B q_B}{\sum p_B q_B}$	平均 $W=\dfrac{1}{2}(W_A+W_B)$
I	1.02	14	9	12
II	0.60	65	70	67
III	0.80	3	3	3
IV	0.65	18	18	18
合计		100	100	100

A 地区对 B 地区按拉氏公式编制：

$$I_{q,\text{A/B}} = \frac{\sum \frac{q_\text{A}}{p_\text{B}} W}{\sum W} = \frac{1.02 \times 14 + 0.6 \times 65 + 0.8 \times 3 + 0.65 \times 18}{100}$$

$$= 0.674$$

A 地区对 B 地区按帕氏公式编制：

$$I_{q,\text{A/B}} = \frac{\sum W_\text{A}}{\sum \frac{q_\text{B}}{q_\text{A}} W_\text{A}} = \frac{100}{\frac{1}{1.02} \times 14 + \frac{1}{0.6} \times 65 + \frac{1}{0.8} \times 3 + \frac{1}{0.65} \times 18}$$

$$= 1.535$$

B 地区对 A 地区按拉氏公式编制：

$$I_{q,\text{B/A}} = \frac{\sum \frac{q_\text{B}}{q_\text{A}} W_\text{A}}{\sum W_\text{A}} = \frac{\frac{1}{1.02} \times 14 + \frac{1}{0.6} \times 65 + \frac{1}{0.8} \times 3 + \frac{1}{0.65} \times 18}{100}$$

$$= 0.651$$

B 地区对 A 地区按帕氏公式编制：

$$I_{q,\text{B/A}} = \frac{\sum W_\text{B}}{\sum \frac{q_\text{A}}{q_\text{B}} W_\text{B}} = \frac{100}{1.02 \times 9 + 0.6 \times 70 + 0.8 \times 3 + 0.65 \times 18}$$

$$= 1.532$$

由此可见，由于两地各个部门产量结构状况很相似，所以计算的区域性指数基本上可以互为倒数（可逆的），因而是正确的。如果按照平均结构来进行计算，也差不多可以获得同样的结论。

（二）多边比较必须满足传递性要求

例3 某公司在 A、B、C、D 四个市场销售几种商品，市场的行情如表9-7所示：

表9-7 多边比较下商品销售情况

商品种类	价格(元/千克)				销售量(万千克)				
	P_A	P_B	P_C	P_D	Q_A	Q_B	Q_C	Q_D	
（甲）	(1)	(2)	(3)	(4)	(5)	(6)	(7)	(8)	(9)
甲	4.0	5.0	5.5	5.6	30	20	15	25	90
乙	3.0	2.0	2.5	2.2	10	30	20	15	75
丙	2.5	2.5	3.0	2.8	3	4	4	5	16

要分析每一种商品的价格和销售量在各个市场的差异，借助相对比较和

相差比较,即可一目了然。要分析这三种商品价格和销售量在地区之间的综合差异,就要借助指数法编制区域指数。下面只就价格进行比较分析。

比较分析时,可以任选一个地区的价格作为比较标准(这里选 A),则有:

$$P_B - P_A, P_C - P_A, P_D - P_A$$

$$\frac{P_B}{P_A}, \frac{P_C}{P_A}, \frac{P_D}{P_A}$$

在这里,每一种商品都可以通过循环测验,满足传递性的要求——相互连接的指数之间能连续传递:

$$\frac{P_A}{P_B} \cdot \frac{P_B}{P_C} \cdot \frac{P_C}{P_D} = \frac{P_A}{P_D}$$

或

$$\frac{P_A}{P_B} \cdot \frac{P_B}{P_C} \cdot \frac{P_C}{P_D} \cdot \frac{P_D}{P_A} = 1$$

现以甲商品价格数据代入:

$$\frac{4}{5} \times \frac{5}{5.5} \times \frac{5.5}{5.6} \times \frac{5.6}{4} = 0.8 \times 0.9 \times 0.98 \times 1.4 = 1$$

要综合反映这三种商品在 4 个不同市场上价格的差距,关键在于所构造设计的横比指数能否通过循环测验,以满足多边对比时的传递性要求。我们记 $\frac{P_A}{P_B}, \frac{P_B}{P_C}$ 等为横比指数,满足循环测验的要求,应是:

$$\frac{P_A}{P_B} \cdot \frac{P_B}{P_C} \cdot \frac{P_C}{P_D} = \frac{P_A}{P_D}$$

人们倾向于以某种平均性质的理论价格作为固定基准价格,然后用所有各个"单位"(价格所依附的空间场合)的物价水平与之对比,在这个基础上编制出多边对比横比指数,可以通过循环测验。

以上面的例子来说,就是计算各类商品在不同地区销售价格的平均值,作为固定的比较基准价:

$$\overline{P_i} = \frac{\sum P_i Q_i}{\sum Q_i}$$

甲商品 $\overline{P_1} = \frac{\sum P_1 Q_1}{\sum Q_1}$

$$= \frac{4 \times 30 + 5 \times 20 + 5.5 \times 15 + 5.6 \times 25}{90} = 4.92$$

乙商品 $\overline{P_2} = \frac{\sum P_2 Q_2}{\sum Q_2}$

$$= \frac{3\times10+2\times30+2.5\times20+2.2\times15}{75}=2.31$$

丙商品 $\overline{P_3}=\frac{\sum P_3 Q_3}{\sum Q_3}$

$$=\frac{2.5\times3+2.5\times4+3\times4+2.8\times5}{16}=2.72$$

据以计算固定基准价格指数如下：

(A) $\dfrac{\sum P_A Q_A}{\sum \overline{P_i} Q_A} = \dfrac{4\times30+3\times10+2.5\times3}{4.92\times30+2.31\times10+2.72\times3}$

$$=\frac{157.5}{178.86}=0.88$$

(B) $\dfrac{\sum P_B Q_B}{\sum \overline{P_i} Q_B} = \dfrac{5\times20+2\times30+2.5\times4}{4.92\times20+2.31\times30+2.72\times4}$

$$=\frac{170}{178.58}=0.95$$

(C) $\dfrac{\sum P_C Q_C}{\sum \overline{P_i} Q_C} = \dfrac{5.5\times15+2.5\times20+3\times4}{4.92\times15+2.31\times20+2.72\times4}$

$$=\frac{144.5}{130.88}=1.104$$

(D) $\dfrac{\sum P_D Q_D}{\sum \overline{P_i} Q_D} = \dfrac{5.6\times25+2.2\times15+2.8\times5}{4.92\times14+2.31\times20+2.72\times5}$

$$=\frac{187}{171.25}=1.09$$

至此，可以任取两方对比，形成多边价格对比的指数数列，我们仅列举相连接的几个横比指数如下：

$\dfrac{P_A}{P_B}=\dfrac{\sum P_A Q_A}{\sum \overline{P_i} Q_A} : \dfrac{\sum P_B Q_B}{\sum \overline{P_i} Q_B}=0.88:0.95=0.93$

$\dfrac{P_B}{P_C}=\dfrac{\sum P_B Q_B}{\sum \overline{P_i} Q_B} : \dfrac{\sum P_C Q_C}{\sum \overline{P_i} Q_C}=0.95:1.104=0.86$

$\dfrac{P_C}{P_D}=\dfrac{\sum P_C Q_C}{\sum \overline{P_i} Q_C} : \dfrac{\sum P_D Q_D}{\sum \overline{P_i} Q_D}=1.104:1.09=1.01$

它能满足循环测验的要求：

$$\frac{P_A}{P_B}\cdot\frac{P_B}{P_C}\cdot\frac{P_C}{P_D}\cdot\frac{P_D}{P_A}=1$$

即 $\dfrac{0.88}{0.95} \times \dfrac{0.95}{1.1} \times \dfrac{1.1}{1.09} \times \dfrac{1.09}{0.88} = 0.93 \times 0.86 \times 1.01 \times 1.24 = 1$

显然,这种方法编制的横比指数在进行多边比较时,也可满足可逆性的要求。

国际比较中的综合购买力平价

人们普遍认为汇率不能充分反映两种货币币值的对比关系。联合国统计局、世界银行等组织主持了国际比较项目(International Comparison Program,ICP)的研究,以购买力平价(Purchasing Power Parity,PPP)代替汇率。所谓购买力平价,就是两种货币对于一定数量的商品或劳务的购买力之比,亦即两种货币购买相同数量和质量商品时的价格之比。举例来说,购买同等数量和质量的某商品,在中国花了40元人民币,在美国花了20美元,则对这一商品来说,人民币与美元购买力平价是2∶1,亦即对该商品来说,2元人民币的购买力等于1美元的购买力。按某种商品或某类商品计算的购买力平价,称为一种商品或一类商品的购买力平价,而整个国家的购买力平价则是指国内生产总值所包括的所有各类商品和劳务在内的综合购买力平价。可见,购买力平价是比较相对数,或者说属于横向比较的区域性指数。它的计算也是按照指数编制的一般方法论。

进行这一项国际比较工作要分几个步骤:

第一,对商品和劳务进行统一的分类。例如,国民总支出分为居民消费支出、总资本形成、公共消费支出三大类。然后在这个基础上,再将各大类商品和劳务分为若干小类,例如居民消费支出大类再分为食品、衣着、房租、医疗、交通、文化娱乐等小类,总资本形成大类再分为建筑物、生产设备以及其他耐用品等小类,公共消费支出大类再分为雇员报酬、商品支出等小类。

第二,选择代表规格品。从各小类商品和劳务中选择代表规格品,一是要注意所选的商品在本类中有充分的代表性,二是要注意所选的商品和劳务在不同的国家有充分的共同性。这样才能保证求得的商品和劳务比价是在同质同量的基础上的价格关系。

第三,计算各大类的平均购买力平价。即收集小类各代表品的比价连乘,求其简单几何平均平价。公式为:

$$\left(\dfrac{P_A}{P_B}\right)_i = \left[\prod \left(\dfrac{P_{Aj}}{P_{Bj}}\right)\right]^{\frac{1}{m}} (j=1,2,\cdots,m) \tag{9-4}$$

式中,i 代表支出类别,A、B 分别为相互比较的两个国家,$\left(\dfrac{P_A}{P_B}\right)_i$ 代表第

i 类 A 国对 B 国的平均价格比值,P_{Aj} 为 A 国 j 商品劳务按本国货币表示的价格,P_{Bj} 为 B 国 j 商品劳务按本国货币表示的价格,m 表示 i 类中的代表规格品个数。

各类平均比价采用简单几何平均的方法,这时它满足传递性的要求,即有:

$$\frac{P_A}{P_B}=\frac{P_A}{P_C}\cdot\frac{P_C}{P_B} \tag{9-5}$$

第四,计算两国之间的综合货币购买力平价。将求得的所有 i 类购买力平价进行加权平均就可以得到两国之间综合货币购买力平价。不过由于所用的权数不同,其平均结果也有所不同。如果以基准国的人均支出额比重为权数,应该采用加权算术平均数方法求综合购买力平价。即:

$$\left(\frac{P_A}{P_B}\right)_B=\sum_{i=1}^{n}\left(\frac{P_A}{P_B}\right)_i\cdot W_{Bi}$$

$$W_{Bi}=\frac{e_{Bi}}{\sum_{i=1}^{n}e_{Bi}}(i=1,2,\cdots,n) \tag{9-6}$$

式中:$\left(\frac{P_A}{P_B}\right)_B$ 表示以 B 国人均支出额比重 W_{Bi} 为权数的平均购买力平价,e_{Bi} 代表 B 国第 i 类商品的人均支出总额,$\sum_{i=1}^{n}e_{Bi}$ 则代表 B 国各类商品人均支出额总和。这意味着权数固定在基期上,所以说它是按拉氏公式编制的购买力平价。

如果以比较国 A 的人均支出额比重为权数,则应该采用加权调和平均数方法求购买力平价。即:

$$\left(\frac{P_A}{P_B}\right)_A=\frac{1}{\sum_{i=1}^{n}\left(\frac{P_B}{P_A}\right)_i\cdot W_{Ai}}$$

$$W_{Ai}=\frac{e_{Ai}}{\sum_{i=1}^{n}e_{Ai}} \tag{9-7}$$

式中:$\left(\frac{P_A}{P_B}\right)_A$ 表示以 A 国人均支出额比重 W_{Ai} 为权数的平均购买力平价,e_{Bi} 代表 A 国第 i 类商品的人均支出额,$\sum_{i=1}^{n}e_{Ai}$ 则代表 A 国各类商品人均支出额总和。这意味着权数固定在报告期上,所以说它是按帕氏公式编制的购买力平价。

在国际对比中应该兼顾 A、B 两国的消费支出结构,同时反映权数的影响。我们运用费歇尔理想指数公式,将两种综合购买力平价连乘,求几何平均,即得到我们所要求的两国货币购买力平价,作为货币转换系数。即:

$$\frac{P_A}{P_B} = \left[\left(\frac{P_A}{P_B}\right)_A \cdot \left(\frac{P_A}{P_B}\right)_B\right]^{\frac{1}{2}} \tag{9-8}$$

现在举例说明。假设 A、B 两国各项比较的基础数据如表 9-8 所示。

表 9-8　A、B 两国的消费基础数据

支出类别		价格 P_A（币种）	人均支出额 $q_A p_A$		价格 p_B（币种）	人均支出额 $q_B p_B$	
			绝对数	比重		绝对数	比重
I	1	5	1 440	0.6	2.2	600	0.3
	2	8			4.5		
II	1	12	960	0.4	5.0	1 400	0.7
	2	25			10.0		
	3	40			20.0		

第一步,计算 I、II 类平均价格比值:

$$\left(\frac{P_A}{P_B}\right)_I = \left[\prod_{j=1}^{2}\left(\frac{P_{Aj}}{P_{Bj}}\right)\right]^{\frac{1}{2}} = \left(\frac{5}{2.2} \times \frac{8}{4.5}\right)^{\frac{1}{2}} = 2.01$$

$$\left(\frac{P_A}{P_B}\right)_{II} = \left[\prod_{j=1}^{3}\left(\frac{P_{Aj}}{P_{Bj}}\right)\right]^{\frac{1}{3}} = \left(\frac{12}{5} \times \frac{25}{10} \times \frac{40}{20}\right)^{\frac{1}{3}} = 2.29$$

第二步,计算 A、B 两国货币综合购买力平价:

$$\left(\frac{P_A}{P_B}\right)_B = \frac{1}{\sum_{i=1}^{n}\left(\frac{P_B}{P_A}\right)_i \cdot W_{Ai}} = \frac{1}{\frac{1}{2.01} \times 0.06 + \frac{1}{2.29} \times 0.4} = 2.113$$

$$\left(\frac{P_A}{P_B}\right)_B = \sum_{i=1}^{n}\left(\frac{P_A}{P_B}\right)_i \cdot W_{Bi} = 2.01 \times 0.3 + 2.29 \times 0.7 = 2.206$$

$$\frac{P_A}{P_B} = \left[\left(\frac{P_A}{P_B}\right)_A \cdot \left(\frac{P_A}{P_B}\right)_B\right]^{\frac{1}{2}} = (2.113 \times 2.206)^{\frac{1}{2}} = 2.16$$

计算表明,B 国每单位货币的购买力相当于 A 国 2.16 单位货币的购买力,因而两国人均消费支出扣除价格因素变动,实际比值应为:

$$\frac{\sum q_A p_A}{\sum q_B p_B} \div \left(\frac{P_A}{P_B}\right) = \frac{1\,440 + 960}{600 + 1\,400} \div 2.16 = 55.6\%$$

即 A 国实际的人均支出水平仅为 B 国的 55.6%。

从理论上说,购买力平价消除了各国人均国民支出在价格上的差异,将它作为货币转换系数是比较合理的。但是购买力平价的计算需要十分详细的国民核算和价格统计资料,而且各国社会经济发展水平不同,传统文化习惯迥异,为确保不同国家价格的可比性,需要对商品和服务进行严格的质量差异调整,这是难度很大的工作,做不好必然会出现很大的偏差。所以这种方法难以推广使用。

我们说统计比较是综合分析常用的方法,而从所阐明的内容来看,它也是综合评价的一种重要方法,并且在实践中广泛使用。

思考与练习

1. 什么是统计综合评价？它有什么特点？
2. 统计综合评价的基本过程是什么？
3. 什么是综合评分法、功效系数法、平均指数法？比较三者的优劣。
4. 什么是综合国力评价？综合国力评价的关键是什么？
5. 什么叫统计综合分析？它有哪些特点？
6. 统计综合分析的基本过程有哪几个步骤？
7. 什么叫统计比较？进行统计比较的目的是什么？
8. 统计比较可分为哪些种类？
9. 什么是国际统计比较？有何意义？
10. 什么叫购买力平价？其优缺点有哪些？
11. 某校根据制定的教师教学质量评价体系,请 100 名学生对某教师评分(百分法),所得结果的分组资料如下:

评价指标	得票数					权数
	100 分	80 分	60 分	40 分	20 分	
教学态度	50	10	20	20	0	0.20
教学内容	45	25	10	15	5	0.25
教学方法	30	30	15	10	15	0.25
学生能力培养	35	20	25	10	10	0.30

要求:计算该教师的综合平均得分。

12. 设某地区某年有如下国民经济统计资料:生产总值160亿元,利税总额82亿元,社会总成本200亿元,年平均职工人数180万人,固定资产平均净值58亿元,定额流动资金平均余额50亿元。现计算其各项经济效果指标如下:

社会劳动生产率 $=\dfrac{160}{180}=0.8889$(亿元/万人)$=8889$(元/人)

总成本产值率 $=\dfrac{160}{200}=0.8$,即 80(元/百元)

总成本利税率 $=\dfrac{82}{200}=0.41$,即 41(元/百元)

资金产值率 $=\dfrac{160}{58+50}=1.4815$,即 148.15(元/百元)

资金利税率 $=\dfrac{82}{58+50}=0.7593$,即 75.93(元/百元)

人均创利税额 $=\dfrac{82}{180}=0.4556$,即 4556(元/人)

假设各个经济效果指标的满意值、不允许值及权数如下:

指标	满意值	不允许值	权数
社会劳动生产率(元/人)	10 000	8 000	30
总成本产值率(%)	90	75	10
总成本利税率(%)	54	40	20
资金产值率(%)	160	140	20
资金利税率(%)	78	70	10
人均创利税额(元/人)	5 000	4 000	10

试计算各指标功效系数和总功效系数,以反映综合经济效果。

13. 甲、乙、丙三个地区 2015 年的经济效率基础指标资料如下:

效益指标	计量单位	地区			满意值	不允许值	权数(%)
		甲地区	乙地区	丙地区			
主要工业产品质量稳定提高率	%	75	85	60	100	50	20
百元总产值利税额	元	25	28	13	35	15	30
可比产品成本降低率	%	3	2	−1	5	0	10
全员劳动生产率	千元	9	12	6	15	5	20
每万元产值能耗	吨标煤	45	25	18	6	40	20

计算各地区经济效益的总功效系数,并比较分析。

14. 下面是某企业 2015 年若干经济效益指标实际完成情况及各指标历史最好水平资料,试计算该企业 2015 年经济效益的平均指数值(以历史最好水平为比较基准)。

指标	计量单位	权数(%)	2015 年实际值	历史最好水平
全员劳动生产率	元/人	30	18 000	20 000
生产能力利用率	%	20	95	98
原材料利用率	%	20	90	95
万元产值能耗	吨标煤	30	8	6

15. 甲、乙两个研究与开发机构有关评价指标的个体指数及相应权数资料如下,试计算甲、乙两机构的研究与开发能力(用平均指数法)。

评价指标	计量单位	甲机构个体指数	乙机构个体指数	权数(%)
技术人员占职工比重	%	110	108	10
课题完成率	%	80	90	25
成果推广率	%	60	80	20
人均发表论文字数	万字	120	130	5
人均技术性收入	千元	115	110	40

16. 今有两个地区相关工业部门的有关资料如下:

	每个工人平均产量(万元)		工人人数结构(%)		
	第一地区	第二地区	第一地区	第二地区	两个地区平均
甲部门	25	30	20	60	40
乙部门	60	80	80	40	60
平均	53	50	—	—	—

试计算第一地区每个工人平均产量同第二地区比较的区域性指数,确定两地相关部门劳动效率的差距。

17. 某县城 2017 年 1 月份的房地产销售情况如下：

	一区			二区			三区		
	销售套数(套)	销售面积(米²)	均价(元/米²)	销售套数(套)	销售面积(米²)	均价(元/米²)	销售套数(套)	销售面积(米²)	均价(元/米²)
别墅	10	3 523	9 545	5	1 870	7 874	6	1 302	3 463
住宅	898	112 317	4 523	353	37 995	3 900	117	14 005	2 284
商场	188	33 499	8 308	95	7 376	6 700	41	2 412	3 368
写字楼	26	4 078	4 058	9	2 281	5 033	0	0	0
车库	153	10 139	2 247	14	2 155	2 050	9	190	2 005
厂房	0	0	0	1	212	165	0	0	0
合计	1 275	163 556		477	51 889		173	17 909	

	四区			五区			六区		
	销售套数(套)	销售面积(米²)	均价(元/米²)	销售套数(套)	销售面积(米²)	均价(元/米²)	销售套数(套)	销售面积(米²)	均价(元/米²)
别墅	6	1 178	5 155	4	793	3 153	31	8 666	7 089
住宅	146	15 873	2 282	184	22 794	1 650	1 698	202 984	3 754
商场	17	4 379	2 140	99	9 260	4 099	440	56 926	6 731
写字楼	1	1 166	1 420	0	0	0	36	7 525	3 945
车库	0	0	0	16	382	2 974	192	12 866	2 232
厂房	0	0	0	0	0	0	1	212	165
合计	170	22 596		303	33 229		2 398	289 179	

根据上述资料，并以各类商品房的全市综合平均价作为固定基准价，试计算：

(1) 各区固定基准价格指数；

(2) 横比指数；

(3) 进行售价水平的多边比较，给出各地售价排序。

附录一 调查表格

一、第六次全国人口普查表短表

[This is a census form image containing the short form for the 6th National Population Census of China. The form includes the following fields:]

经国务院批准进行第六次全国人口普查。
人口普查的标准时点为2010年11月1日0时。
公民应履行如实申报普查项目的义务，仅供汇总使用。

表　号：R 6 0 5 表
制定机关：国务院第六次全国人口普查办公室
批准文号：国统制〔2009〕23号
有效期至：2010年12月

本户地址和地址码： _____ 省（区、市）_____ 县（区、市）_____ 乡、镇、街道 _____ 普查区 _____ 普查小区 _____ 建筑物编号

- H1. 户编号 □□□□
- H2. 户别：1. 家庭户 2. 集体户 □
- H3. 本户应登记人数：
  - 2010年10月31日晚居住本户的人数 _____ 人
  - 户口在本户，2010年10月31日晚未住本户的人数 _____ 人
- H4. 2009.11.1 – 2010.10.31 出生人口：男 ____ 人 女 ____ 人；死亡人口：男 ____ 人 女 ____ 人
- H5. 本户住房建筑面积 _____ 平方米
- H6. 本户住房间数 _____ 间

每个人都要填报

R1. 姓名	
R2. 与户主关系	0. 户主 1. 配偶 2. 子女 3. 父母 4. 岳父母或公婆 5. 祖父母 6. 孙子女 7. 兄弟姐妹 8. 其他亲属 9. 其他
R3. 性别	1. 男 2. 女
R4. 出生年月	出生于 ____ 年 ____ 月
R5. 民族	_____ 族
R6. 普查时点居住地	1. 本普查小区 2. 本村(居)委会其他普查小区 3. 本乡(镇、街道)其他村(居)委会 4. 本县(市、区)其他乡(镇、街道) 5. 其他县(市、区)，请填写下面地址 6. 港澳台或国外
R7. 户口登记地	1. 本村(居)委会 2. 本乡(镇、街道)其他村(居)委会 3. 本县(市、区)其他乡(镇、街道) 4. 其他县(市、区)，请填写下面地址 5. 户口待定 → R11 6. 港澳台或国外
R8. 离开户口登记地时间	1. 没有离开 → R10 2. 登记地以下 3. 半年至一年 4. 一年至二年 5. 二年至三年 6. 三年至四年 7. 四年至五年 8. 五年至六年 9. 六年以上
R9. 离开户口登记地原因	1. 务工经商 2. 工作调动 3. 学习培训 4. 随迁家属 5. 投亲靠友 6. 拆迁搬家 7. 寄挂户口 8. 婚姻嫁娶 9. 其他
R10. 户口性质	1. 农业 2. 非农业
R11. 是否识字	1. 是 2. 否 (6周岁及以上（2004年10月31日以前出生）的人填报)
R12. 受教育程度	1. 未上过学 2. 小学 3. 初中 4. 高中 5. 大学专科 6. 大学本科 7. 研究生

（超过5人的户，从第2张普查表起，户记表只填写"H1.户编号"）

二、生产经营景气状况

表　号：B 2 1 0 表
制定机关：国　家　统　计　局
文　号：国统字(2016)125号
有效期至：2018年1月

组织机构代码 □□□□□□□□-□
统一社会信用代码 □□□□□□□□□□□□□□□□□□
单位详细名称：

2017年　　季

		①	②	③	④
99	企业当前生产状态：	①正常生产 □	②半停产 □	③停产 □	④关闭破产 □

一、景气状况判断

01	您对本季度本行业总体运行状况的看法	①乐观 □	②一般 □	③不乐观 □
02	您对下季度本行业总体运行状况的预测	①乐观 □	②一般 □	③不乐观 □
03	本季度企业综合经营状况	①良好 □	②一般 □	③不佳 □
04	预计下季度企业综合经营状况	①良好 □	②一般 □	③不佳 □
05	预计下季度企业生产增速与本季度相比	①加快 □	②持平 □	③减缓 □

二、生产能力利用情况

06	本季度企业主要产品生产能力发挥程度	①高于正常水平 □	②处于正常水平 □	③低于正常水平 □
07	本季度企业主要产品生产能力利用率大约是_____%			
08	如果本季度企业生产能力没有充分发挥，主要原因是（可多选，最多选3项。若选①，则不应选其他项） ①产品需求减少、订单不足 □　②产品价格过低 □　③产品竞争力紧张 □ ④设备检修、调试或搬迁 □　⑤劳动力供应不足、技能欠缺 □　⑥资金紧张 □ ⑦产成品存货过多 □　⑧季节性减产 □　⑨政策性限产 □ ⑩其他（请注明）_____ ⑪生产能力得到充分发挥 □			
09	本季度企业生产能力与上季度相比	①增加 □	②不变 □	③减少 □

续表

三、企业盈利与资金情况

10	本季度盈利比上季度（如选②，亏损减少，扭亏为盈，跳过问题11）	①增加（盈利增加，亏损减少，扭亏为盈）□ ②持平 □ ③减少（盈利减少，亏损增加，盈转亏）□
11	本季度利润变动的主要影响因素	①业务量 □ ②税费 □ ③成本费用 □ ④销售价格 □ ⑤其他 □
12	本季度税费负担比上季度	①上升 □ ②基本持平 □ ③下降 □
13	本季度资金周转情况（如选②或③，跳过问题14）	①资金紧张 □ ②基本正常 □ ③资金充裕 □
14	本季度资金紧张的主要原因（可多选，最多选3项）	①融资成本高 □ ②融资难 □ ③存货资金占用较多 □ ④货款回笼慢 □ ⑤工资等刚性支出较多 □ ⑥扩大再生产、基建投资 □ ⑦投资金融性资产 □ ⑧其他（请注明）_____

四、企业投资情况

15	本季度企业是否有投资？	①是 □ ②否 □
16	如果有投资，主要投资方向（可多选，最多选3项）	①新产品开发 □ ②设备升级改造 □ ③扩大生产规模 □ ④节能环保投入 □ ⑤产业转型投资 □ ⑥海外投资 □ ⑦金融性资产 □ ⑧其他（请注明）_____

续表

17	如果没有投资，主要原因是（可多选，最多选3项） ①资金不足 □　②未来预期不乐观 □　③投资效益低 □ ④没有好项目 □　⑤科技和人才支撑不足 □　⑥其他（请注明）_____	
18	下季度企业固定资产投资计划比本季度　①增加 □　②持平 □　③减少 □	

五、企业订单和用工情况

19	本季度企业接到的产品订货量（没有订货的估计产品需求情况） ①高于正常水平 □　②处于正常水平 □　③低于正常水平 □	
20	其中：产品出口货量　①高于正常水平 □　②处于正常水平 □　③低于正常水平 □　④产品无出口 □	
21	本季度用工需求比上季度　①上升 □　②基本持平 □　③下降 □	
22	预计下季度企业用工计划比本季度　①增加 □　②持平 □　③减少 □	
23	目前企业是否有"机器换人"情况　①是 □　②否 □	

六、生产经营问题

24	本季度企业生产经营中的主要问题是（可多选，最多选3项。若选⑩，则不应选其他项） ①资金紧张 □　②产品价格过低 □　③招工难 □ ④用工成本上升 □　⑤库存积压 □　⑥产品需求不足 □ ⑦税费负担较重 □　⑧汇率变动 □　⑨其他问题（请注明）_____ ⑩基本无问题 □	

七、相关政策落实情况

*25	今年以来企业是否受益于相关政策的帮助和支持　①是 □　②否 □	
*26	今年以来企业受益的政策措施有哪些（可多选，最多选3项。若选⑧，则不应选其他项） ①简政放权 □　②创新支持 □　③减税降费 □ ④降息或降低融资成本 □　⑤化解过剩产能 □　⑥促进外贸稳定增长政策 □ ⑦其他（请注明）_____　⑧没有得到政策支持 □	
*27	您认为国家哪些政策还有待改进：_____	

附录二 随机数表

39 65 76 45 45	19 90 69 64 61	20 26 36 31 62	58 24 97 14 97	95 06 70 99 00
73 71 23 70 90	65 97 60 12 11	31 56 34 19 19	47 83 75 51 33	30 62 38 20 46
72 20 47 33 84	51 67 47 97 19	98 40 07 17 66	23 05 09 51 80	59 78 11 52 49
75 17 25 69 17	17 95 21 78 58	24 33 45 77 48	69 81 84 09 29	93 22 70 45 80
37 48 79 88 74	63 52 06 34 30	01 31 60 10 27	35 07 79 71 53	28 99 52 01 41
02 89 08 16 94	85 53 83 29 95	56 27 09 24 43	21 78 55 09 82	72 61 88 73 61
87 18 15 70 07	37 79 49 12 38	48 13 93 55 96	41 92 45 71 51	09 18 25 58 94
98 83 71 70 15	89 09 39 59 24	00 06 41 41 20	14 36 59 25 47	54 45 17 24 89
10 08 58 07 04	76 62 16 48 68	58 76 17 14 86	59 53 11 52 21	66 04 18 72 87
47 90 56 37 31	71 82 13 50 41	27 55 10 24 92	28 04 67 53 44	95 23 00 84 47
93 05 31 03 07	34 18 04 52 35	74 13 39 35 22	68 95 23 92 35	36 63 70 35 33
21 89 11 47 99	11 20 99 45 18	76 51 94 84 86	13 79 93 37 55	98 16 04 41 67
95 18 94 06 97	27 37 83 28 71	79 57 95 13 91	09 61 87 25 21	56 20 11 32 44
97 08 31 55 73	10 65 81 92 59	77 31 61 95 46	20 44 90 32 64	26 99 76 75 63
69 26 88 86 13	59 71 74 17 32	48 38 75 93 29	73 37 32 04 05	60 82 29 20 25
41 47 10 25 03	87 63 93 95 17	81 83 83 04 49	77 45 85 50 51	79 88 01 97 30
91 94 14 63 62	08 61 74 51 69	92 79 43 89 79	29 18 94 51 23	14 85 11 47 23
80 06 54 18 47	08 52 85 08 40	48 40 35 94 22	72 65 71 08 86	50 03 42 99 36
67 72 77 63 99	89 85 84 46 06	64 71 06 21 66	89 37 20 70 01	61 65 70 22 12
59 40 24 13 75	42 29 72 23 19	06 94 76 10 08	81 30 15 39 14	81 83 17 16 33
63 62 06 34 41	79 53 36 02 95	94 61 09 43 62	20 21 14 68 86	94 95 48 46 45
78 47 23 53 90	79 93 96 38 63	34 85 52 05 09	85 43 01 72 73	14 93 87 81 40
87 68 62 15 43	97 48 72 66 48	53 16 71 13 81	59 97 50 99 52	24 62 20 42 31
47 60 92 10 77	26 97 05 73 51	88 46 38 03 58	72 68 49 29 31	75 70 16 08 24
56 88 87 59 41	06 87 37 78 48	65 88 69 58 39	88 02 84 27 83	85 81 56 39 38
22 17 68 65 84	87 02 22 57 51	68 69 80 95 44	11 29 01 95 80	49 34 35 86 47
19 36 27 59 46	39 77 32 77 09	79 57 92 36 59	89 74 39 82 15	08 58 94 34 74
16 77 23 02 77	28 06 24 25 93	22 45 44 84 11	87 80 61 65 31	09 71 91 74 25
78 43 76 71 61	97 67 63 99 61	80 45 67 93 82	59 73 19 85 23	53 33 65 97 21
03 28 28 26 08	69 30 16 09 05	53 58 47 70 93	66 56 45 65 79	45 56 20 19 47
04 31 17 21 56	33 73 99 19 87	26 72 39 27 67	53 77 57 68 93	60 61 97 22 61
61 06 98 03 91	87 14 77 43 96	43 00 65 98 50	45 60 33 01 07	98 99 46 50 47
23 68 35 26 00	99 53 93 61 28	52 70 05 48 34	56 65 05 61 86	90 92 10 70 80
15 39 25 70 99	93 86 52 77 65	15 33 59 05 28	22 87 26 07 47	86 96 98 29 06
58 71 96 30 24	18 46 23 34 27	85 13 99 24 44	49 18 09 79 49	74 16 32 23 02
93 22 53 64 39	07 10 63 76 35	87 03 04 79 88	08 13 13 85 51	55 34 57 72 69
78 76 58 54 74	92 38 70 96 92	52 06 79 79 45	82 63 18 27 44	69 66 92 19 09
61 81 31 96 82	00 57 25 60 59	46 72 60 18 77	55 66 12 62 11	08 99 55 64 57
42 88 07 10 05	24 98 65 63 21	47 21 61 88 32	27 80 30 21 60	10 92 35 36 12
77 94 30 05 39	28 10 99 00 27	12 73 73 99 12	49 99 57 94 82	96 88 57 17 91

附录三 正态分布概率表

Z	F(Z)	Z	F(Z)	Z	F(Z)	Z	F(Z)
0.00	0.000 0	0.32	0.251 0	0.64	0.477 8	0.96	0.662 9
0.01	0.008 0	0.33	0.258 6	0.65	0.484 3	0.97	0.668 0
0.02	0.016 0	0.34	0.266 1	0.66	0.490 7	0.98	0.672 9
0.03	0.023 9	0.35	0.273 7	0.67	0.497 1	0.99	0.677 8
0.04	0.031 9	0.36	0.281 2	0.68	0.503 5	1.00	0.682 7
0.05	0.039 9	0.37	0.288 6	0.69	0.509 8	1.01	0.687 5
0.06	0.047 8	0.38	0.296 1	0.70	0.516 1	1.02	0.692 3
0.07	0.055 8	0.39	0.303 5	0.71	0.522 3	1.03	0.697 0
0.08	0.063 8	0.40	0.310 8	0.72	0.528 5	1.04	0.701 7
0.09	0.071 7	0.41	0.318 2	0.73	0.534 6	1.05	0.706 3
0.10	0.079 7	0.42	0.325 5	0.74	0.540 7	1.06	0.710 9
0.11	0.037 6	0.43	0.332 8	0.75	0.546 7	1.07	0.715 4
0.12	0.095 5	0.44	0.340 1	0.76	0.552 7	1.08	0.719 9
0.13	0.103 4	0.45	0.347 3	0.77	0.558 7	1.09	0.724 3
0.14	0.111 3	0.46	0.354 5	0.78	0.564 6	1.10	0.728 7
0.15	0.119 2	0.47	0.361 6	0.79	0.570 5	1.11	0.733 0
0.16	0.127 1	0.48	0.368 8	0.80	0.576 3	1.12	0.737 3
0.17	0.135 0	0.49	0.375 9	0.81	0.582 1	1.13	0.741 5
0.18	0.142 8	0.50	0.382 9	0.82	0.587 8	1.14	0.745 7
0.19	0.150 7	0.51	0.389 9	0.83	0.593 5	1.15	0.749 9
0.20	0.158 5	0.52	0.396 9	0.84	0.599 1	1.16	0.754 0
0.21	0.166 3	0.53	0.403 9	0.85	0.604 7	1.17	0.758 0
0.22	0.174 1	0.54	0.410 8	0.86	0.610 2	1.18	0.762 0
0.23	0.181 9	0.55	0.417 7	0.87	0.615 7	1.19	0.766 0
0.24	0.189 7	0.56	0.421 5	0.88	0.621 1	1.20	0.769 9
0.25	0.197 4	0.57	0.431 3	0.89	0.626 5	1.21	0.773 7
0.26	0.205 1	0.58	0.438 1	0.90	0.631 9	1.22	0.777 5
0.27	0.212 8	0.59	0.444 8	0.91	0.637 2	1.23	0.781 3
0.28	0.220 5	0.60	0.451 5	0.92	0.642 4	1.24	0.785 0
0.29	0.228 2	0.61	0.458 1	0.93	0.647 6	1.25	0.788 7
0.30	0.235 8	0.62	0.464 7	0.94	0.652 8	1.26	0.792 3
0.31	0.233 4	0.63	0.471 3	0.95	0.657 9	1.27	0.795 9

续表

Z	$F(Z)$	Z	$F(Z)$	Z	$F(Z)$	Z	$F(Z)$
1.28	0.7995	1.61	0.8926	1.94	0.9476	2.54	0.9889
1.29	0.8030	1.62	0.8948	1.95	0.9488	2.56	0.9895
1.30	0.8064	1.63	0.8969	1.96	0.9500	2.58	0.9901
1.31	0.8098	1.64	0.8990	1.97	0.9512	2.60	0.9907
1.32	0.8132	1.65	0.9011	1.98	0.9523	2.62	0.9912
1.33	0.8165	1.66	0.9031	1.99	0.9534	2.64	0.9917
1.34	0.8198	1.67	0.9051	2.00	0.9545	2.66	0.9922
1.35	0.8230	1.68	0.9070	2.02	0.9566	2.68	0.9926
1.36	0.8262	1.69	0.9090	2.04	0.9587	2.70	0.9931
1.37	0.8293	1.70	0.9109	2.06	0.9606	2.72	0.9935
1.38	0.8324	1.71	0.9127	2.08	0.9625	2.74	0.9939
1.39	0.8355	1.72	0.9146	2.10	0.9643	2.76	0.9942
1.40	0.8385	1.73	0.9164	2.12	0.9660	2.78	0.9946
1.41	0.8415	1.74	0.9181	2.14	0.9676	2.80	0.9949
1.42	0.8444	1.75	0.9199	2.16	0.9692	2.82	0.9952
1.43	0.8473	1.76	0.9216	2.18	0.9707	2.84	0.9955
1.44	0.8501	1.77	0.9233	2.20	0.9722	2.86	0.9958
1.45	0.8529	1.78	0.9249	2.22	0.9736	2.88	0.9960
1.46	0.8557	1.79	0.9265	2.24	0.9749	2.90	0.9962
1.47	0.8584	1.80	0.9281	2.26	0.9762	2.92	0.9965
1.48	0.8611	1.81	0.9297	2.28	0.9774	2.94	0.9967
1.49	0.8638	1.82	0.9312	2.30	0.9786	2.96	0.9969
1.50	0.8664	1.83	0.9328	2.32	0.9797	2.98	0.9971
1.51	0.8690	1.84	0.9342	2.34	0.9807	3.00	0.9973
1.52	0.8715	1.85	0.9357	2.36	0.9817	3.20	0.9986
1.53	0.8740	1.86	0.9371	2.38	0.9827	3.40	0.9993
1.54	0.8764	1.87	0.9385	2.40	0.9836	3.60	0.99968
1.55	0.8789	1.88	0.9399	2.42	0.9845	3.80	0.99986
1.56	0.8812	1.89	0.9412	2.44	0.9853	4.00	0.99994
1.57	0.8836	1.90	0.9426	2.46	0.9861	4.50	0.999993
1.58	0.8859	1.91	0.9439	2.48	0.9869	5.00	0.999999
1.59	0.8882	1.92	0.9451	2.50	0.9876		
1.60	0.8904	1.93	0.9464	2.52	0.9883		

附录四 t 分布临界值表

单侧 双侧	$\alpha=0.10$ $\alpha=0.20$	0.05 0.10	0.025 0.05	0.01 0.02	0.005 0.01
$df=1$	3.078	6.314	12.706	31.821	63.657
2	1.886	2.920	4.303	6.965	9.925
3	1.638	2.353	3.182	4.541	5.841
4	1.533	2.132	2.776	3.747	4.604
5	1.476	2.015	2.571	3.365	4.032
6	1.440	1.943	2.447	3.143	3.707
7	1.415	1.895	2.365	2.998	3.499
8	1.397	1.860	2.306	2.896	3.355
9	1.383	1.833	2.262	2.821	3.250
10	1.372	1.812	2.228	2.764	3.169
11	1.363	1.796	2.201	2.718	3.106
12	1.356	1.782	2.179	2.681	3.055
13	1.350	1.771	2.160	2.650	3.012
14	1.345	1.761	2.145	2.624	2.977
15	1.341	1.753	2.131	2.602	2.947
16	1.337	1.746	2.120	2.583	2.921
17	1.333	1.740	2.110	2.567	2.898
18	1.330	1.734	2.101	2.552	2.878
19	1.328	1.729	2.093	2.539	2.861
20	1.325	1.725	2.086	2.528	2.845
21	1.323	1.721	2.080	2.518	2.831
22	1.321	1.717	2.074	2.508	2.819
23	1.319	1.714	2.069	2.500	2.807
24	1.318	1.711	2.064	2.492	2.797
25	1.316	1.708	2.060	2.485	2.787
26	1.315	1.706	2.056	2.479	2.779
27	1.314	1.703	2.052	2.473	2.771
28	1.313	1.701	2.048	2.467	2.763
29	1.311	1.699	2.045	2.462	2.756

续表

单侧 双侧	$\alpha=0.10$ $\alpha=0.20$	0.05 0.10	0.025 0.05	0.01 0.02	0.005 0.01
30	1.310	1.697	2.042	2.457	2.750
40	1.303	1.684	2.021	2.423	2.704
50	1.299	1.676	2.009	2.403	2.678
60	1.296	1.671	2.000	2.390	2.660
70	1.294	1.667	1.994	2.381	2.648
80	1.292	1.664	1.990	2.374	2.639
90	1.291	1.662	1.987	2.368	2.632
100	1.290	1.660	1.984	2.364	2.626
125	1.288	1.657	1.979	2.357	2.616
150	1.287	1.655	1.976	2.351	2.609
200	1.286	1.653	1.972	2.345	2.601
∞	1.282	1.645	1.960	2.326	2.576

附录五　相关系数临界值表

自由度 $n-2$	显著性水平		自由度 $n-2$	显著性水平	
	0.05	0.01		0.05	0.01
1	0.997	1.000	20	0.423	0.537
2	0.950	0.990	21	0.413	0.526
3	0.878	0.959	22	0.404	0.515
4	0.811	0.917	23	0.396	0.505
5	0.754	0.874	24	0.388	0.496
6	0.707	0.834	25	0.381	0.487
7	0.666	0.798	26	0.374	0.478
8	0.632	0.765	27	0.367	0.470
9	0.602	0.735	28	0.361	0.463
10	0.576	0.708	29	0.355	0.456
11	0.553	0.684	30	0.349	0.449
12	0.532	0.661	35	0.325	0.418
13	0.514	0.641	40	0.304	0.393
14	0.497	0.623	45	0.288	0.372
15	0.482	0.606	50	0.273	0.354
16	0.468	0.590	100	0.195	0.254
17	0.456	0.575	200	0.138	0.181
18	0.444	0.561	500	0.088	0.115
19	0.433	0.549	1 000	0.062	0.081

附录六 平均增长速度累计法查对表(摘选)

平均每年增长率(%)	各年发展水平总和为基期的百分比(%)				
	第1年	第2年	第3年	第4年	第5年
4.1	104.10	212.47	325.28	442.72	564.98
4.2	104.20	212.78	325.92	443.81	566.65
4.3	104.30	213.08	326.54	444.88	568.31
4.4	104.40	213.39	327.18	445.98	570.01
4.5	104.50	213.70	327.81	447.05	571.66
4.6	104.60	214.01	328.45	448.15	573.36
4.7	104.70	214.32	329.09	449.25	575.06
4.8	104.80	214.63	329.73	450.35	576.76
4.9	104.90	214.94	330.37	451.46	578.48
5.0	105.00	215.25	331.01	452.56	580.19
5.1	105.10	215.56	331.65	453.66	581.89
5.2	105.20	215.87	332.29	454.76	583.60
5.3	105.30	216.18	332.94	455.89	585.36
5.4	105.40	216.49	333.58	456.99	587.06
5.5	105.50	216.80	334.22	458.10	588.79
5.6	105.60	217.11	334.86	459.29	590.50
5.7	105.70	217.42	335.51	460.33	592.26
5.8	105.80	217.74	336.17	461.47	594.04
5.9	105.90	218.05	336.82	462.60	595.80
6.0	106.00	218.36	337.46	463.71	597.54
6.1	106.10	218.67	338.11	464.84	599.30
6.2	106.20	218.98	388.75	465.95	601.04
6.3	106.30	219.30	339.42	467.11	602.84
6.4	106.40	219.61	340.07	468.24	604.61
6.5	106.50	219.92	340.71	469.35	606.35
6.6	106.60	220.24	341.38	470.52	608.18
6.7	106.70	220.55	342.03	471.65	609.95
6.8	106.80	220.86	342.68	472.78	611.73
6.9	106.90	221.18	343.35	473.95	613.56
7.0	107.00	221.49	343.99	475.07	615.33
7.1	107.10	221.80	344.64	476.20	617.10
7.2	107.20	222.12	345.31	477.37	618.94
7.3	107.30	222.43	345.96	478.51	620.74
7.4	107.40	222.75	346.64	479.70	622.61
7.5	107.50	223.06	347.29	480.84	624.41
7.6	107.60	223.38	347.96	482.01	626.25
7.7	107.70	223.69	348.61	483.15	628.05
7.8	107.80	224.01	349.28	484.32	629.89
7.9	107.90	224.32	349.94	485.48	631.73
8.0	108.00	224.64	350.61	486.66	633.59

续表

平均每年增长率(%)	各年发展水平总和为基期的百分比(%)				
	第1年	第2年	第3年	第4年	第5年
8.1	108.10	224.96	351.29	487.85	635.47
8.2	108.20	225.27	351.94	489.00	637.30
8.3	108.30	225.59	352.62	490.19	639.18
8.4	108.40	225.91	353.29	491.37	641.05
8.5	108.50	226.22	353.95	492.54	642.91
8.6	108.60	226.54	354.62	493.71	644.76
8.7	108.70	226.86	355.30	494.91	646.67
8.8	108.80	227.17	355.96	496.08	648.53
8.9	108.90	227.49	356.63	497.26	650.41
9.0	109.00	227.81	357.31	498.47	652.33
9.1	109.10	228.13	357.99	499.67	654.24
9.2	109.20	228.45	358.67	500.87	565.15
9.3	109.30	228.76	359.33	502.04	658.02
9.4	109.40	229.08	360.01	503.25	659.95
9.5	109.50	229.40	360.69	504.45	611.87
9.6	109.60	229.72	361.37	505.66	663.80
9.7	109.70	230.04	362.05	506.86	665.72
9.8	109.80	230.36	362.73	508.07	667.65
9.9	109.90	230.68	363.42	509.30	669.62
10.0	100.00	231.00	364.10	510.51	671.56
10.1	110.10	231.32	364.78	511.72	673.50
10.2	110.20	231.64	365.47	512.95	675.47
10.3	110.30	231.96	366.15	514.16	677.42
10.4	110.40	232.28	366.84	515.39	679.39
10.5	110.50	232.60	367.52	516.61	681.35
10.6	110.60	232.92	368.21	517.84	683.33
10.7	110.70	233.24	368.89	519.05	685.28
10.8	110.80	233.57	369.60	520.32	687.32
10.9	110.90	233.89	370.29	521.56	689.32
11.0	111.00	234.21	370.97	522.77	691.27
11.1	111.10	234.53	371.66	524.01	693.27
11.2	111.20	234.85	372.35	525.25	695.27
11.3	111.30	235.18	373.06	826.52	697.32
11.4	111.40	235.50	373.75	527.76	699.33
11.5	111.50	235.82	374.44	529.00	701.33
11.6	111.60	236.15	375.15	530.27	703.38
11.7	111.70	236.47	375.84	531.52	705.41
11.8	111.80	236.79	376.53	532.76	707.43
11.9	111.90	237.12	377.24	534.03	709.48
12.0	112.00	237.44	377.93	535.28	711.51

续表

平均每年增长率(%)	各年发展水平总和为基期的百分比(%)				
	第1年	第2年	第3年	第4年	第5年
12.1	112.10	237.76	378.62	536.52	713.53
12.2	112.20	238.09	379.34	537.32	715.63
12.3	112.30	238.41	380.03	539.07	717.67
12.4	112.40	238.74	380.75	540.37	719.78
12.5	112.50	239.06	381.44	541.62	721.82
12.6	112.60	239.39	382.16	542.92	723.94
12.7	112.70	239.71	382.85	544.17	725.98
12.8	112.80	240.04	383.57	545.47	728.09
12.9	112.90	240.36	384.26	546.72	730.14
13.0	113.00	240.69	384.98	548.03	732.28
13.1	113.10	241.02	385.70	549.33	734.40
13.2	113.20	241.34	386.39	550.59	736.46
13.3	113.30	241.67	387.11	551.89	738.59
13.4	113.40	242.00	387.83	553.20	740.73
13.5	113.50	242.32	388.53	554.48	742.83
13.6	113.60	242.65	389.25	555.79	744.98
13.7	113.70	242.98	389.97	557.10	747.13
13.8	113.80	243.30	390.67	558.38	749.23
13.9	113.90	243.63	391.39	559.69	751.38
14.0	114.00	243.96	392.11	561.00	753.53
14.1	114.10	244.29	392.84	562.34	755.74
14.2	114.20	244.62	393.56	563.65	757.89
14.3	114.30	244.94	394.26	564.93	760.01
14.4	114.40	245.27	394.99	566.27	762.21
14.5	114.50	245.60	395.71	567.59	764.39
14.6	114.60	245.93	396.43	568.90	766.55
14.7	114.70	246.26	397.16	570.24	768.76
14.8	114.80	246.59	397.88	571.56	770.94
14.9	114.90	246.92	398.61	572.90	773.16
15.0	115.00	247.25	399.34	574.24	775.38
15.1	115.10	247.58	400.06	575.56	777.56
15.2	115.20	247.91	400.79	576.91	779.80
15.3	115.30	248.24	401.52	578.25	782.02
15.4	115.40	248.57	402.25	579.60	784.26
15.5	115.50	248.90	402.98	580.94	786.48
15.6	115.60	249.23	403.71	582.29	788.73
15.7	115.70	249.56	404.44	583.64	790.97
15.8	115.80	249.90	405.19	585.02	793.26
15.9	115.90	250.23	405.92	586.36	795.49
16.0	116.00	250.56	406.65	587.71	797.74

续表

平均每年增长率(%)	各年发展水平总和为基期的百分比(%)				
	第1年	第2年	第3年	第4年	第5年
16.10	116.10	250.89	407.39	589.07	800.02
16.20	116.20	251.22	408.12	590.44	802.29
16.30	116.30	251.56	408.86	591.80	804.57
16.40	116.40	251.89	409.60	593.17	806.85
16.50	116.50	252.22	410.34	594.55	809.15
16.60	116.60	252.56	411.08	595.92	811.44
16.70	116.70	252.89	411.82	597.30	813.74
16.80	116.80	253.22	412.56	598.67	816.05
16.90	116.90	253.56	413.31	600.06	818.37
17.00	117.00	253.89	414.05	601.44	820.68
17.10	117.10	254.22	414.80	602.83	823.01
17.20	117.20	254.56	415.54	604.22	825.34
17.30	117.30	254.89	416.29	605.61	827.68
17.40	117.40	255.23	417.04	607.00	830.02
17.50	117.50	255.56	417.79	608.40	832.37
17.60	117.60	255.90	418.54	609.80	834.72
17.70	117.70	256.23	419.29	611.20	837.08
17.80	117.80	256.57	420.04	612.60	839.45
17.90	117.90	256.90	420.79	614.01	841.82
18.00	118.00	257.24	421.54	615.42	844.20
18.10	118.10	257.58	422.30	616.83	846.58
18.20	118.20	257.91	423.05	618.25	848.97
18.30	118.30	258.25	423.81	619.67	851.36
18.40	118.40	258.59	424.57	621.09	853.77
18.50	118.50	258.92	425.32	622.51	856.17
18.60	118.60	259.26	426.08	623.93	858.58
18.70	118.70	259.60	426.84	625.36	861.00
18.80	118.80	259.93	427.60	626.79	863.43
18.90	118.90	260.27	428.36	628.22	865.86
19.00	119.00	260.61	429.13	629.66	868.30
19.10	119.10	260.95	429.89	631.10	870.74
19.20	119.20	261.29	430.65	632.54	873.19
19.30	119.30	261.62	431.42	633.98	875.64
19.40	119.40	261.96	432.18	635.43	878.10
19.50	119.50	262.30	432.95	636.88	880.57
19.60	119.60	262.64	433.72	638.33	883.04
19.70	119.70	262.98	434.49	639.78	885.52
19.80	119.80	263.32	435.26	641.24	888.00
19.90	119.90	263.66	436.03	642.70	890.50
20.00	120.00	264.00	436.80	644.16	892.99

习题答案

第四章

16. 1.94%;97.82% **17.** 105.6% **19.** 2.3 千克/件 **20.** 2.78 级;3 559.2 元 **21.** 6.2 台 **24.** 65.8 件/人 **26.** 0.417 元/千克;0.408 元/千克 **30.** 8%;8.3% **32.** $\bar{x}_甲$=499.5 千克;$\sigma_甲$=34.46 千克;$\bar{x}_乙$=499 千克;$\sigma_乙$=81.36 千克

第五章

22. μ_x=0.001 13 mm;μ_p=4% **23.** $\bar{X}$=(14.5±0.19) h;P=(48.5±3.53)% **25.** μ_x=73.1 h;μ_p=1.4%;$\bar{X}$∈[4 266.9,4 413.1] h;P∈[96.6%,99.4%] **26.** $\bar{X}$∈[150±0.26] g;P∈[50.3%,83.7%] **32.** μ_x=0.386 h **33.** 1.17% **34.** $\bar{X}$∈[33,37]双 **35.** Z=3.33>$Z_{0.05}$=2.32 **39.** Z=0.41<$Z_{0.05}$=1.65 **41.** Z=2.26<$Z_{0.05}$=1.645

第六章

10. r=0.928;y_c=36.2+8.2x **11.** r=0.84;μ_x=0.086;t>1.684 **12.** y_c=395.59+0.895 8x;S_{yx}=113.28 万元;1 380.97 万元 **14.** b=0.2;y_c=3 840+0.2x;y_c=5 040±1.64×121.2(元) **18.** r=0.905;y_c=−2.456+0.004 3x;S_{yx}=1.93(万元);η=1.4%;$\overline{Y_0}$=(2.93−9.37)万元

第七章

11. I_p=102.36% **12.** I_q=123.5% **13.** 102.89%;102.78%;102.83% **14.** 100.5% **18.** I_q=106%;I_p=97.57% **19.** I_q=2.78(278%);356 714 万元;27 836 万元 **20.** 13.5%;16.4% **22.** 87% **25.** 87.5%;−5 元;95%;−1.8 元;92%;−3.2 元 **27.** 103.14%;96.25% **28.** 100.48%;1 450 元;136.67%;110 000 元;88.78%;−46 000 元;82.82%;−62 550 元

第八章

13. 504 万元;523 万元;513.5 万元 **15.** 385 人 **16.** 132% **17.** 5.4% **18.** 2 101 人;3.105 亿元;14.78 万元/人;88.67 万元/人 **19.** 13 719 元/人;13 797元/人;13 762 元/人 **22.** 104.2% **23.** 3 233.2 亿元 **24.** 11.7%;108.65%;14 286元 **25.** 4.6%;2.09%;11.8 年≈12 年;7.1% **26.** 3.17 次;3.31 次;12.68 次;13.24 次;12.92 次;105.7%;104.4%;97.6% **28.** y_c=256.7+3.17t;291.57万吨

第九章

11. 74.2 分　**12.** $d_2=0.44; d_3=0.33; d_4=0.07; d_5=0.41, d_6=0.74; d_1=0.56; D=0.39$ 或 75.64 分　**13.** $D_甲=0.362, D_乙=0.603, D_丙=0.139$ 或 $D_甲=73.39$ 分$;D_乙=83.98$ 分$;D_丙=64.65$ 分$;D_乙>D_甲>D_丙$　**16.** $0.766(76.6\%)$

17. $\left(\dfrac{A}{B}\right) \cdot \left(\dfrac{B}{C}\right) \cdot \left(\dfrac{C}{D}\right) \cdot \left(\dfrac{D}{E}\right) \cdot \left(\dfrac{E}{A}\right) = 1.162 \times 1.814 \times 1.097 \times 1.019 \times 0.424 = 1$

参考文献

1. 黄良文.统计学[M].3 版.北京:中国统计出版社,2012.
2. 黄良文,陈仁恩.统计学原理[M].北京:中央广播电视大学出版社,1997.
3. 陈珍珍,罗乐勤.统计学[M].厦门:厦门大学出版社,2013.
4. 博亚尔斯基,等.统计学概论[M].陈仁恩,等译,北京:中国统计出版社,1990.
5. 陈仁恩,熊应进.统计学原理解题指南[M].北京:中国统计出版社,1998.
6. 陈仁恩.统计学原理习题解答问题辨析[M].北京:中国统计出版社,2002.